中国式现代化发展研究院 | 系列研究报告
INSTITUTE OF CHINESE PATH TO MODERNIZATION

天津市哲学社会科学规划重大委托项目

2024
京津冀协同发展南开指数报告

南开大学京津冀协同发展研究院 ◎ 主编

中国社会科学出版社

图书在版编目（CIP）数据

京津冀协同发展南开指数报告.2024／南开大学京津冀协同发展研究院主编.
—北京：中国社会科学出版社，2024.1
　ISBN 978-7-5227-3119-3

　Ⅰ.①京…　Ⅱ.①南…　Ⅲ.①区域经济发展—研究报告—华北地区—2024
Ⅳ.①F127.2

中国国家版本馆CIP数据核字（2024）第033641号

出 版 人	赵剑英
责任编辑	张　潜
责任校对	杜　威
责任印制	王　超

出　　版	中国社会科学出版社
社　　址	北京鼓楼西大街甲158号
邮　　编	100720
网　　址	http：//www.csspw.cn
发 行 部	010-84083685
门 市 部	010-84029450
经　　销	新华书店及其他书店

印　　刷	北京明恒达印务有限公司
装　　订	廊坊市广阳区广增装订厂
版　　次	2024年1月第1版
印　　次	2024年1月第1次印刷

开　　本	710×1000　1/16
印　　张	20.5
字　　数	303千字
定　　价	88.00元

凡购买中国社会科学出版社图书，如有质量问题请与本社营销中心联系调换
电话：010-84083683
版权所有　侵权必究

南开指数报告编写组

执行主编：刘秉镰　周　密

编写成员（排名不分前后）：

李兰冰　张　贵　王家庭　刘玉海　周玉龙

王　苒　郭佳宏　曾淑婉　张伟静

前言

《京津冀协同发展南开指数报告2024》（以下简称《报告》）由南开大学京津冀协同发展研究院团队编写完成，是贯彻落实习近平同志重要指示精神，讲好京津冀协同发展故事，书写京津冀协同发展时代篇章的量化研究成果。报告力求全面刻画十年来京津冀协同发展的历程与进展，准确把握京津冀协同发展的水平与动态，深入突破京津冀协同发展各领域的痛点难点，为政府、企业和科研机构了解协同特征，进行科学决策，把握协同动态，加强学术研究提供数据支撑。

京津冀协同发展是以习近平同志为核心的党中央在新的时代条件下做出的重大决策部署，是打造新增长极点、促进区域协调发展、推动共同富裕的重大国家战略。在习近平同志亲自谋划、亲自部署、亲自推动下，三地不断加快分工协作，在协同领域拓展、协同结构优化、协同方式推进、协同机制构建、协同体制创新等方面取得了长足的进步和显著的成效。2023年5月12日，习近平总书记主持召开深入推进京津冀协同发展座谈会，并提出新要求："努力使京津冀成为中国式现代化建设的先行区、示范区。"基于此，本年度《报告》以习近平同志关于京津冀协同发展的最新重要论述为指引，以"努力使京津冀成为中国式现代化建设的先行区、示范区"为总目标，由绪论、上篇、下篇、结论与展望4部分构成，共13篇研究报告，致力于从"建框架、测指标、评程度、做比较"四个角度，对近十年来京津冀协同发展的基本情况提供指标测算和量化基础，为后续京津冀协同发展的整体评价、分领域推进、动态监测、趋势研判和政策引导等提供科学的决策依据。

前言

《报告》的绪论全面诠释中国式现代化先行区示范区与京津冀协同发展的内在关系，突出中国式现代化先行区示范区对京津冀协同发展的新要求；面向先行区示范区建设的京津冀协同发展成效与现实困境；面向先行区示范区建设的京津冀协同发展具体内容。

《报告》的上篇重在形成京津冀协同发展的总指数，由两个章节构成，包括总指数的构建说明以及总指数的设计和测算结果。在科学诠释总指数的时代意义基础上，强调总指数发挥监测运行、响应预警、政策评估、模拟预测、目标纠偏等功能。特别指出在习近平新时代区域协调发展重要论述指引下，从均衡协调、优势互补、开放联通、高效发展等角度加强内容评价，并根据绪论中提出的逻辑框架量化指数的落地。总指数的测算整合了9个分指数，为了更好地比较三地发展差异，采取1个总体+3个省市+13个城市的形式设计了京津冀协同发展总指数。整体来看，京津冀协同发展呈现明显上升趋势，其中2014—2017年是初步协同发展阶段，2018—2021年是深度协同发展阶段。

《报告》的下篇重在测算京津冀协同发展的分指数，由九个章节构成，包括创新协同、产业协同、公共服务协同、交通一体化、生态协同、消费协同、市场协同、空间协同、政策协同等方面。创新协同从知识创新、技术创新、产业创新和创新响应等多个角度进行测度，结果显示京津冀创新协同呈现不断增加的趋势。产业协同采用微观企业数据，挖掘三地产业互动的关系，结果显示三地产业由2014年的轻度失调状态逐步发展到良好协调的程度。公共服务协同根据服务京津冀协同发展区域重大战略的要求，围绕幼有所育、学有所教、劳有所得、病有所医、老有所养、住有所居、弱有所扶、文体服务保障等多维角度进行测算，反映公共服务协同呈现上升态势。交通一体化从基础设施一体化和运输服务一体化对海陆空交通一体化情况进行具体测算，总体呈现增长和短暂下降相结合的态势。生态协同从生态环境系统和城市化协同角度进行总体测评，测算结果显示京津冀区域级生态处于高度耦合状态，协同度较好。消费协同是京津冀协同发展中较新的领域，通过多种分类消费品的分析，结果显示最新年份京津冀消费协同的水平较高。市场协同通过价格指数进行测算，结果显示三地市场协同程度总体较高，呈现上升趋势。空间协同采用供需双侧视角，总结京津冀协同发展的空间特征，结果显示在2014年之后空间协同经历了短暂的下降，此后状况得到改善。在中央政策引导下，各地政府通过国土空间布局调整，推动了空间协同的发展。政策协同采用政策文本挖掘的方式，从政策主体、政策目标和政策实施角度对政策基本面进行分析，并且从文本中抽取特征词进行量化，结果显示2023年政策协同综合指数较高，协同度较好。

《报告》的结论与展望讨论了先行区示范区建设与京津冀协同发展方向，既汇总了前文的主要内容，又对未来进行展望。重点从面向新时期，把握协同发展方向；感悟新时代，领会战略变化趋势；落实新任务，努力实现总体目标；展望新征程，共筑三地宏伟蓝图等四方面提出展望方向。

《报告》主要突出如下内容：

一是根据中国式现代化建设先行区示范区的要求，形成京津冀协同发展南开指数的新框架。报告从人口规模巨大的现代化、共同富裕的现代化、物质文明和精神文明相协调的现代化、人与自然和谐共生的现代化、走和平发展道路的现代化等五个现代化与京津冀协同发展的内在关系出发，构建"经济结构现代化、人民生活现代化、区域治理现代化、生态文明现代化、市场体系现代化"为主体的理论框架，并落地为系列指数进行整体量化。

二是突出京津冀协同发展的总体水平和分领域特色。报告开发了京津冀协同发展的总指数和分指数，分指数包括创新、产业、公共服务、交通、生态、消费、市场、空间、政策9大方面，涵盖了十年来协同发展的重点推进领域。由于每个领域都有自身规律，报告力求在准确量化基础上，保留各分领域自身的研究特色，比如交通就以一体化为主、公共服务侧重人的多元化需求、政策协同强调文本挖掘等。

三是形成三地和11个城市的多元评价和比较。本报告研究表明：京津冀协同发展总指数由2014年的0.35上升到2021年的0.59，基本呈现逐年增长的态势，年均增速7.73%。本报告不仅对总、分指数的结果进

▶▶▶ 前言

行分析评价，还通过三地和 13 个城市的比较分析进一步深化结论。指数结果显示，京津冀协同发展战略实施十年来，三地发展相互促进、相得益彰，在一定程度上遏制了区域发展不平衡、不充分的问题，初步形成了协同发展、互利共赢的局面。

《报告》是 2023 年度天津市哲学社会科学规划重大委托项目（TJJJJ2302）的研究成果。在《报告》编写过程中得到了中共天津市委宣传部高度重视和大力支持，国家发改委相关司处、南开大学相关部门、中国社会科学出版社都给予支持和帮助，同时编者参阅了大量的相关研究成果与专题报告，在此一并感谢！由于时间和能力所限，文中难免有不足和遗漏之处，真诚地欢迎广大读者批评指正并提出宝贵意见，当然文责自负。

本报告实行分章主编制，具体分工如下：

绪论章主编　刘秉镰　曾淑婉

第一章主编　周密　胡清元

第二章主编　周密　张伟静

第三章主编　张贵　孙建华

第四章主编　郭佳宏

第五章主编　李兰冰　赵家未

第六章主编　刘玉海　殷秀婷　陈嘉辉

第七章主编　王苒　刘力燔

第八章主编　王家庭　王浩然

第九章主编　王家庭　姜铭烽

第十章主编　周玉龙　张珂涵

第十一章主编　周密　张伟静　胡清元

结论与展望主编　周密　付应铎

京津冀协同发展南开指数报告编委会
2024 年 2 月

目　录

绪论　中国式现代化先行区示范区与京津冀
　　　协同发展……………………………… 刘秉镰　曾淑婉　1

上篇　京津冀协同发展的总指数篇

第一章　京津冀协同发展总指数的构建说明……… 周　密　胡清元　23
第二章　京津冀协同发展总指数的设计和
　　　　测算结果 ………………………………… 周　密　张伟静　42

下篇　京津冀协同发展的分指数篇

第三章　京津冀协同创新指数 ……………………… 张　贵　孙建华　59
第四章　京津冀产业协同指数 …………………………………… 郭佳宏　90
第五章　京津冀公共服务协同指数 ………………… 李兰冰　赵家未　112
第六章　京津冀交通一体化发展指数 … 刘玉海　殷秀婷　陈嘉辉　132
第七章　京津冀生态协同指数 ……………………… 王　茚　刘力燔　163
第八章　京津冀消费协同指数 ……………………… 王家庭　王浩然　187
第九章　京津冀市场协同指数 ……………………… 王家庭　姜铭烽　213
第十章　京津冀空间协同指数 ……………………… 周玉龙　张珂涵　233
第十一章　京津冀政策协同指数 ……… 周　密　张伟静　胡清元　259
结论与展望　先行区示范区建设与京津冀
　　　　　　协同发展方向 ……………………… 周　密　付应铎　306

绪 论

中国式现代化先行区示范区与京津冀协同发展

刘秉镰　曾淑婉[*]

党的二十大报告提出要"以中国式现代化全面推进中华民族伟大复兴""深入实施区域协调发展战略、区域重大战略"。京津冀协同发展是习近平总书记亲自谋划、亲自部署、亲自推动的重大国家战略，肩负着引领区域经济增长、促进区域协调发展、优化空间治理的重要使命。对标中国式现代化的宏伟目标，京津冀协同发展在全面建成社会主义现代化强国新征程中，承担着为全国其他区域协调发展开辟一条中国式现代化发展样板路的历史责任。本章从京津冀协同发展承担的中国式现代先行区示范区新要求入手，分析中国式现代化先行区示范区建设中京津冀协同发展的十年成效和现实困境，并构建京津冀协同发展的理论逻辑。

一　中国式现代化先行区示范区对京津冀协同发展的新要求

中国式现代化是人口规模巨大、全体人民共同富裕、物质文明和精

---

[*] 刘秉镰，南开大学经济与社会发展研究院院长、教授、博导，南开大学京津冀协同发展研究院院长、国务院政府特殊津贴专家、中央京津冀协同发展专家咨询委员会委员，研究方向：区域产业分析、物流规划与政策；曾淑婉，天津商业大学经济学院讲师，天津市"131"第二层次人才，研究方向：区域经济学。

绪论 中国式现代化先行区示范区与京津冀协同发展

神文明相协调、人与自然和谐共生、走和平发展道路的现代化，既有各国现代化的共同特征，更有基于自己国情的中国特色。2023年习近平总书记实地考察雄安新区建设、京津冀协同发展，并主持召开两场座谈会，提出努力使京津冀成为中国式现代化建设的先行区、示范区。这赋予了京津冀协同发展新使命和新定位，为高标准高质量推进雄安新区建设、深入推进京津冀协同发展指明方向。

（一）人口规模巨大的现代化需要转变区域增长方式

人口规模巨大是中国式现代化的首要特征，是基于中国人口基数大，人口质量、结构及分布等构成复杂的基本国情所作出的重大判断。人口规模巨大为社会经济发展提供了有利条件。一方面，14亿人口规模和超4亿中等收入群体为中国经济发展提供了全球最庞大的市场规模和消费需求，同时中国还有1亿农民工需要进城就业，更好地满足规模巨大的市场需求、弥合城乡之间的差距必然要求转变区域增长方式，优化区域发展模式，通过产业升级和结构调整提升产业供给能力。另一方面，人口规模巨大提供了丰富的人力资源和人才资源，改革开放以来，中国通过城镇化不断释放人口红利，实现经济快速增长。后疫情时代人口红利的作用快速下降，但高质量的人力资本依然是技术创新和经济增长的重要来源。人口规模巨大也使社会经济发展面临挑战。庞大的人口规模在一定程度上给社会管理和公共服务带来巨大的压力。截至2022年底，中国65周岁以上老年人口约为2亿人，占总人口的比例为14.86%，已超过了国际上对于"深度老龄化社会"的衡量标准。老年群体人口数量过大会产生巨大的养老服务和医疗服务需求，维持养老金收支平衡压力加大，容易导致地方政府财政困难问题。中国常住人口城镇化率高于户籍人口城镇化率，大量农村人口涌向城市，对城市公共服务供给和承载能力造成压力。面对新形势，京津冀地区努力建设中国式现代化先行区、示范区，亟须正确处理人口数量变化、生活质量提升与城市群综合承载力之间的关系，转变经济增长方式，激活经济发展动能，延缓人口发展红利，培育新的经济增长点。在人口规模巨大的现实国情下更好地实现社会经济高质量发展。

(二) 全体人民共同富裕的现代化需要推动发展成果普惠

共同富裕是中国特色社会主义的本质要求，中国式现代化是共同富裕的现代化。共同富裕是一个系统性概念，需要从四个层面加深理解①：一是覆盖内容全面，既包括物质富裕，也包括精神富裕，涉及收入、财富及教育、文化、科技等公共服务体系。二是过程动态化。共同富裕不仅是一个结果，更是一个过程，强调畅通收入的渠道、扩大收入总量、优化收入结构等。同时共同富裕并不是平均主义，强调的是每个社会成员均等享有全民产权的收益，是一种权益的共享和均等化，而非数量或水平的绝对平均。三是实现路径多元化，不是"一条腿走路"，做大蛋糕和分好蛋糕缺一不可，既要做好分配，又要做好生产，避免共同贫穷的困境出现。四是区域差异合理化。共同富裕强调提升不同群组的收入均衡性。党的二十大报告强调"着力促进全体人民共同富裕，坚决防止两极分化"。两极分化是阻碍实现全体人民共同富裕的最大原因，要实现共同富裕必须缩小区域差距、城乡差距和收入差距，实现区域协调发展。现阶段，中国南北经济差距显著拉大，2013年北方地区GDP占全国GDP的比重为38.8%，2022年下降至35.4%，同期南北地区GDP之比由1.58扩大到1.82。京津冀地区GDP占全国GDP的比重从2013年的9.25%下降至2022年的8.33%，而长三角地区、珠三角地区的GDP占全国GDP的比重在不断增大，经济呈现板块或群组分化的特点。区域间差距不断扩大的同时，城乡差距和收入差距依然显著。2022年中国城镇居民人均可支配收入为4.93万元，农村居民人均可支配收入为2.01万元，城乡收入比为2.45；北京市人均GDP最高，为19.03万元，是最低收入省份的4.23倍；基尼系数约为0.47，超过国际公认警戒线水平。实现共同富裕不仅需要经济总量的提升，更需要使现代化建设的成果惠及更广泛的群体，京津冀协同发展要以全体人民共同富裕为出发点和落

---

① 李实：《共同富裕的目标和实现路径选择》，《经济研究》2021年第11期。

脚点，不断推进新型城镇化与乡村振兴战略，缩小区域间、城乡间及居民收入差距，实现区域协调发展。

(三) 物质文明和精神文明相协调的现代化需要提升区域治理能力

中国式现代化是物质文明和精神文明相协调的现代化，不仅要求物质总量和质量提高，物质富足，而且要求精神文化生活丰富，精神富有。物质文明的提高是通过经济发展"富口袋"，精神文明的提高是通过社会治理满足人民对美好生活向往的"富脑袋"，二者相互协调、相互促进。一方面，科学进步提高生产力，物质文明可以带来多种多样的文化产品，满足人的精神文化需求；另一方面，精神文化需求的满足会促进创造性思想转化和创新性发展，推动科学技术创新和生产力发展，物质文明水平进一步提升。物质富足、精神富有的现代化需要有高水平的区域治理能力，尤其是城市和城市群治理能力相匹配。由于经济发展和资源配置的不均衡，目前中国大部分城市的建设和治理仍属于传统的城市管理模式，大城市病和中小城市功能萎缩问题并存，大中小城市之间的协调发展难点凸显。大城市资源高度集中，城市扩张明显，造成城市空间趋近极限，人口过度膨胀，引起交通拥堵、环境恶化，城市资源供应压力增大、治理能力不相匹配等大城市病问题。大城市周边中小城市受虹吸效应影响，大量人口流失，产业发展、教育医疗、公共服务等方面处于弱势地位，城市功能不断萎缩。京津冀协同发展在创造物质财富的同时，需要不断提高城市治理和城市群运行水平，在产业、创新、教育、医疗、社保、养老等综合领域持续满足人民美好生活需要。

(四) 人与自然和谐共生的现代化需要区域绿色发展

人与自然是生命共同体，中国式现代化是人与自然和谐共生的现代化。不同的发展方式会带来不同的发展结果，中国式现代化所追求的发展方式是能够促进人与自然和谐共生的绿色发展方式。良好的生产、生活和生态环境都是人民美好生活的向往，要实现人与自然和谐共生，必须处理好社会经济发展与生态环境保护、经济发展优势和生态优势的关系。高速的经济发展和城镇化进程是以自然资源和生态环境的透支为代价，人口过度集中带来了资源压力和环境污染。《中国能源发展报告2023》显示，2022年，中国能源消费总量达到54.1亿吨标准煤，同比增长2.9%。中国是世界上最大的能源消费国。人类从生态系统中获取资源用于生产和服务活动，在此过程中向生态系统排放大量污染物。以京津冀地区为例，海河流域水体整体处于轻度污染状态，在生态环境部监测的七大主要流域中处于较差水平，人均用水长期低于国际极度缺水标准，资源供应压力大。降碳、减污、扩绿、增长的绿色发展是实现人与自然和谐共生的必然选择。京津冀协同发展是促进人与自然和谐共生的协同，在考虑生态环境约束条件下统筹产业结构调整，构建清洁、高效的生产系统，提高土地、水、能源等自然资源的利用效率，推进工业、建筑、交通等领域的低碳转型，减少污染物排放，促进污染治理、生态保护和经济发展的协同。

（五）走和平发展道路的现代化需要提高区域开放水平

中国式现代化是走和平发展道路的现代化。世界百年未有之大变局下，面对日益增多的全球性挑战风险，走和平发展道路是中国式现代化的必然要求。党的二十大报告指出，"高举和平、发展、合作、共赢旗帜，在坚定维护世界和平与发展中谋求自身发展，又以自身发展更好维护世界和平与发展"。发展是硬道理，在和平发展的过程中要处理好国际关系，进一步提高开放水平，发挥开放新优势。后疫情时代全球经济复苏缓慢，国际形势复杂严峻，局部地区冲突不断，巴以问题、俄乌冲突加剧了国际能源和粮食安全问题，西方霸权主义国家实施贸易保护、技术封锁政策，和平发展的外部环境日趋恶化。纵观中国经济发展历史，中国站起来靠的是制造业，中国富起来、强起来也要靠制造业，要实现中国从制造业大国到制造业强国的跨越，必须利用全世界一切可以利用的优质资源，积极参与经济全球化。2023年10月18日，习近平主席在第三届"一带一路"国际合作高峰论坛开幕式上宣布中国将全面取消制造业领域外资准入限制措施，这是中国高水平开放的关键信号。面对新形势，京津冀地区要实现和平发展的目标，需要全面提升开放水平，加强东西、南北多向的经济往来，在更大范围内整合资源，在更高级平台上推进国际产业链分工，充分利用国际国内两个市场，扩大在全球贸易、产业链分工、技术创新、区域治理等领域的影响力。

二 面向先行区示范区建设的京津冀协同发展成效与现实困境

京津冀协同发展是新时期推动中国经济高质量发展和中国式现代化建设的重要支撑。京津冀协同发展是党中央作出的重大决策，是关系到国家发展全局的重大国家战略，对实现"两个一百年"奋斗目标、实现"全面建成社会主义现代化强国"战略目标具有重要意义。习近平总书记多次发表重要讲话、作出重要指示，强调京津冀协同发展是一个大战略。党的二十大报告进一步强调，要促进区域协调发展，实施京津冀协同发展等区域重大战略，构建优势互补、高质量发展的区域经济布局和国土空间体系。

（一）面向先行区示范区建设的京津冀协同发展的成效

2014年2月京津冀协同发展正式上升为国家战略，经过近十年的建设，京津冀协同发展在功能疏解、协同创新、增长极建设、区域治理、绿色发展、联动开放等六个方面取得显著成效，北京"大城市病"等突出问题得到缓解，初步形成了协同发展、互利共赢的新局面。

1. 牢牢牵住"牛鼻子"，北京非首都功能疏解取得显著成效

疏解北京非首都功能是京津冀协同发展战略的出发点与落脚点。自2014年以来，北京连续开展两轮"疏解整治促提升"专项行动，京津冀三地围绕非首都功能疏解、产业分工协作与人口迁移等方面通力合作，三地发展相互促进、相得益彰。北京累计拆除违法建设2.4亿平方米，退出一般制造和污染企业近3000家，疏解提升区域性专业市场和物流中心近1000个，一般制造业企业、四环内区域性专业市场集中疏解的阶段

性任务基本完成。北京市级行政中心等第一批市级机关已正式迁入城市副中心,2023年5月正式启动第二批市级机关搬迁工作。一批医疗、教育单位向津冀转移布局,一批重点疏解转移项目在雄安新区落地。同时,北京人口得到有效控制,2021年北京常住人口2188.6万人,完成控制在2300万人以内的目标。京津冀产业梯度转移和产业分工进一步深化,《京津冀产业转移指南》《京津冀协同发展产业转移对接企业税收收入分享办法》等制度安排保障了京津冀三地间产业有序转移与承接。京冀围绕"1+5+4+33"重点承接平台,在数字经济、新能源、生物医药和高端装备制造等产业领域实现梯度转移和协同发展。京津以重点平台、合作示范区为载体,推动京津双城在人工智能与智能制造、新能源、新材料、生物医药与医疗器械、高端制造等产业领域的联动发展。

2. 初步形成协同创新格局,稳步推进增长方式转变

中国经济发展正处于新旧动能转换期,技术创新是经济增长的源泉,京津冀协同发展根本在于创新。京津冀三地已经初步形成了定位清晰、分工明确、开放共享、协同一体的协同创新格局。京津冀三地以共建科技园或创新基地为抓手,推动共性关键技术研发和科技成果转化。北京中关村科技园先后在天津、保定和雄安成立天津滨海中关村科技园、保定中关村创新中心和雄安新区中关村科技园等科技合作园。中关村企业在津冀两地设立分支机构累计9700余家,2022年北京流向津冀的技术合同成交额356.9亿元,累计技术合同成交额超2200亿元。京津冀三地依托科技创新券互认、科技创新公共服务平台等多元协同创新方式,促进人才、知识、数据、技术、资本、服务等创新要素的自由流动和共建共享。此外,京津冀三地联合开展科技合作和科技攻关,在多项"卡脖子"技术领域设立专项课题,在半导体产业、数字经济、数字农业产业等方面建立联盟,为攻克技术难题和协同创新提供强力支撑。

3. 高质量推进雄安新区与北京城市副中心建设,区域新增长极显雏形

高标准、高质量推进河北雄安新区与北京城市副中心建设对形成北京新的"两翼"具有重要意义,是培育京津冀协同发展区域新增长极的

重要途径。2023年6月30日习近平总书记主持召开中央政治局会议，审议了《关于支持高标准高质量建设雄安新区若干政策措施的意见》，标志着雄安新区已转向高质量建设、高水平管理、高质量疏解发展并举阶段。自2017年雄安新区成立，作为增强河北经济发展的新动能和新支撑，雄安新区在承接北京非首都功能疏解、京津产业转移和发展高端高新产业方面取得了显著成效。现在已由顶层设计转入实质性建设阶段，起步区、启动区扎实推进，容东片区基本建成，容西、雄东、昝岗等片区已进入稳定开发期。截至2023年上半年，雄安新区270个重点项目累计完成投资5400多亿，高端高新产业和优质公共服务机构大量落户雄安新区。150所高校与雄安新区签订共建引才工作站合作意向书，大批校企、校地产学研项目落地雄安新区。2018年12月中共中央、国务院正式批复《北京城市副中心控制性详细规划》，2021年9月北京市人民政府办公厅印发《关于推进北京城市副中心高质量发展的实施方案》，副中心建设稳步推进。2022年，京津冀地区生产总值超10万亿元，其中，北京地区生产总值4.16万亿元，天津地区生产总值1.63万亿元，河北地区生产总值4.23万亿元。从2019年以来，河北省生产总值的增速均高于京津，雄安新区和北京副中心的区域经济增长极作用日益凸显。

4. 公共基础设施互联互通和公共服务设施共建共享，区域治理水平稳步提升

中国式现代化建设中的京津冀协同发展以人民为中心，为了满足人民美好生活的需要，京津冀三地在交通、教育、医疗、社保和养老等领域实施了一系列举措，提高了三地公共基础设施互联互通和公共服务设施共建共享水平，城市综合治理成效显现，北京"大城市病"得到有效缓解。京津冀协同发展在交通一体化建设方面成果显著，基本形成"四横、四纵、一环"的京津冀网络化综合运输通道格局。轨道上的京津冀初步建成。京张高铁、京哈高铁、张唐铁路、石济客专、京雄城际等建成通车，邻近城市间铁路基本满足1.5小时通达，京雄津保"1小时交通圈"已经形成。在航空交通网方面，京津冀初步形成"双核心"+"双辅助"+"多节点"的世界级机场群。作为北方最大港口的天津港与

河北省的秦皇岛港、唐山港和黄骅港通力合作、错位发展，协同打造"一核两翼"的世界级港口群。京津冀三地教育部门在基础教育、职业教育和高等教育领域均建立了常态化联络机制和对接沟通机制，先后成立多个基础教育发展共同体、职业教育联盟和高等教育发展联盟，推进三地基础教育服务均等化及教育一体化发展。在医疗保障方面，京津冀跨省异地就医直接结算的覆盖面扩大，京津冀检查结果互认和医学影像检查资料结果共享，深化了医疗保障基本公共服务的共建共享。在养老保障方面，自2015年设立京津冀养老服务协同发展试点机构以来，三地在养老产业协同和相互输出上取得了显著成果，社会服务保障成果惠及更多群众。

5. 打好"碧水蓝天保卫战"，环境治理和绿色转型初见成效

京津冀围绕环境综合治理和生产方式绿色转型，统筹推进区域结构调整、节能减排，实现了经济发展和生态保护的同步推进。京津冀三地生态环境部门联合立法、统一规划、协同治污，推动区域生态环境持续改善，联建联防联治成效显著。[①] 在水污染联合治理方面，三地集中力量开展对"六河五湖"的综合治理，清除密云水库上游、引滦用水主要污染源，白洋淀区水质达到Ⅲ类标准，永定河、湖白河等五大主干河流复流，入海河流基本消除劣Ⅴ类水体。在大气污染防治方面，三地联合实施清洁空气计划和"蓝天保卫战"行动，京津冀地区的空气质量得到明显改善。2021年，京津冀地区PM2.5年均浓度首次步入"30+"阶段，2022年继续同比下降，较京津冀协同发展战略实施之前下降了60%以上。京津冀三地围绕能源、产业、交通、建筑等领域积极推动绿色低碳发展，从产业结构调整到企业节能减排再到清洁能源替代等方面实施了十分具体的推进举措，"十三五"时期，京津冀三地单位GDP二氧化碳排放累计下降比例分别为26%、23%、25%，生产方式的绿色转型取得了显著效果。

---

① 张贵、孙晨晨、刘秉镰：《京津冀协同发展的历程、成效与推进策略》，《改革》2023年第5期。

6. 对外开放成果丰硕，初步形成双向联动开放格局

京津冀三地以自贸试验区建设为契机，推出京津冀自贸试验区政务服务通办联动机制，率先落地企业经营许可"一址多证"、融资租赁特殊目的公司外债便利化等创新政策。深度参与国际产能合作，与共建"一带一路"国家和地区的贸易往来频繁，其贸易额在"一带一路"总贸易额中的占比高达45%，京津冀地区已成为"一带一路"的黄金支点。通过举办国际服务贸易交易会、世界智能大会、中国国际数字经济博览会、2022年冬奥会等多项国际重大活动，提高了京津冀国际知名度和影响力，国际交往合作水平不断攀升，京津冀逐渐成为吸引海外投资的重要平台。京津冀协同发展战略上升为重大国家战略以来，三地进出口总额由2014年的3.74万亿元增加到2022年的5.05万亿元。此外，京津冀三地在企业信息互通互认、电子认证一体化、"跨省通办"政务服务体系、税务跨区域协同便利化、"1+N"执法协作体系等领域推进了一系列举措，形成了一批可复制可推广的新经验。京津冀持续优化营商环境，积极同其他地方沟通对接，提升招商引资能力，初步打造双向联动开放格局。

（二）面向先行区示范区建设的京津冀协同发展的现实困境

京津冀协同发展战略实施以来，三地在北京非首都功能疏解、雄安新区建设等重点领域的工作取得了显著成效，但与长三角、粤港澳等地相比仍存在差距，协同发展仍面临一些现实困境，协同发展水平有待进一步提升。

1. 对标世界级城市群目标，京津冀协同发展动力不足

近年来京津冀地区经济增长速度放缓，不仅经济实力与国际先进水平的世界级城市群有较大差距，而且在全国发展格局中的经济地位有所下降。2014年，京津冀地区人均GDP是全国人均GDP的1.28倍，2022年，京津冀地区人均GDP与全国人均GDP之比降至1.02，是长三角地区人均GDP的74.6%。京津冀地区不仅经济发展速度放缓，而且经济发展不均衡，出现了北京—津冀的"中心—外围"二元经济格局，三地存

在产业承接转移错位、创新链与产业链融合不足、市场活力未充分激活等问题，区域经济发展动力不足。

2. 城市规模等级与城乡体系结构失衡，空间结构有待优化

京津冀空间布局中，北京和天津是两个超大城市，石家庄是Ⅰ型大城市，缺少特大城市，中等城市偏少，低等级城市数量较多，城市群规模体系存在断层。对照《京津冀协同发展规划纲要》"一核、双城、三轴、四区、多节点"的空间布局规划，目前"双城、三轴、四区、多节点"的布局建设尚未全面推进。近十年来，京津冀城市群单中心度有所下降，但北京与天津、河北的人均 GDP 差距不断扩大，京津之间尚未形成能承接大量人口、产业，抗衡京津虹吸效应的中等城市，京津冀城镇体系结构存在失衡现象。

3. 绿色转型的根本性制约仍然存在，产业结构调整任务依然复杂而艰巨

绿色经济新动能根植性成长是京津冀产业健康持续发展的关键支撑。[①] 目前而言，在京津冀内部，部分新兴绿色产业发展具有相当规模和优势，如北京的新一代信息技术产业，天津的节能环保产业，保定、张家口的新能源产业，石家庄的生物医药产业，但京津冀绿色经济新动能的占比仍然较低，分布也不平衡。以战略性新兴产业为例，在国家发改委首批公布的 66 个国家级战略性新兴产业集群中，长三角地区有 14 个，京津冀地区仅有 7 个，其中 4 个集中在北京，2 个分布在天津，而产业结构任务最艰巨的河北只有 1 个，河北能否实现新动能发展成为京津冀产业结构调整与升级的关键。

4. 民营经济不活跃，市场化力量和水平不足

在京津冀协同发展过程中，如何发挥市场在资源配置中的主体作用仍然是亟待解决的难题。目前，京津冀三地在激发市场主体活力、促进市场标准对接等方面仍存在短板，营商环境和市场化水平有待提升，京

[①] 陈璐、边继云：《京津冀协同发展报告（2023）》，经济科学出版社 2023 年版，第 11—12 页。

津冀地区民营经济整体活跃度不高。2023年民营企业500强名单中京津冀地区有59家企业，仅占全国的11.8%，而长三角地区有218家企业入选，占全国的比例高达43.6%。京津冀地区央企、国企数量较多，区域资源配置行政色彩相对浓厚，企业的市场意识、竞争意识、服务意识较弱，市场机制作用发挥不充分，导致民营企业发展面临资金、技术、人才等方面的问题。

三 面向先行区示范区建设的京津冀协同发展理论逻辑

习近平总书记多次在重要讲话和重要指示中强调京津冀协同发展要通过疏解北京非首都功能，调整经济和空间结构，探索出一种优化开发的模式，走出一条中国特色解决"大城市病"的路子，形成新增长极。中国式现代化是党在改革开放以来长期探索和实践基础上总结出来的重要指导思想。当前，世界正处于大发展、大变革、大调整时期，面对新形势新发展情况，中国式现代化下的京津冀协同发展应有新的理论逻辑。

（一）面向先行区示范区建设的京津冀协同发展的总体思路

京津冀协同发展是全面建成社会主义现代化强国目标的历史要求。中国式现代化建设中的京津冀协同发展要坚持"以新使命新任务新征程为出发点，以疏解北京非首都功能为战略核心，以转变增长方式，构建区域创新体系为突破点，以雄安新区建设为重要载体，培育区域发展新增长极，以协同发展为根本，推动共同富裕目标实现"的总体思路，纵深推进京津冀协同发展。

一是以中国式现代化赋予京津冀协同发展的新使命、新任务、新征程为出发点，加快推动中国式现代化先行区、示范区建设进程。随着京津冀协同向纵深推进，中国式现代化建设的理论与实践也被赋予全新内涵。京津冀三地要坚持以新使命、新任务、新征程为行动指南，通过转变增长方式，推动发展成果普惠，提升区域治理，实现绿色发展，提高开放水平等路径，将协同发展的京津冀地区打造为中国式现代化建设的先行区、示范区。

二是坚持以疏解北京非首都功能为战略核心，推动产业有序分工协作，产业结构优化升级。非首都功能的转移与承接伴随着大量人口、产业和服务的迁移，京津冀三地要以产业转移精准化、产业承接集聚化和平台建设专业化为导向，重点推进规划、项目、企业、载体、政策等五个方面的工作，促进京津冀产业链深度融合，提升区域产业基础能力和产业链水平，打造区域产业链竞争优势，形成均衡发展新格局。

三是转变增长方式，以区域创新体系和现代化产业体系为突破点，增强社会经济发展内生驱动力。做强区域创新重点支撑平台，推动京津冀三地实现协同创新常态化、创新资源配置市场化、创新产业适配化及区域创新效能最大化。聚焦区域主导产业、战略性新兴产业中的关键核心技术，加快创新链和产业链的融合发展，打造一批由创新型龙头企业领头的产业技术创新共同体。打造区域创新生态系统，促进创新空间与物质空间的融合，培植新动能成长壮大。

四是以雄安新区建设为载体，培育区域发展新增长极。要处理好雄安新区与北京主城区、城市副中心的关系，处理好雄安新区与河北省其他设区市的关系，处理好雄安新区与周边多地的关系，处理好雄安新区与北京、天津的关系。重点做好四个领域工作：北京非首都功能集中疏解与集中承载；举河北省之力打造雄安新区和与其他地区均衡发展并重；与北京、天津的创新链分工与协同；打造区域特色创新走廊、高新技术产业带。

五是以协同发展为根本，坚持社会民众共享现代化成果，推动共同富裕目标的实现。京津冀协同发展不仅关注发展，更强调协同，要根据各地的条件，合理分工，优化发展格局。以满足人民美好生活需要为目标，构建由京津冀三地政府间的利益共同体、市场主体间的经济共同体以及社会民众的命运共同体组成的"区域共同体"，在教育、医疗、社保和养老等领域实施一系列务实举措，让京津冀人民真切感受到中国式现代化先行区、示范区建设带来的获得感和幸福感。

（二）面向先行区示范区建设的京津冀协同发展基本逻辑构建

中国式现代化先行区、示范区建设对京津冀协同发展提出新的要求①：一是人口规模巨大的现代化需要转变区域增长方式；二是全体人民共同富裕的现代化需要推动发展成果普惠；三是物质文明和精神文明相协调的现代化需要提升区域治理能力；四是人与自然和谐共生的现代化需要区域绿色发展；五是走和平发展道路的现代化需要提高区域开放水平。五大新要求为高质量推进京津冀协同发展提供了基本方向。

中国式现代化的本质是人的现代化，其根本在于发展，而发展的动力来源于增长方式的转变。京津冀地区增长方式转变有两大抓手：一是创新，二是现代化产业体系。习近平总书记指出京津冀应"向改革创新要动力""打造我国自主创新的重要源头和原始创新的主要策源地"，协同创新是京津冀协同发展的动力来源。技术创新的成果最终体现为产业基础能力、产业结构优化和产业链水平提升等方面，从而推动区域现代化产业体系建设，产业协同是京津冀协同发展的实质载体和根本支撑。中国式现代化是体现共同富裕的社会文明的现代化，社会文明的进步体现为高品质的基本公共服务。教育、医疗、卫生、文化等公共服务协同发展是京津冀协同发展的本质需求。交通服务作为一种特殊的公共服务，是人民生活便利化的重要体现，交通基础设施的资源共享与交通运输服务的互联互通是畅通京津冀协同发展的经脉，交通一体化是京津冀协同发展的基础和保障。中国式现代化不仅强调物质文明，也追求精神文明，以丰富人民精神生活为目标之一。一个国家或地区精神文明建设水平在一定程度上取决于其社会治理能力。提高治理能力是破解交通拥堵、环境污染、资源供应压力等"大城市病"的重要途径。区域治理需要跨区域、多城市联合制定、实施相互兼容、协调的公共政策，引导产业、人口等各类要素在区域间合理布

---

① 刘秉镰、汪旭：《中国式现代化与京津冀协同发展再认识》，《南开学报》（哲学社会科学版）2023年第2期。

局，政策协同与空间协同是京津冀协同发展的重要内容。中国式现代化是人与自然和谐共生的生态文明的现代化，其本质要求是实现绿色发展。"绿水青山就是金山银山""良好生态环境是最普惠的民生福祉"，生态协同是京津冀协同发展的必然要求。中国式现代化是和平发展的现代化，新经济形势下和平发展需要更大程度上的对外开放，充分发挥中国超大规模市场优势和内需潜力，破除各类生产要素自由流动的障碍，建设全国统一大市场，因此，京津冀协同发展是市场协同与消费协同的统一。基本逻辑如图1所示。

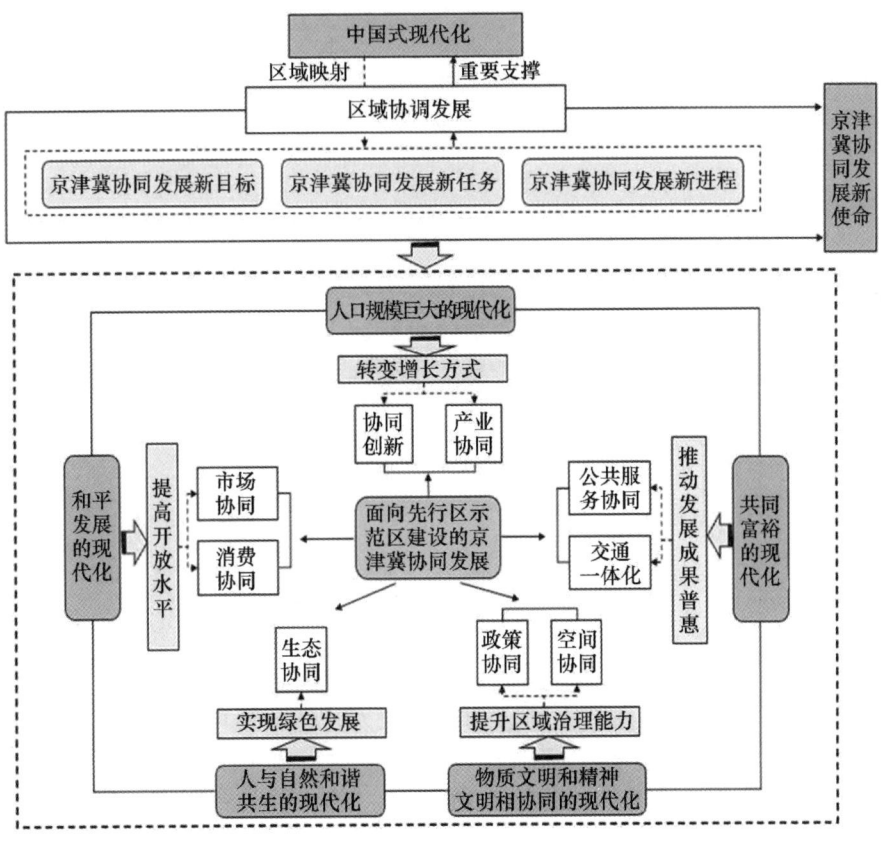

图1　面向先行区示范区建设的京津冀协同发展基本逻辑

（三）面向先行区示范区建设的京津冀协同发展具体内容

1. 中国式现代化的先行区示范区建设与京津冀协同创新①

科技自立自强能力显著提升是全面建设社会主义现代化国家的主要目标任务之一。科技是第一生产力、第一竞争力，而科技创新能力则是科技实力的重要体现。习近平总书记在京津冀三省市考察并主持召开京津冀协同座谈会时强调要稳扎稳打勇于创新，将京津冀打造成中国自主创新的重要源头和原始创新的主要策源地，推动京津冀协同发展取得新的更大进展。京津冀协同创新是全面建设社会主义现代化国家和京津冀协同发展的双重要求。京津冀协同创新要以京津冀区域创新体系为支撑，实现人才、技术、资金等创新资源在三地有序流动，形成引领全国、辐射周边的创新发展战略高地。

2. 中国式现代化的先行区示范区建设与京津冀产业协同

实现现代化首先需要夯实物质基础，建设现代化产业体系是加快区域经济发展的关键。党的二十大报告指出要着力推动城乡融合和区域协调发展，建设现代化产业体系。京津冀协同发展作为一项区域发展的重大国家战略，是实现区域协调发展的重要内容，以建设现代化产业体系为内核的产业协同成为京津冀协同发展的必然选择。现代化产业体系的核心是产业链的技术供给，北京创新资源丰富，津冀已具备相对完整的产业体系，但是大多处于产业链的中低端，因此，提高京津冀三地之间产业分工合作是构建现代化产业体系的关键。中国式现代化下的京津冀产业协同要围绕以下几点开展工作：一是利用北京创新中心的红利，使创新要素为产业提供支撑；二是以北京非首都功能疏解为核心，有序推进产业梯度转移，实现产业链、创新链与人才链的协同发展；三是通过市场化手段耦合产业链与供应链，促进劳动力、土地、资本、技术四大要素循环。

---

① 京津冀协同发展具体内容与分项指数的顺序总体一致，空间协同和政策协同作为协同发展的落脚点，在指数测算过程中涵盖其他7项分项指数，因此，后文分项指数的章节顺序稍作调整。

3. 中国式现代化的先行区示范区建设与京津冀公共服务协同

全面建成社会主义现代化强国要实现基本公共服务均等化。提供高品质的基本公共服务是有序疏解北京非首都功能的重要前提和京津冀协同发展的本质要求。京津冀公共服务协同既是中国式现代化建设的目标，也是京津冀协同发展的构成。京津冀公共服务协同要围绕适应现代社会经济要素流动需要，构建包容共享、协同一体的城市群公共服务体系。遵循"便捷高效—同城普惠—优质共享"的时序和步骤，推动京津优质公共资源向区域内特别是河北延伸，加快补齐区域内基本公共服务均等化短板，把增进人民福祉、促进人的全面发展落到实处。要构建便捷高效的公共服务合作和政策衔接机制，推动教育与医疗资源同城普惠化布局，加快京津冀高质量公共服务共享。

4. 中国式现代化的先行区示范区建设与京津冀交通一体化发展

中国式现代化是在总结中国社会经济长期探索和实践经验基础之上提出的发展理论。中国经济增长奇迹证明了"要想富，先修路"的正确性。社会主义现代化强国首先是经济强国，经济实力大幅跃升要以发达的交通基础设施为基础。京津冀协同发展要通过交通网络建设有效衔接各级各类产业园区、科技城等，服务新增长极、新经济区、新城镇建设发展。京津冀交通一体化是京津冀协同发展的重要组成部分。中国式现代化建设中的京津冀交通一体化以构筑多层次综合交通网络体系为目标，在加速打造京津冀交通一体化的基础上，坚持"区内强点、省市域结网、域外畅通"的发展思路，持续推进"轨道上的京津冀"、互联互通公路网、世界一流港口群、世界级机场群建设。

5. 中国式现代化的先行区示范区建设与京津冀空间协同

优化国土空间格局是现代化进程中协同发展的必由之路。京津冀协同的短板在于不平衡不充分的发展，而非集聚本身，区域协调发展与核心城市做大做强并不矛盾，城市集聚带来的问题需要在更大尺寸进行空间结构的调整以解决北京过度集聚而周边中小城市功能性不足问题。京津冀土地协同实际上是空间协同与优化过程。要按照"一核、双城、三轴、四区、多节点"的城市空间布局，探索构建科学的城镇体系，提高核心城市的辐射力和综合承载力，加快形成组团式、都市圈、城市群等京津冀区域空间骨架，引导人口、产业等各类资源要素在城市群范围内合理布局，构建疏密有致、功能互补、层级合理的"多中心+网络化"城市体系。

6. 中国式现代化的先行区示范区建设与京津冀政策协同

中国式现代化建设要求改革开放迈出新步伐，国家治理体系和治理能力现代化深入推进。纵深推进京津冀协同发展战略的进程中，要实现区域治理现代化，必须构建一个由京津冀三地政府间的利益共同体、市场主体间的经济共同体以及社会民众的命运共同体组成的区域共同体。区域共同体的构建和发展则需要京津冀进行体制机制创新，实现政策协同发展。京津冀三地政府作为制定和执行公共政策的部门，要在协同发展战略合作机制、规划管理体制、项目跨区域协同管理服务机制、跨区域投入共担与利益共享的财税分享管理制度、市场准入运行与监督机制等方面全方位、多层次、跨边界合作，扫除阻碍京津冀协同发展的政策因素，为三地社会经济高质量发展提供充分的政策保障。

7. 中国式现代化的先行区示范区建设与京津冀生态协同

促进人与自然和谐共生是中国式现代化的本质要求。生态环境协同治理是京津冀协同发展的内在要求。京津冀生态协同是中国式现代化建设和京津冀协同发展的共同目标和要求。习近平总书记多次在重要讲话和重要指示中强调"绿水青山就是金山银山""良好生态环境是最普惠的民生福祉"。京津冀生态协同要以改善生态环境质量为核心，从城市群视角下协同治理，加强三地在排放权、排污权、碳减排上的合作，加强联防联治，同时继续强化在水源地保护、大气污染治理、生态涵养等方面的合作，探索以生态环境为导向的开发模式，从生态环境、产业结构、基础设施、城市布局等方面综合考虑，完善区域绿地系统布局。

8. 中国式现代化的先行区示范区建设与京津冀消费协同

中国式现代化是共同富裕的现代化，是物质文明和精神文明相协调的现代化。释放居民消费潜力，加快消费升级的步伐，以需求侧的消费升级引领供给侧的产业升级，有助于通过消费和产业"双升级"协同促进中国经济高质量发展。推动三地消费协同，有助于发挥消费拉动经济增长的基础性作用，缩小京津冀三地发展落差，从而实现区域一体的现代化。随着物质文明和经济发展水平的提高，人们对美好生活的向往不仅仅是物质消费，精神文化产品和服务需求日益增长，提升京津冀消费协同水平有助于充分发挥三地比较优势，整合京津冀三地文化和旅游资源，充分释放京津冀文旅消费活力。促进京津冀消费协同，是发挥三地市场优势、增强微观主体活力、实现高质量发展和共同富裕的必然选择和重要切入点，对于探索区域均衡发展的新机制新模式和打造中国式现代化的引领区、示范区具有至关重要的作用。

9. 中国式现代化的先行区示范区建设与京津冀市场协同

党的二十大报告指出，构建新发展格局，关键在于实现经济循环流转和产业关联畅通，着力打通堵点，贯通生产、分配、流通、消费各环节，实现供求动态均衡。中国式现代化与京津冀市场协同具有内在联系。一方面，以中国式现代化道路为行动指南，推动京津冀协同发展走向纵深，是以史为鉴、活用理论、深化实践的必然选择；另一方面，京津冀地区是中国的"首都经济圈"和重点城市群，京津冀市场协同的水平关系着区域经济效率的提升，对于充分发挥京津冀地区在中国式现代化中的战略性作用具有深刻意义。京津冀市场协同发展要以推动体制机制改革为重点，促进北京、天津与河北，城市与农村间的要素双向流动，消除地方之间的行政限制和壁垒，塑造国内统一大市场，激活区域内需，提供有效供给。

参考文献

陈璐、边继云：《京津冀协同发展报告（2023）》，经济科学出版社2023年版。

李实：《共同富裕的目标和实现路径选择》，《经济研究》2021年第11期。

刘秉镰、汪旭：《中国式现代化与京津冀协同发展再认识》，《南开学报》（哲学社会科学版）2023年第2期。

张贵、孙晨晨、刘秉镰：《京津冀协同发展的历程、成效与推进策略》，《改革》2023年第5期。

上篇 京津冀协同发展的总指数篇

第一章
京津冀协同发展总指数的构建说明

周　密　胡清元[*]

京津冀协同发展是党的二十大报告中排在首位的区域重大战略，肩负着引领区域经济增长、促进区域协调发展、优化空间治理的重要任务。围绕缩小区域发展差距、加快区域一体化、优化资源环境等重点领域，构建区域协调发展评价指标体系、形成区域发展监测评估预警体系，有助于科学客观地评价区域发展的协调性，为政策制定和动态调整提供参考。本章研究并设计京津冀协同发展总指数，动态监测和评价2014年以来京津冀协同发展进程，为区域协同发展提供有益参考。

一　指数意义

本报告所构建的京津冀协同发展指数旨在对2014年以来中国京津冀区域协同发展总体情况和不同领域的进展情况进行测算和评价；总结进展和成效，找出薄弱环节和制约因素，评价不同方面的利弊得失，衡量三地协同发展的相对进程；为更好推进京津冀协同发展形成基础性量化工具，为优化决策提供参考，为学术研究提供数据，为企业经营者、投资者和广大读者提供背景资料。

---

[*] 周密，南开大学经济与社会发展研究院教授、博导，南开大学中国城市与区域经济研究中心主任，入选南开大学百名青年学科带头人计划，研究方向：区域经济理论与政策；胡清元，南开大学经济学院博士研究生。

第一，全面评估京津冀协同发展的总体进展与最新形势。京津冀协同发展涉及创新发展、产业升级、交通一体化、生态环境保护等多个重点领域，包含经济、社会、环境、政府等多维度要素，跨越前期、中期和远期等多个阶段，协同发展所面临的问题具有复杂多样性和相互连续性。本报告所构建的京津冀协同发展指数立足新发展阶段，从国家最新现实需求出发，结合京津冀协同发展的历史使命，系统性、综合性地测度京津冀协同发展水平，既涵盖了产业协同、协同创新、生态协同等重点关注领域，还关注了市场协同、消费协同、政策协同等最新发展实践，不仅有助于客观地了解各个协同领域的发展水平，也能够清晰反映协同发展的阶段性成效与整体趋势，系统、科学、精确地掌握京津冀协同发展基本面情况，研判京津冀协同发展的最新趋势，为未来的发展决策与规划提供坚实的依据。

第二，准确凸显京津冀协同发展的重点领域与关键问题。在京津冀协同发展的过程中，不同领域的发展水平直接关系到整体发展的质量和效率。通过对各个领域的权重分配和评估，可以准确找出在协同发展中需要加大支持力度的重点领域，使政策精准发力，推动高质量发展。同时，本报告所构建的京津冀协同发展指数并非单纯的就京津冀讨论京津冀，而是根据研究需要，既将京津冀作为一个整体研究，又针对京津冀各城市和协同的具体领域分别开展研究，分析京津冀三地各自的发展特点、相互之间的协同联系以及协同发展差异。在有利于横纵向比较分析的数据结构基础上，为精准识别协同发展面临的卡点堵点问题提供有力的数据支撑，全面定位京津冀协同发展的薄弱环节和制约因素。

第三，前瞻性地预测京津冀协同发展的基本趋势。本报告所构建的指数是对京津冀协同发展多维度要素的全面把握，指标构建不仅基于丰富翔实的历史数据，还涵盖了对协同发展演变规律的深入探索。结合机器学习、社会网络分析等多元分析技术，对数据进行深度挖掘，提取出其中的重要特征与规律，能够形成准确的发展趋势预测，进而预测出京津冀协同发展的未来走势；另一方面，通过对协同发展中产业结构、政策影响、社会环境等关键因素的深入分析，把握影响协同发展的重要变量，揭示出相对稳定、长期的影响要素，可以前瞻性地预测京津冀协同发展的基本趋势。

第四，为政府做出重大战略性决策提供客观依据。京津冀协同发展需要科学合理的政策支持。通过对京津冀协同发展指数的计算与分析，可以客观地评估各类政策措施的实施效果，为政策的调整与优化提供经验参考，提高政策的针对性与有效性。主要体现在两个方面：一是提供全面而清晰的信息基础。本报告所构建的京津冀协同发展指数基于多元数据结构形成，数据基础既包含了传统的结构化数据，还包括半结构化政策文本数据，这使其成为一个全景式的评估工具，能够提升政府对协同发展的整体认知。二是提供科学而准确的评估结果。本指数特别测度了政策协同指数，评价京津冀协同发展政策现状，提炼不同地区、不同主题下协同发展政策的特征与存在的问题。为提升协同发展政策绩效，从政策目标、政策主体、政策实施等多方面优化政策制定，提供了更科学、更客观的直接依据，有助于识别京津冀各城市的角色和优势，使得政府能够在协同发展的过程中更加明智地引领区域发展方向。

第五，形成助力京津冀协同发展实践的基础性工具。京津冀协同发展指数不仅提供过去协同情况的评估，更为未来继续推进京津冀协同发展提供基础性的工具和依据。从学术研究视角看，围绕京津冀协同发展指数形成的协同发展数据库是相关领域科学研究的重要数据基础。研究者可以通过深入分析相关数据，探讨京津冀地区协同发展的内在机制、模式演进及其对区域经济、社会结构等方面的影响。这一丰富的数据资源将为京津冀协同发展、区域协调发展的研究提供新的视角和理论框架，推动区域协调发展的理论与实践取得更为显著的成果。从现实需求视角看，京津冀协同发展指数是具有指导价值的数据报告。企业经营者和投资者可以在此基础上进行深入分析，从而制定更加科学合理的市场战略和投资决策。同时，该指数也为广大读者提供了深入了解京津冀协同发展的机会，使其能够更全面地了解京津冀协同发展的脉络与趋势，有助于公众参与区域发展的讨论与决策，推动区域发展向高质量迈进。

二 指数功能

构建京津冀协同发展指数，目的是发挥其监测运行、问题预警、政策评估、模拟预测、目标纠偏等五大作用。

第一，监测运行功能。京津冀协同发展指数是具有监测意义的指标体系。其重要职能是监测运行、把握动向、揭示趋势。通过持续更新与监测指标变化，对京津冀协同发展的进程进行实时动态追踪，准确捕捉协同发展的新动态、新情况、新趋势与新问题；监测运行将持续产生反馈数据，不仅使政府准确把握协同发展的脉络和态势，为政策调整提供及时参考，还能够为公众参与提供依据，形成共同推动协同发展的合力；同时，监测运行功能的连续性特征使该指数能够反映多年甚至十年以上的数据变化，揭示京津冀协同发展的长期发展趋势，有助于识别出长期发展模式。

第二，问题预警功能。京津冀协同发展指数能够通过长期跟踪性监测，及时发现指标体系中超出合理区间的异常值，进而在全面识别、警示协同发展中的风险与问题方面发挥关键作用。该项功能具体表现在以下几个方面：一是系统性风险识别。本指数涵盖京津冀协同发展的全部重点领域，能够全面识别协同发展中的系统性风险，例如经济结构失衡、环境压力加大等问题，为政策制定者及时提供风险提示。二是异常情况监测，通过监测关键指标的波动和变化趋势，及时捕捉可能导致协同发展不平衡或发展阻滞的异常情况，使政策制定者能够迅速做出反应。三是区域性差异警示。本指数能够警示京津冀城市群中不同城市间的发展差异，有助于相关部门更好地理解各地的特点与问题，精准施策促进协同发展。四是薄弱环节识别，通过对比分析识别出京津冀协同发展中的薄弱环节，为破解发展难题和瓶颈找到突破口提供线索和依据。

第三，政策评估功能。京津冀协同发展指数不仅可以用于测度协同发展的进程，还可用于评价规划和政策的实施效果，为政策效果的全面评估提供深刻洞察。该项功能具体表现在以下几个方面。一是量化政策效果，通过比较政策实施前后的指标变化，以及直接的政策协同数据，精确评估政策目标设置的合理性、政策实施的有效性以及政策措施的得当性，为政策的持续优化提供可靠依据。二是破解政策交互影响，通过运用机器学习等大数据研究方法，能够全面评估不同政策之间的协同效应，为政策的精准制定与实施提供理论支持。三是及时反馈政策效果，本指数持续更新监测政策实施的效果，能够及时发现政策执行中的问题和不足，通过及时反馈，帮助相关部门及时调整政策方向，确保政策的有效实施，保障政策的有效性和针对性。

第四，模拟预测功能。京津冀协同发展指数能够通过指标测度结果的变动趋势，测算未来指标数值，预测出京津冀协同发展和非首都功能疏解的基本走势；同时，通过多维度的情景模拟，设定不同发展情景和政策变量，可以精准预测在不同政策措施下，京津冀协同发展可能出现的发展趋势。通过指数的模拟预测，可为京津冀协同发展提供辅助战略规划支持，在模拟基础上发现潜在的发展机遇和挑战；增强京津冀协同发展政策的科学性，在预测基础上对不同政策工具组合的决策效果提供清晰的认识；促进京津冀协同发展的可持续性，通过模拟未来的发展趋势，能够更全面了解当前政策是否符合长期发展的需要，从而为政策的调整和改进提供参考。

第五，目标纠偏功能。京津冀协同发展指数既包括对京津冀整体目标和三地功能定位的实现程度进行监测，也包括对京津冀城市群创新、产业、市场、生态、公共服务、交通、消费、空间、政策等重点领域协同发展的目标进行测度。通过对各个维度的数据进行全面分析，对目标进行动态修正，以确保目标的实效性和适应性；同时，可以实现对目标实现程度的测算和分析，并探索导致目标偏差的具体原因，包括对经济结构、政策措施、环境因素等多方面的综合评估，通过纠偏使得各个发展领域的目标协调一致，进而保证京津冀协同发展整体目标的稳健实现。

三 构建原则

在构建京津冀协同发展指数过程中,坚持以下基本原则。

第一,前瞻性与动态性相结合的原则。京津冀协同发展是一个渐进的目标,需要不断地监测和调整。构建指数的过程中,首先要注重前瞻性,即基于当前经济社会状况和发展趋势,深入洞察未来京津冀协同发展的方向与目标。其次要注重动态性,即不断更新、完善指数的数据来源和监测方法,确保数据完整和科学,以及随时调整权重和评估标准,以保证指数的反映能力和科学性。通过结合前瞻性与动态性原则,充分发挥指数对京津冀协同发展的跟踪监测作用,全面考量多维度要素,进而发现京津冀区域的趋势性和苗头性问题、主要矛盾变化、发展环境变化等,便于及时应对政策调整等变化,确保指数持续适应京津冀地区发展的新形势和新要求。同时,保证及时对当前政策实施的阶段效果进行反馈,为各级政府决策提供科学依据。

第二,问题导向与目标导向相结合的原则。京津冀协同发展指数既要监测运行,又要衡量目标。在构建指数的过程中,首先坚持问题导向原则,即从京津冀区域现阶段存在的突出问题出发,如破解大城市病、资源生态环境超载等,适当选择问题的靶向性指标,通过指数揭示出不同的发展问题、发展瓶颈及短板。其次坚持目标导向原则,即注重衡量京津冀区域的总体目标、定位目标以及重点领域目标的实现程度,紧密结合问题解决与发展目标,使得指数评估结果具有明确的发展导向性。通过结合问题导向与目标导向原则,识别问题并将其纳入指数评估的范围,直接反映出发展过程中的瓶颈与难题,并与实现发展目标相结合,使得解决问题成为实现发展目标的具体途径之一。通过持续的问题导向评估,及时调整发展目标,保证目标的科学性和实施的有效性;通过持续的目标导向评估,及时挖掘发展问题,为实现协同发展提供有力保障。

第三,科学性与可操作性相结合的原则。在指数构建的过程中,注重代表性和可得性相结合。科学性要求指数的构建必须建立在合理的数据基础上，综合运用统计数据、调查数据与大数据，确保数据的真实、准确、全面，以便于进行长期性、追踪性研究和跨区域的横向比较研究。指数的构建也必须建立在严谨的评价方法上，指标的选取应当基于深入的研究和充分的理论基础，保证各指标间的内在逻辑和相互关联。可操作性要求指数的评估方法和计算过程清晰明了，能够被理解和复制，以确保指数的可持续发展和更新。同时，科学性与可操作性相结合的原则，要求指标选取具有典型代表性，保证选取的指标既不冗余、重叠，也不过少、过简，或出现指标信息遗漏、以偏概全和不全面不完整等现象。确保历年指标统计口径、统计范围和统计对象一致，保证指标口径的一致性，使用规范的指标名称和计算方法，真实反映指标值的变化和波动。确保指数结果既能够比较准确地反映京津冀区域发展的现实，又能经得住推敲。

第四，系统性与公开性相结合的原则。京津冀协同发展指数是一个全面、多维度的评估监测指标体系。系统性原则要求指标体系中选取的各层级指标间既相互独立，又彼此联系，共同构成一个有机统一体。运用系统性的评估模型和方法，包括对指标间相互关系的分析、权重的设定、评估结果的综合等，保证指数评估的全面性与准确性。公开性原则要求指数中选取的数据来源公开可靠、指标概念清晰明确，确保数据来源主要是各统计年鉴和国家各部委或统计部门公开出版、发布的数据，以便于社会各界进行核查和检索，对指数的真实性进行验证。同时，公开性也包括对评估结果的公布，以及相应评估报告的发布，保证指数的公正性、公信度。通过公开指数评估结果，让公众、各级政府部门和研究者了解京津冀协同发展的真实情况，为相关决策和研究提供参考。

第五，整体监测与局部监测相结合的原则。京津冀协同发展指数的构建需要统筹考虑不同的行政区域，既强调整体的协同发展，也强调三地间、城市对间的互联互通。整体监测注重对京津冀地区协同发展的整体趋势进行评估，以全面了解区域各方面的发展状况，通过对整体情况的监测，可以把握区域经济社会发展的总体格局。局部监测注重在特定领域或特定问题上的深入评估，兼顾反映京津冀三地在产业协同、协同创新、市场协同、政策协同、交通一体化、消费协同、生态协同、空间协同、公共服务协同九个方面的综合水平。同时，整体监测与局部监测相互协调，整体监测为局部监测提供背景和基础；局部监测的深入研究为整体监测提供细节和重点，相互之间形成良性循环，确保指数的针对性和实用性。

四 指数特色

本报告所构建的京津冀协同发展指数具有鲜明的时代特色，主要表现在以下三个方面。

第一，新视角。已有研究中，京津冀整体协同发展的代表性指标体系主要建立在"创新、协调、绿色、开放、共享"五大发展理念的基础上。一般而言，该指标体系包括五个分指数和一个京津冀区域发展总指数，在分指数的指标选择和计算方面存在一些差异。进入"十四五"时期，中国开启了全面建设社会主义现代化国家的新征程。中国式现代化是时空交织演进的发展过程。时间维度上，要求国家走在时代前沿，引领世界经济社会发展的效率、动力与质量变革；空间维度上，要求区域经济的高质量发展，统筹区域生产、生活与生态空间。为解决中国经济发展中的不平衡不充分问题，京津冀协同发展战略旨在促进区域经济增长，优化区域经济联系，深化区域间经济社会关系。本指数在全面贯彻新发展理念的基础上，以实现中国式现代化的国家使命为依托，评估京津冀协同发展的最新实践，为新历史起点下京津冀高质量协同发展提供科学参考。

第二，新框架。京津冀协同发展已经推进了近十年，当前主要矛盾与发展环境发生了巨大变化。区域发展政策更加关注区域落差，在制定过程中注重协调性与平衡性的双轮发展。伴随着新产业革命和数字化转型的发展，对京津冀三地在要素流动、资源共享、产业分工等方面协同发展提出了更高要求。站在新的历史方位上，本指数以中国式现代化的区域映射为指针，以中国式现代化赋予京津冀协同发展新目标、新使命、新进程为目标指引，构建以"经济结构现代化、人民生活现代化、区域治理现代化、生态文明现代化、市场体系现代化"为主体的设计框架，明确新时代下对京津冀协同发展的再认识。

第三，新内容。自京津冀协同发展战略被确立为国家重大战略以来，在多个重点领域取得重大进展。北京非首都功能的疏解初步见效，雄安新区建设取得了阶段性的重大成果，北京城市副中心的高质量发展步伐加快，形成了"轨道上的京津冀"快速发展的态势。在美丽宜居京津冀方面取得了可喜的成果，科技创新和产业融合发展水平持续提高。随着京津冀协同发展向更深层次推进，京津冀需要以更快的速度、更高的质量、创新的示范成为中国式现代化建设的先行区和示范区。具体而言，本指数的设计框架主要聚焦于建设区域现代化产业体系、建设全国统一大市场、优化区域空间布局、提升区域综合承载力、改善区域治理水平等方面。不仅选取了已经取得显著进展的产业协同、协同创新、生态协同、交通一体化作为主要考察内容，还包括了新的要求，如空间协同、消费协同、市场协同、政策协同等，以监测与中国式现代化理念相契合的京津冀协同发展情况。

五 指数设计思路

（一）指导思想：习近平总书记关于区域协调发展的重要论述[①]

区域协调发展是推动高质量发展的关键支撑，是实现共同富裕的内在要求，是推进中国式现代化的重要内容。习近平总书记指出，推动区域协调发展，就是要实现基本公共服务均等化，基础设施通达程度比较均衡，人民基本生活保障水平大体相当；加快构建高质量发展的动力系统，增强中心城市和城市群等经济发展优势区域的经济和人口承载能力，增强其他地区在保障粮食安全、生态安全、边疆安全等方面的功能，形

---

① 王丰、杜思杰：《习近平总书记关于区域协调发展重要论述的科学内涵、精神实质和实践要求》，《中共杭州市委党校学报》2023年第1期。

成优势互补、高质量发展的区域经济布局；不平衡是普遍的，要在发展中促进相对平衡，这是区域协调发展的辩证法。① 习近平总书记关于区域协调发展的重要论述，明确了新时代促进区域协调发展的总体思路和目标任务，为做好区域协调发展工作提供了根本遵循和行动指南。

第一，区域协调发展战略的根本目的是解决发展不平衡不充分问题。区域协调发展战略以供给侧结构性改革为主线，以京津冀协同发展、长江经济带发展、粤港澳大湾区建设、长三角一体化发展、黄河流域生态保护和高质量发展等区域重大战略为引领，助力推进西部大开发、东北全面振兴、中部地区崛起、东部率先发展"四大板块"建设，支持特殊类型地区加快发展。坚持"发展为了人民、发展依靠人民、发展成果由人民共享"的基本理念，最终目标是实现区域间相对平衡发展。

第二，区域协调发展的基本原则是以新发展理念助推经济高质量发展。中国经济发展已从高速增长阶段转向创新驱动的高质量增长阶段。新发展格局下，贯彻新发展理念是实施区域协调发展战略的重要原则。其中，创新是驱动区域发展的第一动力，推动经济高质量发展；协调是区域发展的核心要义，通过合理的空间布局促进相对平衡发展；绿色是区域发展的必然要求，需要构筑可持续发展体系；开放是区域发展的必由之路，需要构建以国内大循环为主体、国内国际双循环相互促进的新发展格局；共享是区域发展的基本要求，实现基本公共服务均等化，奠定共同富裕的物质基础。

第三，区域协调发展的主要内容是构建协调发展新格局。统筹推进五大战略间的落实联动，充分发挥主体功能区优化区域发展格局的决定作用；加强区域重大战略与区域协调发展战略间的相互支撑，实现四大板块的联动发展和五大区域重点战略的突破性进展；有效结合新型城镇化战略与区域协调发展战略、区域重大战略，以城市群和都市圈为依托构建大中小城市协同发展格局，以新型城镇化战略实施助推区域协调发

---

① 赵辰昕：《国务院关于区域协调发展情况的报告》，2023年6月26日，中国人大网（http://www.npc.gov.cn/c2/c30834/202306/t20230628_430333.html）。

展战略落地，促进区域间融合互动、融通互补。①

第四，区域协调发展的关键举措是提升城市群综合承载能力。城市群是城镇化的存在形态，是区域高质量发展的重要源泉。提升城市群综合承载力，有助于促进各类要素的流动和集聚。区域协调发展的关键举措是以城镇化推进形成优势互补、高质量发展的区域经济布局。一方面，需要促进大中小城市的合理分工和功能互补，明确主体功能，有效形成主体功能分区；另一方面，发挥比较优势，合理解决发展动力极化问题，以有序的分工协作实现区域间的充分发展。

本报告所构建的京津冀协同发展指数紧密围绕习近平新时代区域协调发展重要论述，全面贯彻党的二十大精神，坚持新发展理念，紧扣中国社会主要矛盾和发展环境变化。通过确定科学性、客观性的评价标准，结合大数据与先进评估方法，为京津冀协同发展提供系统的评估工具，全面评价京津冀协同发展各重点领域情况。在推动区域协同发展的过程中，提供科学、全面、准确的指导与依据，为实现京津冀高质量协同发展夯实基础。

（二）评价内容：均衡协调、优势互补、开放联通、高效发展

京津冀协同发展并非各协同主体之间的简单组合，而是基于区域内每个协同主体具有其他协同主体不具备或不完全具备的资源和条件，通过相互之间的均衡协调、优势互补、开放联通，实现区域的协同高效发展。

均衡协调是指京津冀三地的经济社会发展水平逐步接近，发展差距逐步缩小。京津冀协同发展中，均衡协调指的是京津冀三地在经济、资源、环境、教育等方面，通过合作实现相对均衡的发展状况。这种发展模式旨在避免单一地区经济过度集中，以及资源、环境、教育等公共服务的不均衡现象，确保各地区在经济、社会和生态各方面都能够保持相

---

① 董雪兵、李霁霞、池若楠：《习近平关于新时代区域协调发展的重要论述研究》，《浙江大学学报》（人文社会科学版）2019年第6期。

对平衡的状态。经济层面，均衡协调追求各地区经济发展水平相对平衡，避免某一地区经济高度发达而导致其他地区发展滞后的情况。进一步细化区域政策尺度，注重区域一体化发展，防止出现政策洼地、地方保护主义等问题。资源配置方面，注重京津冀三地资源的合理配置，避免资源过度集中在京津地区，导致资源配置不公的情况。在教育、医疗等公共服务领域，均衡协调追求各地区的服务水平相对平衡，不平衡是普遍的，要在发展中促进相对平衡。此外，政府间的政策支持和区域合作也是实现均衡协调的关键因素。通过政策的制定与执行，以及区域间的协作机制建设，共同推进京津冀协同发展。

优势互补是指三地间基于功能定位相互弥补不足，实现共同增值。京津冀协同发展中，优势互补指各地区在产业布局、资源禀赋、科技实力、人才优势等方面具有差异性和特色性，并通过合作与互动，实现相互补充、优势互补的合作关系。这种合作关系不仅能够充分发挥各地区的优势，也能够提升整体经济效益。优势产业互补能够形成完整的产业链，提高区域内各产业的整体竞争力，促进资源的优化配置。优势创新资源互补，能够使得京津冀三地在科研机构、高等院校等方面的优势形成合作，共同推动科研成果的产业化和应用，推动整个区域的科技创新水平。人才优势与需求的互补，使得京津冀三地在人才流动、人才培养方面形成合作共赢态势，有利于充分发挥京津冀人才资源。政策层面上，京津冀三地政府的协同配合和政策协同，为产业合作提供有力的政策支持，推动了京津冀地区的优势互补发展。

开放联通是指协同环境的开放，形成各生产要素和资源在区域系统内无障碍流动。京津冀协同发展中，开放联通指通过完善区域间的交通、信息、金融、人才流动等机制，促使京津冀三地之间形成一个高效便捷的互联互通体系，避免相互设置壁垒，实现资源、信息、人才、资本等要素的自由流动与共享，从而推动区域间经济、社会、文化等领域的深度互动与融合。这种开放联通不限于传统的交通物流网络，还涵盖了数字化技术的互联互通、金融机构的跨区域布局与合作、人才在三地之间的流动与共建共享活动，以及政策层面的有力支持和合作机制，以确保联通体系的有效运行。开放联通包括多方面内容：各地政府是否认同区域协同发展，对区域协同发展的前景是否抱有信心；各级政府和相关部门是否通过政策的制定来引导各地区之间的沟通和交流；区域间在交通、信息、网络、公共设施以及其他重要资源方面是否实现了连接和共享；在社会经济层面是否存在人为设置障碍或提升准入门槛的行为等。

高效发展表现为京津冀三地较协同发展提出之前得到更好的发展。协同的根本目标是通过合作达到共赢，合作是手段，共赢是目的。京津冀协同发展中，高效发展指的是各地区在资源配置、生产要素利用、科技创新、市场机制运行、政府服务以及交通物流等多个方面，通过优化管理、提升效率，使得经济社会发展的各环节能够以最少的资源投入取得最大的产出，以确保整个区域的可持续繁荣与进步。资源配置方面，高效发展强调科学合理地分配和利用各类资源，以保障资源的高效利用，避免资源浪费和不合理配置。生产要素的高效利用是高效发展的核心之一，包括资本、劳动力、技术等的优化配置，实现经济发展与资源利用的最佳匹配。科技创新与研发效率强调将科研成果有效地转化为生产力，通过高效的研发和创新过程，推动科技成果的快速落地。市场机制的高效运行意味着市场资源的有效配置和公平竞争，保证资源的最优分配。政府服务效率强调政府机构高效运行，为京津冀三地提供高质量、高效率的公共服务。交通与物流的高效运行保障了生产要素、商品和信息的顺畅流动，为京津冀协同发展提供基础保障。

（三）设计指针：理论逻辑的指数落地

区域要素禀赋的空间格局和区域间关系影响着社会总资源的利用效率和社会财富的生成，区域发展的逻辑深刻嵌套于国民经济发展当中。[①]中国式现代化立足于人口规模巨大的国内市场，以实现共同富裕为目标，物质文明与精神文明相协调，强调人与自然的和谐共生，走和平发展的

---

① 刘秉镰、汪旭：《中国式现代化与京津冀协同发展再认识》，《南开学报》（哲学社会科学版）2023年第2期。

道路。本章基于绪论中面向先行区示范区建设的京津冀协同发展理论逻辑，形成京津冀协同发展的指数量化体系。

推动经济结构现代化，优化区域现代化产业体系。夯实物质基础是实现中国式现代化的必然要求，建设现代化产业体系是加快区域经济发展的关键。通过衡量"京津冀协同创新指数"，评估区域内创新活动的协同效应，考察京津冀创新资源共享情况，评估创新成果的转化与产业化情况，测算区域创新生态系统的健康度。通过衡量"京津冀产业协同指数"，评估京津冀地区产业协同程度和布局合理性，评估产业链的高效衔接程度，测算上下游产业间的协同效率，进而测算京津冀产业间的互补性和协同效应，推动产业结构优化调整。科技创新是现代化产业体系的第一驱动力。

实现人民生活现代化，促进人的全面发展。实现人自由而全面的发展，是中国式现代化的根本目标。需要始终坚持以人民为中心的发展思想，让现代化建设成果更多更公平地惠及全体人民。通过衡量"京津冀公共服务协同指数"，评估区域内教育资源的协同情况、医疗卫生服务的覆盖程度和质量、文化和体育设施的建设情况等。通过衡量"京津冀交通一体化指数"，评估"轨道上的京津冀"建设情况，考察区域内城市公共交通系统建设和互联互通情况。

生态文明现代化，提升区域综合承载力。区域综合承载力体现为在特定时间和空间范围内，区域人口、资源、环境、生态等对经济社会发展的承载和支撑能力。提高城市群综合承载力是推动实现区域协调发展的重要路径。通过衡量"京津冀生态协同指数"，评估区域内的空气质量、水质情况、土壤质量等生态环境指标，反映京津冀协同治理下生态环境的整体质量情况，测度三地在水源地保护、大气污染治理和生态涵养联防联治等方面的推进情况。

市场体系现代化，建设全国统一大市场。建设统一市场，缩小区域差距是中国式现代化的内在要求。京津冀协同发展要求以推动体制机制创新改革为重点，促进北京、天津与域内其他城市间、城市与农村间的要素双向流动，消除地方间的行政限制和壁垒。通过衡量"京津冀市场

第一章 京津冀协同发展总指数的构建说明

协同指数"，考察京津冀地区的市场规模和市场容量，评估京津冀地区各类市场的竞争程度，评估京津冀地区的市场监管机制和规范程度，客观反映京津冀三地在市场经济领域内的协同程度和效果。通过衡量"京津冀消费协同指数"，评估京津冀地区的居民消费水平，考察京津冀地区的消费结构、京津冀地区消费热点区域分布情况等，客观反映京津冀地区在消费领域的协同程度和效果。

加强区域治理现代化，优化国土空间布局。优化国土空间格局是现代化进程中协同发展的必由之路。京津冀协同发展向纵深推进，要求在发挥中心城市带动示范效应的同时，与周边城市形成协同发展格局，释放增长潜力。通过衡量"京津冀空间协同指数"，考察区域内各城市的空间规划和布局、城市和农村之间的融合发展情况等。同时，治理机制是有为政府、有效市场与成熟社会三者之间的有机合作，强调通过多元主体之间的合作、协商与互动的制度设计和实施，突破单靠政府机制或市场机制两种资源配置方式的传统理念，实现区域整体利益的最大化。通过衡量"京津冀政策协同指数"，考察京津冀区域协同治理能力，评价京津冀三地间政策协同进展状况、不同城市对间的政策协同情况。同时，政策协同指数涵盖了京津冀协同创新、产业升级转移、生态环境保护、交通一体化等各个具体领域的政策协同状况，是其他分项指数的有力支撑。

据此，本指数在绪论部分的基础上，形成面向先行区示范区建设的京津冀协同发展基本逻辑构建的指数落地。基于衡量定位目标、监测系统进程、测度承载状况的考虑，支撑京津冀协同发展新目标、新任务、新进程、新使命。以京津冀协同发展指数作为总指数，选取京津冀协同创新指数、京津冀产业协同指数、京津冀公共服务协同指数、京津冀交通一体化指数、京津冀生态协同指数、京津冀消费协同指数、京津冀市场协同指数、京津冀空间协同指数、京津冀政策协同指数作为分项指数，并在此基础上选取评价协同发展的指标准则层。具体指数设计思路如图1-1所示。

协同创新是京津冀协同发展的第一动力。京津冀协同发展需要积极

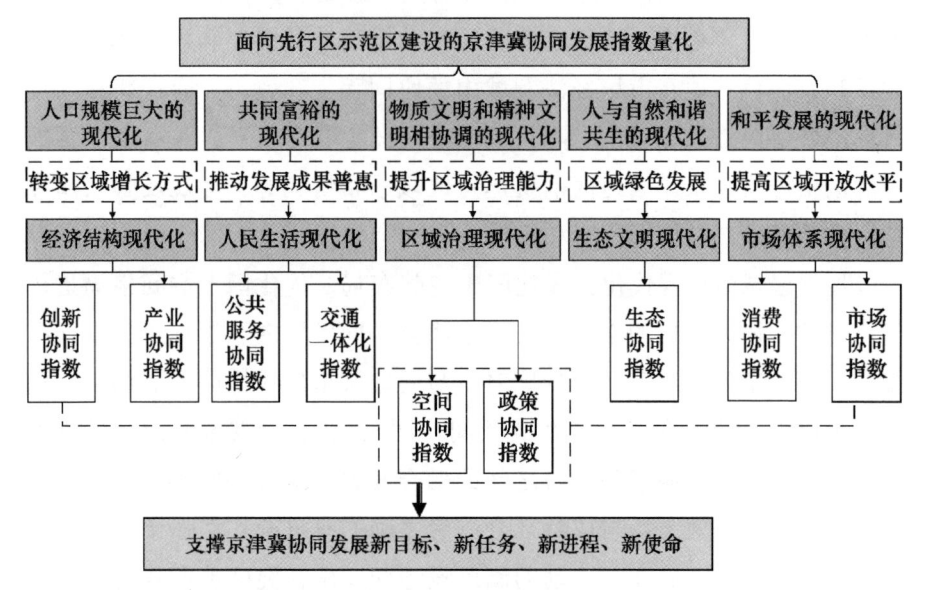

```
                    ┌──────────────────────────────────────────────┐
                    │   面向先行区示范区建设的京津冀协同发展指数量化   │
                    └──────────────────────────────────────────────┘
  ┌──────────┐  ┌──────────┐  ┌──────────────┐  ┌──────────┐  ┌──────────┐
  │人口规模巨大的│  │共同富裕的 │  │物质文明和精神文│  │人与自然和谐│  │和平发展的现代化│
  │  现代化   │  │  现代化  │  │明相协调的现代化│  │ 共生的现代化│  │         │
  └──────────┘  └──────────┘  └──────────────┘  └──────────┘  └──────────┘
  ┌──────────┐  ┌──────────┐  ┌──────────────┐  ┌──────────┐  ┌──────────┐
  │转变区域增长方式│ │推动发展成果普惠│ │提升区域治理能力│ │区域绿色发展│ │提高区域开放水平│
  └──────────┘  └──────────┘  └──────────────┘  └──────────┘  └──────────┘
  ┌──────────┐         ┌──────────┐   ┌──────────┐   ┌──────────┐   ┌──────────┐
  │经济结构   │         │人民生活现代化│ │区域治理现代化│ │生态文明现代化│ │市场体系现代化│
  │ 现代化   │         └──────────┘   └──────────┘   └──────────┘   └──────────┘
  └──────────┘
```

图 1-1　京津冀协同发展指数设计思路

打造创新发展引擎，着力构建区域协同创新共同体。京津冀协同创新指数将区域创新活动划分为知识创新、技术创新、产品创新与创新响应四个环节，分别测算出知识创新指数、技术创新指数、产品创新指数和创新响应指数作为协同创新总指数的三个分项指标，直观体现城市与区域层面各个创新环节的进展情况。同时，基于区域间创新要素流动数据，刻画创新资源流动对协同创新的溢出效应。

产业协同是京津冀协同发展的实际载体。京津冀产业协同指数使用中国工商企业注册数据，采用耦合协调度模型，以京津冀各城市当年产业数量为核心评价指标，测算京津冀总体产业协同发展情况，京津冀信息传输、软件和信息技术服务业协同发展情况，京津冀新能源汽车产业协同发展情况，京津冀医药制造业协同发展情况，专用设备制造业协同发展情况，以及京津冀城市间产业协同的发展情况。

公共服务协同是推动京津冀成为中国式现代化建设的先行区、示范区的有力支撑。京津冀公共服务协同指数以公共教育服务、就业与社会保障服务、医疗卫生服务和文体服务保障为衡量准则。公共教育服务方面包含"幼有所育""学有所教"两个二级指标，就业与社会保障服务方面包含"劳有所得""老有所养""弱有所扶""住有所居"四个二级指标，医疗卫生服务方面包含"病有所医"一个二级指标，文体服务保障方面包含"文化服务保障"和"体育服务保障"两个二级指标。横向评价不同城市之间公共服务的发展差异，纵向评价城市自身基本公共服务的演化特征。

交通一体化是畅通城市群综合发展路径的"大动脉"和促进区域经济可持续发展的重要驱动力。京津冀交通一体化指数从基础设施一体化和运输服务一体化两个方面构建指标。围绕基础设施一体化，选取交通基础设施的资源覆盖、匹配同步和衔接建设作为衡量标准；围绕运输服务一体化，选取交通运输服务的运输能力、网络互通和信息共享作为衡量标准；围绕交通运输类型这一维度，将总体框架划分为公路运输、铁路运输、民航运输、港口运输及航道运输五大细分领域，构建交通一体化的指标体系，考察"轨道上的京津冀"建成情况。

生态协同是京津冀协同可持续发展的重要保障。生态环境质量是一个地区生态与环境的性质及发展状态优劣的评价标准，反映生态环境对居民生活与社会经济发展的综合影响。京津冀生态协同指数使用生态环境压力、生态环境质量、生态环境响应三个指标反映生态环境质量。生态环境压力反映了地区面临的污染排放等在内的不利影响，数值越大表明生态环境优化的阻力越大；生态环境质量包括居民享受的空气、水等自然资源的具体情况，反映一个地区生态环境发展质量；生态环境响应反映地区对生态环境治理现状的治理行为，包括污染治理投资与处理率等指标，数值越大表明对生态环境的治理力度越大。

消费协同是京津冀协同发展的关键环节。消费协同的实质是区域之间消费相互关联、正向促进，各区域的居民消费水平均持续提升且不平衡程度逐渐降低的过程。京津冀消费协同指数首先通过变异系数、泰尔指数、基尼系数和赫芬达尔指数四个指标测度京津冀居民消费不平衡程度。其次，运用平均赋权法将上述四个指标合并成一个反映消费协同水平的综合指标，用于测度消费协同发展达到的状态。最后，利用模糊数学中的隶属度方法，构建一个可做纵向比较的、稳定的京津冀消费协同综合指数，并利用全局莫兰指数和热点分析法深入研究京津冀居民消费水平的空间联系。

市场协同是京津冀协同发展的重要内容，核心要义在于突破行政区划界限，实现经济要素的自由流动。京津冀市场协同指数选取食品、饮料烟酒、服装鞋帽、纺织品、家用电器、日用品、化妆品、首饰、中西药品、书报杂志、燃料和建筑装潢十二种商品价格指数，建筑安装工程、设备工程和器皿、其他资本品三种投资品价格指数，国有单位职工平均工资、集体单位职工平均工资、其他单位职工平均工资三种职工平均实际工资指数，反映市场协同的总体状况。同时，以特定一类市场上的价格指数作为测度依据，可以进一步将京津冀市场协同指数分解为商品市场协同指数、固定资产投资市场协同指数及劳动力市场协同指数，更加详细地反映京津冀市场协同的发展历程与现状。

空间协同是京津冀协同发展探索区域均衡发展新模式、优化内部空间布局的重要内容。京津冀空间协同指数从供给和需求两端进行构建，一方面计算京津冀边界县政府供给的交易地块向三地交界线移动的平均距离，反映供给侧的空间协同水平；另一方面依据土地交易总数反映需求侧的空间协同水平。从政府供地和企业购地维度出发，通过数据分析探究京津冀空间协同发展的演进过程，并从区域异质性以及行业异质性视角对空间协同发展的质量与成效加以评估。

政策协同是把握协同方向、认识协同规律，推进京津冀协同发展重点任务落实的基本保障。京津冀政策协同指数基于政策文本数据，在语料收集、词典构建、文本量化的基础上，借助机器学习等前沿大数据处理方法量化文本。京津冀政策协同指数包含三级两类，其中三级是京津冀—省—市各级的政策协同指数，两类是综合指数和分类指数，涵盖创新、产业、公共服务、生态、基础设施、市场、消费等已有的协同领域，测算京津冀政策协同综合指数、京津冀政策协同分类指数、省级—市级政策协同综合指数和分类指数。通过加强政策协同，有助于统一政策目标，协调京津冀各方参与政策过程，提高跨界治理效能，引领京津冀协同发展迈上新台阶。

参考文献

董雪兵、李霁霞、池若楠：《习近平关于新时代区域协调发展的重要论述研究》，《浙江大学学报》（人文社会科学版）2019年第6期。

刘秉镰、汪旭：《中国式现代化与京津冀协同发展再认识》，《南开学报》（哲学社会科学版）2023年第2期。

王丰、杜思杰：《习近平总书记关于区域协调发展重要论述的科学内涵、精神实质和实践要求》，《中共杭州市委党校学报》2023年第1期。

赵辰昕：《国务院关于区域协调发展情况的报告》，2023年6月26日，中国人大网（http：//www.npc.gov.cn/c2/c30834/202306/t20230628_430333.html）。

第二章

京津冀协同发展总指数的设计和测算结果

周 密 张伟静[*]

为了全面深入测算京津冀协同发展总体水平，本章将京津冀协同创新指数、产业协同指数、公共服务协同指数、交通一体化发展指数、消费协同指数、市场协同指数、生态协同指数、空间协同指数、政策协同指数九个分项指数合成京津冀协同发展总指数。该指数包括京津冀整体、省份、城市三个层面，既可以考察京津冀协同发展的阶段性成效，又可以比较京津冀三地的空间差异。

一 总指数的研究设计

（一）测算思路

京津冀协同发展涉及多个领域，使用单一指标很难全面反映京津冀协同发展的全貌。相比单一指标，综合指标更具全面性，能够更好地观测京津冀协同发展的总体情况。因此，本部分从协同创新、产业协同、公共服务协同、交通一体化、生态协同、消费协同、市场协同、空间协同、政策协同九个方面构建京津冀协同发展的综合指标。

---

[*] 周密，南开大学经济与社会发展研究院教授、博导，南开大学中国城市与区域经济研究中心主任，入选南开大学百名青年学科带头人计划，研究方向：区域经济理论与政策；张伟静，河北经贸大学商学院讲师，研究方向：区域经济学。

由于京津冀三地的发展并不均衡，为了深入比较三地的发展差异，本部分统筹考虑不同的行政区域，采取"1+3+13"的形式设计京津冀协同发展的综合指标。"1"是京津冀协同发展总指数，区域层面的综合指标强调整体的协同发展程度；"3"是省级协同发展指数，反映京津冀两市一省之间的协同发展程度；"13"是市级协同发展指数，反映京津冀13个城市之间的协同发展程度。

（二）测算方法

京津冀协同发展包括协同创新、产业协同、公共服务协同、交通一体化、生态协同、消费协同、市场协同、空间协同、政策协同九个方面，将各个方面的协同指标合成一个综合指标，需要确定指标权重，然后加权合成。

根据权重计算方式的不同，可以分为主观赋权和客观赋权，其中主观赋权常见为德尔菲法、层次分析法，主要通过专家主观打分对不同指标赋权，客观赋权常见为熵值法、主成分分析法，主要通过指标之间的变异程度和相关程度对不同指标赋权。在这些方法中，熵值法能够避免人为赋权的主观性，具有较高的可信度，同时采用归一化方法进行数据标准化处理，具有较好的稳健性。因此，本部分使用熵值法对各项指标赋权，某项指标的变异程度越大，信息熵越小，指标权重越高，反之权重越低。具体计算步骤如下。

1. 数据标准化。由于不同指标的衡量单位不一样，不能直接进行运算，需要消除量纲。在消除量纲之前要区分正向指标和负向指标，正向指标的数值越大协同程度越高，负向指标数值越大协同程度越低。假设有 m 个城市，n 个评价指标，对各项指标的原始数据进行标准化，公式如下：

$$\text{正向指标：} X_{ij}' = \frac{X_{ij} - \min(X_{1j}, X_{2j} \cdots X_{mj})}{\max(X_{1j}, X_{2j} \cdots X_{mj}) - \min(X_{1j}, X_{2j} \cdots X_{mj})} \quad (2-1)$$

$$\text{负向指标：} X_{ij}' = \frac{\max(X_{1j}, X_{2j} \cdots X_{mj}) - X_{ij}}{\max(X_{1j}, X_{2j} \cdots X_{mj}) - \min(X_{1j}, X_{2j} \cdots X_{mj})} \quad (2-2)$$

2. 计算信息熵。首先需要计算第 i 个地区第 j 项指标在所有地区中的比例 P_{ij}，然后根据这一比例计算熵值 e_j，公式如下：

$$P_{ij} = X'_{ij} \Big/ \sum_{i=1}^{m} X'_{ij} \quad (2-3)$$

$$e_j = -\frac{1}{\ln(m)} \sum_{i=1}^{m} P_{ij} \ln(P_{ij}) \quad (2-4)$$

3. 确定指标权重。信息熵越小，该指标所携带的信息就越多，指标权重就越大。因此，首先根据第 j 项指标的熵值计算信息熵冗余度 g_j，然后根据信息熵冗余度计算第 j 项指标的权重 w_j，公式如下：

$$g_j = 1 - e_j \quad (2-5)$$

$$w_j = g_j \Big/ \sum_{j=1}^{n} g_j \quad (2-6)$$

4. 计算综合得分。根据各项指标标准化后的数值和权重，加权平均计算各个地区协同发展的得分，公式如下：

$$cooperate_i = \sum_{j=1}^{n} w_j X'_{ij} \quad (2-7)$$

根据上述方法，分别可以测算省级协同发展指数和市级协同发展指数，对于京津冀协同发展总指数，则根据省级协同发展指数加权平均得到。

(三) 数据说明

在构建省市级别的京津冀协同发展指数时，本部分使用了京津冀协同创新指数、产业协同指数、公共服务协同指数、交通一体化发展指数、生态协同指数、消费协同指数、市场协同指数、空间协同指数、政策协同指数九个分项指数，各个分项指数均由分指数课题组测算而来，具体测算方法和数据来源详见本报告下篇，指标权重如表 2-1 所示。

表 2-1　　　　　　省市级别协同发展指数指标权重

分项指标名称	省级指数权重	市级指数权重
京津冀协同创新指数	0.0553	0.0404
京津冀产业协同指数	0.1671	0.2763
京津冀公共服务协同指数	0.0871	0.0728

续表

分项指标名称	省级指数权重	市级指数权重
京津冀交通一体化发展指数	0.2183	0.1105
京津冀消费协同指数	0.0738	0.1828
京津冀市场协同指数	0.1094	0.0976
京津冀生态协同指数	0.0278	0.0189
京津冀空间协同指数	0.0811	0.0391
京津冀政策协同指数	0.1800	0.1616
权重总和	1	1

资料来源：作者测算。

在构建京津冀协同发展总指数时，本部分使用下文测算的北京协同发展指数、天津协同发展指数、河北协同发展指数，通过加权平均计算得到，指标权重均为1/3。

二　总指数的测算结果

本部分将详细分析京津冀协同发展指数的测算结果，包括京津冀协同发展总指数、省份协同发展指数、市级协同发展指数，以全面剖析京津冀协同发展的总体趋势。2014—2021年京津冀协同发展总指数测算结果如表2-2所示。样本期内，数值越大，表明协同发展程度越高。为了进一步观测京津冀协同发展总指数的变化趋势，本部分还绘制了图2-1。

表2-2　　　　　　京津冀协同发展总指数测算结果

年份	京津冀协同发展总指数	年份	京津冀协同发展总指数
2014	0.3477	2018	0.4272
2015	0.3616	2019	0.5108
2016	0.3733	2020	0.5295
2017	0.4050	2021	0.5981

资料来源：作者测算。

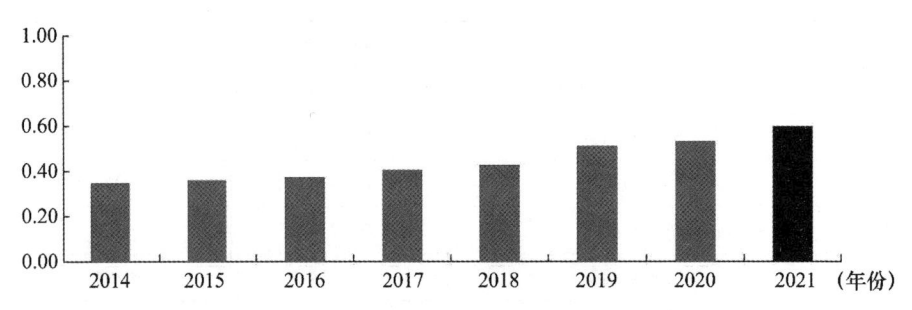

图 2-1 京津冀协同发展总指数的变化趋势

资料来源：作者绘制。

总体上，根据京津冀协同发展总指数的变化趋势，可以发现京津冀协同发展呈现以下三个特征。

（一）京津冀协同发展呈现明显上升趋势

如图 2-1 所示，京津冀协同发展总指数在 2014—2021 年期间总体上呈现明显上升趋势，表明京津冀协同发展不断取得新成效，区域整体实力迈上新台阶。具体来看，京津冀协同发展总指数由 2014 年的 0.3477 上升到 2021 年的 0.5981，基本呈现逐年增长的态势，年均增速 8.05%。自 2014 年京津冀协同发展战略实施以来，在习近平总书记亲自谋划、亲自部署、亲自推动下，京津冀协同发展这一国家战略不断向纵深推进，北京、天津、河北三省市通力合作，一张图规划、一盘棋建设、一体化发展，携手推进京津冀协同发展取得显著成效。

（二）2014—2017 年的初步协同发展阶段

京津冀协同发展总指数在 2014—2017 年期间增长速度较为平稳，表明京津冀协同发展处于初步协同发展阶段。具体来看，2014—2017 年期间，京津冀协同发展总指数由 0.3477 上升至 0.4050，年均增速 5.21%，明显低于样本期间的平均增速 8.05%。2014 年，京津冀协同发展上升为国家战略，中央层面相继出台了《京津冀协同发展规划纲要》《京津冀协同发展交通一体化规划》《京津冀协同发展生态环境保护规划》《京津冀产业转移指南》等指导文件，率先在交通、生态、产业三个重点领域实现突破。三地政府打破行政界限，大力开展协同发展工作，相继出台配套政策支持，如《"十三五"时期京津冀国民经济和社会发展规划》《关于加强京津冀产业转移承接重点平台建设的意见》《京津冀区域环境保护率先突破合作框架协议》等。① 总的来说，这一阶段，在中央和三地一系列区域规划、专项规划和配套政策的支持下，京津冀在交通一体化、生态环保联防联治、产业转移承接方面取得进展，但深层次合作还有待进一步推进。

（三）2018—2021年的深度协同发展阶段

京津冀协同发展总指数在2018—2021年期间高速增长，表明京津冀协同发展处于深度协同发展阶段。具体来看，2018—2021年期间，京津冀协同发展总指数由0.4272上升至0.5981，年均增速11.87%，明显高于样本期间的平均增速8.05%，是京津冀协同发展总指数提高的主要阶段。2017年，党的十九大报告明确指出，中国经济已由高速增长阶段转向高质量阶段。与此同时，京津冀协同发展也面临阶段性转变，京津冀协同发展战略不断向纵深实施。产业协同开始由存量转移向存量转移与增量创造同步推进转变，生态协同相关政策由决策层面向执行层面转变，协同创新加速推进，区域创新成果转化率显著提升。总的来说，这一阶段，京津冀协同发展的任务不断增加，由粗放增长向现代化发展开始动态转变，协同发展程度逐渐深化。

京津冀协同发展战略实施成效显著，但也要清醒认识到，当前京津冀协同发展已经到了"滚石上山、爬坡过坎、攻坚克难"的高质量发展阶段。② 在京津冀协同发展全面实施的新阶段，要下更大气力走深走实，要聚焦重点环节和领域，通过机制体制创新突破产业、生态、创新、基

---

① 刘李红、高辰颖、王文超等：《京津冀高质量协同发展：演化历程、动力机理与未来展望》，《北京行政学院学报》2023年第5期。
② 张贵、孙晨晨、刘秉镰：《京津冀协同发展的历程、成效与推进策略》，《改革》2023年第5期。

础设施、公共服务等各个领域的深层次发展问题，创造协同发展新空间，保持协同发展的平衡性、协调性、可持续性，形成高质量协同发展模式，为中国式现代化建设打造一个区域协同发展的示范样板。

三 省级协同发展指数的测算结果分析

2014—2021年省级协同发展指数测算结果如表2-3所示。样本期内，数值越大，表明协同发展程度越高。为了进一步观测京津冀三地协同发展指数的变化趋势，本部分还绘制了图2-2。

表2-3　　　　　　　　省级协同发展指数测算结果

年份	北京	天津	河北
2014	0.5360	0.3880	0.1192
2015	0.5290	0.4110	0.1447
2016	0.5653	0.3999	0.1548
2017	0.6165	0.4317	0.1667
2018	0.6545	0.3901	0.2371
2019	0.6680	0.4480	0.4162
2020	0.6930	0.4474	0.4479
2021	0.7597	0.5283	0.5063
均值	0.6277	0.4306	0.2741

资料来源：作者测算。

总体上，根据省级协同发展指数的变化趋势，可以发现京津冀三地协同发展呈现以下三个特征。

（一）三地协同发展均呈现上升趋势

如图2-2所示，与京津冀协同发展指数变化趋势一致，各省协同发展指数也呈现明显上升趋势，北京协同发展的程度最高，河北协同发展的速度最快，天津整体较为平稳。其中，北京协同发展指数从2014年的

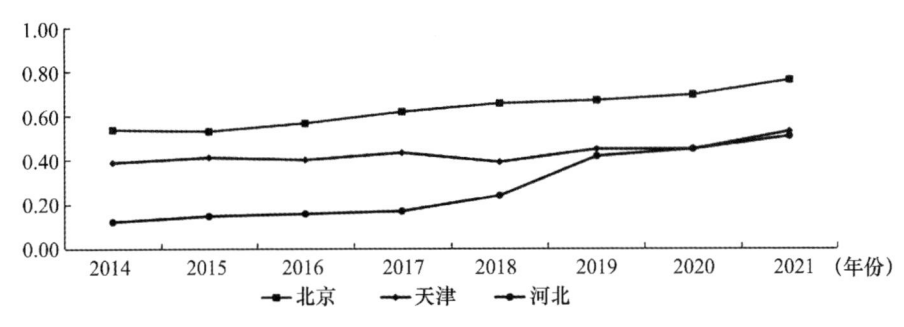

图 2-2　各省协同发展指数的变化趋势

资料来源：作者绘制。

0.5360 上升到 2021 年的 0.7597；天津协同发展指数从 2014 年的 0.3880 上升到 2021 年的 0.5823；河北协同发展指数从 2014 年的 0.1192 上升到 2021 年的 0.5063。京津冀协同发展战略实施以来，三地发展相互促进，在一定程度上遏制了区域发展不平衡、不充分的问题，北京非首都功能得到有效疏解，在创新、产业、生态、市场等多个领域成效显著，初步形成了协同发展、互利共赢的局面。

（二）北京协同发展水平遥遥领先

比较三地协同发展水平，不难发现，北京协同发展指数历年来都远高于天津和河北的协同发展指数。样本期间，北京协同发展指数均值 0.6277，天津协同发展指数均值 0.4306，河北协同发展指数均值 0.2741。北京协同发展水平遥遥领先，明显高于天津和河北。北京是京津冀协同发展的核心，京津冀协同发展战略的实施，要求牢牢抓住北京非首都功能疏解的牛鼻子，充分发挥北京的辐射带动作用，持续增加北京与津冀协同联动。有序疏解非首都功能是京津冀协同发展战略的核心，是关键环节和重中之重，对推进京津冀协同发展具有先导作用，这直接决定了北京协同发展水平必须也必然处于领先水平。

2014 年以来，京津冀三地同步推进对内科学疏解和对外有效承接，北京非首都功能疏解取得突破性进展。在对内科学疏解方面，北京一般制造业企业、区域性物流基地和区域性批发市场、部分教育医疗等公共服务功能以及部分行政性、事业性服务机构已完成第一轮疏解。在对外有效承接方面，雄安新区作为疏解北京非首都功能的集中承载地，已经全面进入大规模建设阶段，是"疏得出"和"接得来"的有效衔接，是功能协同的创新发展示范区。[①] 北京市《2023年市政府工作报告重点任务清单》正式揭开了第二轮疏解的序幕，新一轮疏解要有序和集中，保证北京全国科研中心地位，重点建设雄安新区、通州城市副中心和天津滨海新区，形成三个新的增长点，焕发新活力。

（三）天津协同发展增速较为平稳

2014—2021年期间，天津协同发展指数波动式上升，协同发展指数增速较为平稳。从平均增速来看，天津协同发展指数年均增速仅为4.51%，低于北京协同发展指数年均增速0.6个百分点，低于河北协同发展指数年均增速18.43个百分点。天津作为直辖市、沿海城市，拥有雄厚的工业基础和港口优势，是京津冀城市群的中心城市之一。近年来，由于产业结构调整，天津的经济发展有所减缓，与京冀之间的协同发展速度也有所放缓。

2018年以来，天津加强统筹协调，推进京津冀协同发展，指数年均增速由2014—2017年期间的3.63%上升到2018—2021年期间的10.63%。2023年，中共天津市委、天津市人民政府印发《推动京津冀协同发展走深走实行动方案》，在承接北京非首都功能疏解、"一基地三区"建设、推动基础设施同城化一体化、产业链创新链人才链融合、生态环境联建联防联治、社会政策和公共服务协同、区域内改革试点示范七个方面开展行动，推动京津冀协同发展走深走实。

（四）河北协同发展后发优势明显

从三地协同发展指数的变化趋势来看，河北协同发展指数增速较为

[①] 孙久文、王邹：《新时期京津冀协同发展的现状、难点与路径》，《河北学刊》2022年第3期。

明显，尤其是在 2018 年以后，协同发展大幅度上升。从三地协同发展指数的年均增速来看，样本期间，河北协同发展指数年均增速 22.94%，远高于北京和天津协同发展指数的年均增速，体现出河北在协同发展中的积极作用。河北拥有广阔的空间、充沛的劳动力，在经济规模、产业结构、创新能力、医疗教育等方面与京津之间都存在较大的差距。自京津冀协同发展以来，河北紧紧抓住京津冀协同发展的历史机遇和政策利好，不断发力，优化营商环境，促进人员、资金、技术流动，承接京津产业转移，推动自身发展与区域协同发展深度融合。

虽然河北在京津冀协同发展中后发优势明显，但仍要注意到河北与京津之间存在较大的发展差距。2023 年 5 月，习近平总书记在河北考察并主持召开深入推进京津冀协同发展座谈会，对党的十九大以来河北经济社会发展取得的成绩表示肯定，明确指出河北要发挥京津的地缘优势，从不同方向打造联通京津的经济廊道，北京、天津要持续深化对河北的帮扶，带动河北有条件的地区更好地承接京津科技溢出效应和产业转移。

四 市级协同发展指数的测算结果分析

2014—2021 年市级协同发展指数测算结果如表 2-4 所示。样本期内，数值越大，表明协同发展程度越高。

表 2-4　　市级协同发展指数的测算结果①

	2014	2015	2016	2017	2018	2019	2020	2021	均值	年均增速（%）
北京	0.6640	0.6702	0.6878	0.7169	0.7605	0.7662	0.7532	0.7986	0.7272	2.67
天津	0.4180	0.4290	0.4270	0.4247	0.4152	0.4481	0.4501	0.4827	0.4368	2.08

---

① 由于比较维度的差异，北京、天津协同发展指数与上文的结果略有差异。这是因为根据熵值法测算出来的省市两级协同发展指数的指标权重不同。理论上，省级协同发展指数衡量的是京津冀三地之间的协同发展程度，而市级协同发展指数衡量的是京津冀 13 个城市之间的协同发展程度，因此北京、天津在城市层面协同发展指数不同于上一小节省层面的结果。

续表

	2014	2015	2016	2017	2018	2019	2020	2021	均值	年均增速（%）
保定	0.1777	0.1862	0.1955	0.1947	0.2160	0.2149	0.2112	0.2276	0.2030	3.60
唐山	0.2293	0.2429	0.2424	0.2132	0.2607	0.2754	0.2854	0.2923	0.2552	3.53
廊坊	0.1671	0.1561	0.1855	0.1804	0.1765	0.1932	0.1669	0.1989	0.1781	2.52
张家口	0.0967	0.1037	0.1502	0.1401	0.1354	0.1370	0.1442	0.1704	0.1347	8.43
承德	0.0990	0.0881	0.1191	0.1164	0.1045	0.1339	0.1266	0.1429	0.1163	5.39
沧州	0.2118	0.2169	0.2261	0.2224	0.1948	0.2214	0.2203	0.2419	0.2194	1.92
石家庄	0.2048	0.2176	0.2395	0.2312	0.2308	0.2252	0.2419	0.2518	0.2303	2.99
秦皇岛	0.1132	0.1041	0.0946	0.1233	0.1161	0.1233	0.1341	0.1502	0.1199	4.13
衡水	0.0838	0.1042	0.1197	0.1419	0.1226	0.1174	0.1467	0.1470	0.1229	8.36
邢台	0.0550	0.0866	0.1104	0.1271	0.1195	0.1196	0.1235	0.1344	0.1095	13.61
邯郸	0.1333	0.1499	0.1408	0.1381	0.1690	0.1416	0.1617	0.1704	0.1506	3.57

资料来源：作者测算。

总体上，根据市级协同发展指数的变化趋势，可以发现，京津冀各城市协同发展呈现以下三个特征。

（一）各地协同发展呈现上升趋势

如表2-4所示，各市协同发展指数均呈现上升趋势。其中，北京协同发展指数从2014年的0.6640上升到2021年的0.7986，年均增速2.67%；天津协同发展指数从2014年的0.4180上升到2021年的0.4827，年均增速2.08%；保定协同发展指数从2014年的0.1777上升到2021年的0.2276，年均增速3.60%；唐山协同发展指数从2014年的0.2293上升到2021年的0.2923，年均增速3.53%；廊坊协同发展指数从2014年的0.1671上升到2021年的0.1989，年均增速2.52%；张家口协同发展指数从2014年的0.0967上升到2021年的0.1704，年均增速8.43%；承德协同发展指数从2014年的0.0990上升到2021年的0.1429，年均增速5.39%；沧州协同发展指数从2014年的0.2118上升到 2021 年的 0.2419，年均增速 1.92%；石家庄协同发展指数从 2014 年的 0.2048 上升到 2021 年的 0.2518，年均增速 2.99%；秦皇岛协同发展指数从 2014 年的 0.1132 上升到 2021 年的 0.1502，年均增速 4.13%；衡水协同发展指数从 2014 年的 0.0838 上升到 2021 年的 0.1470，年均增速 8.36%；邢台协同发展指数从 2014 年的 0.0550 上升到 2021 年的 0.1344，年均增速 13.61%；邯郸协同发展指数从 2014 年的 0.1333 上升到 2021 年的 0.1704，年均增速 3.57%。

在"一核、双城、三轴、四区、多节点"的空间布局下，北京的首都核心功能愈加明确，京津的双城联动引擎作用持续凸显，京津、京保石、京唐秦三个发展轴要素集聚作用不断强化，中部核心功能区、东部滨海发展区、南部功能拓展区和西北部生态涵养区差异化发展格局初具雏形，石家庄、唐山、保定、邯郸等区域性中心城市，张家口、承德、廊坊、秦皇岛、沧州、邢台、衡水等节点城市互利协作，形成了协同发展的空间格局。

（二）各地协同发展水平存在梯度差

比较京津冀各城市协同发展指数，可以发现各地协同发展水平存在梯度差，形成三大梯队：北京、天津、唐山协同发展水平最高，平均协同发展指数超过 0.25，属于第一梯队；保定、廊坊、沧州、石家庄、邯郸协同发展水平次之，平均协同发展指数位于 0.15—0.25 之间，属于第二梯队；张家口、承德、秦皇岛、衡水、邢台等城市协同发展水平较低，平均协同指数低于 0.15，属于第三梯队。（见表 2-5）

表 2-5　　　　　　　京津冀协同发展水平的城市梯队

	协同发展指数均值	城市
第一梯队	0.25 以上	北京、天津、唐山
第二梯队	0.15—0.25 之间	保定、廊坊、沧州、石家庄、邯郸
第三梯队	0.15 以下	张家口、承德、秦皇岛、衡水、邢台

资料来源：作者整理。

从各个城市协同发展指数来看，北京依托"四个中心"的功能定位，持续疏解非首都功能，在京津冀协同发展中处于核心地位，因而协同发展指数始终居于高位。天津依托"一基地三区"的功能定位，是区域整体发展效能和核心竞争力的城市，因而协同发展指数也一直居于高位。唐山是承担京津城市功能拓展和产业转移的重要城市，不断拓展"京津孵化、唐山产业化"的创新模式，因而也具有较高的协同发展指数。廊坊地处北京、天津、雄安新区黄金大三角核心腹地，是河北推动京津冀协同发展的前沿区和核心区，其独特的地理优势和政策利好促使廊坊也具有较高的协同发展指数。石家庄、保定、邯郸等区域性中心城市具有一定经济规模，在承接京津产业转移和承担人口转移的过程中发挥一定作用，协同发展指数处于中等水平。沧州虽然经济规模较小，但具有毗邻京津、接壤雄安的独特优势，努力在服务京津中加快发展，因而协同发展指数也处于中等水平。张家口、承德、秦皇岛、衡水、邢台等节点城市缺乏配套的产业基础和人才吸引能力，地理优势不明显，难以实现区域间产业合作，导致协同发展指数一直处于较低水平，未能得到有效提升。[①]

（三）各地协同发展增速存在梯度差

比较京津冀各地协同发展增速，可以发现，各地协同发展增速存在梯度差，形成三大梯队：张家口、承德、邢台、衡水协同发展增速最高，属于第一梯队；保定、唐山、秦皇岛、邯郸协同发展增速次之，属于第二梯队；北京、天津、廊坊、沧州、石家庄，属于第三梯队。（见表2-6）

从各城市协同发展指数增速来看：第一梯队的张家口、承德、邢台、衡水年均增速在5%以上，表明这些城市具有巨大的协同发展潜力和空间；保定、唐山、秦皇岛、邯郸属于第二梯队，年均增速在3%—5%之

---

① 周伟、董浩然、安树伟：《京津冀城市群协同发展机理与空间分异特征研究：基于DEA模型的测算与评价》，《中国软科学》2023年第8期。

间，表明这些城市协同发展处于中等水平；北京、天津、廊坊、沧州、石家庄属于第三梯队，年均增速在3%以下，这些城市地处京津冀核心位置，普遍协同发展水平较高，协同发展红利得到一定释放与利用，因此协同发展增速处于低速稳定阶段。随着京津冀协同发展向纵深推进，河北边缘城市协同发展的机遇来临，西北部、南部城市要抓住发展机遇，注重发挥自身资源禀赋优势，优化投资和营商环境，完善产业与交通等基础设施建设，推动公共服务水平提高，加快突破既定格局，在融入京津冀协同发展中实现跨越式发展。

表2-6 京津冀协同发展增速的城市梯队

	协同发展增速	城市
第一梯队	5%以上	张家口、承德、邢台、衡水
第二梯队	3%—5%之间	保定、唐山、秦皇岛、邯郸
第三梯队	3%以下	北京、天津、廊坊、沧州、石家庄

资料来源：作者整理。

五 本章小结

京津冀三地地缘相接、文化一脉，地理、人文、历史渊源深厚，具有协同发展的重要基础。2014年，京津冀协同发展上升为国家战略，协同发展持续向纵深推进，北京非首都功能疏解工作有序开展，三地在交通一体化、生态环保联防联治、产业转移对接等领域也取得显著成效。测算京津冀协同发展总指数，可以客观反映京津冀协同发展阶段性成绩和动态变化，比较三地协同发展的特点和差异，促进京津冀协同发展不断迈上新台阶，加快成为中国式现代化建设的先行区、示范区。

本报告构建了京津冀协同发展总指数，研究发现：第一，京津冀协同发展总指数在2014—2021年期间总体上呈现明显上升趋势，表明京津冀协同发展不断取得新成效，区域整体实力迈上新台阶。分阶段来看，京津冀协同发展总指数在2014—2017年期间增长速度较为平稳，处于初步协同发展阶段。在2018—2021年期间高速增长，处于深度协同发展阶段。

第二，与京津冀协同发展指数变化趋势一致，各省协同发展指数也呈现明显上升趋势。其中，北京协同发展指数历年来都远高于天津和河北的协同发展指数，处于遥遥领先水平；天津协同发展指数波动式上升，协同发展指数增速较为平稳；河北协同发展指数增速较为明显，尤其在2018年以后，协同发展实现大幅度上升，后发优势明显。

第三，各市协同发展指数均呈现上升趋势。比较京津冀各城市协同发展指数，可以发现，各地协同发展水平和增速都存在梯度差，形成三大梯队。从协同发展水平来看，北京、天津、唐山协同发展水平最高，处于第一梯队；保定、廊坊、沧州、石家庄、邯郸协同发展水平次之，处于第二梯队；张家口、承德、秦皇岛、衡水、邢台协同发展水平较低，始终处于第三梯队。从协同发展增速来看，张家口、承德、邢台、衡水协同发展增速最高，属于第一梯队；保定、唐山、秦皇岛、邯郸协同发展增速次之，属于第二梯队；北京、天津、廊坊、沧州、石家庄协同发展增速最低，属于第三梯队。

参考文献

刘李红、高辰颖、王文超等：《京津冀高质量协同发展：演化历程、动力机理与未来展望》，《北京行政学院学报》2023年第5期。

孙久文、王邹：《新时期京津冀协同发展的现状、难点与路径》，《河北学刊》2022年第3期。

张贵、孙晨晨、刘秉镰：《京津冀协同发展的历程、成效与推进策略》，《改革》2023年第5期。

周伟、董浩然、安树伟：《京津冀城市群协同发展机理与空间分异特征研究：基于DEA模型的测算与评价》，《中国软科学》2023年第8期。

下篇 京津冀协同发展的分指数篇

第三章
京津冀协同创新指数

张 贵 孙建华[*]

京津冀协同发展取得显著成效。区域经济规模逐步提升、产业分工更加深入、生态环境明显改善，京津冀协同发展进入中国式现代化的先行区、示范区建设新阶段。同时，当今新一轮科技革命席卷全球，国际秩序加速变革。立足"两个一百年"奋斗目标的历史交汇期，中国转向经济高质量发展阶段，致力于构建以国内大循环为主体、国内国际双循环相互促进的新发展格局，这些都对京津冀协同发展提出了更高要求，肩负着更重的历史任务。基于此，京津冀协同发展要积极打造创新发展引擎，着力构建区域协同创新共同体。本部分尝试构建客观、可动态监测的指标反映京津冀区域协同创新水平，以期识别三地在协同创新进程中的比较优势，为京津冀协同创新共同体建设提供新思路。

一 京津冀协同创新的内涵与意义

协同创新被认为是创新型国家培育创新竞争优势的重要手段，日益受到学术界和政策制定者的关注。京津冀协同创新有利于消除体制障碍，

---

[*] 张贵，南开大学经济与社会发展研究院教授、博导，京津冀协同发展研究院秘书长，河北省政府特殊津贴专家，研究方向：创新生态系统、京津冀协同发展；孙建华，南开大学经济学院硕转博研究生。

推动跨地区、跨组织的创新联系与合作。① 因此,协同创新既是京津冀协同发展的核心内容,也是实现京津冀协同发展的内在要求,更是京津冀协同发展的根本出路。

(一) 京津冀协同创新的内涵

熊彼特提出创新概念以来,学界对创新范式的研究经历了单中心创新、线性创新、系统创新和创新生态系统四大发展阶段。单中心创新理论将创新视为一种驱动经济发展的要素,这一阶段大型企业是独立、自组织的创新主体,与其他创新主体难以实现协同演化。② 线性创新阶段创新主体包括企业、政府和高校,形成三螺旋结构,强调产学研协同发展与多元创新。③ 随着阻碍资金、人才、信息等创新要素自由流动的体制机制壁垒的弱化,要素流动通道畅通,创新主体的利益不断得以满足,创新范式逐渐向系统创新阶段演变。④ 各地科技合作联系逐渐加强,异质性创新资源实现更加高效的互动,创新要素跨区域循环流动的局面形成。随着创新对经济社会发展的驱动作用进一步凸显,创新物种、创新种群、创新网络和创新环境复合组成动态、开放的类似自然生态的系统,系统强调创新要素间的协同作用及创新资源的有效配置和共享。⑤ 创新生态系统阶段的协同创新程度进一步提高,合作模式由松散化转变为长效化的协同。区域内各种创新要素合理流动、有效配置,区域统一的共同市场形成。科技成果和产业需求精准对接,跨区域创新链、产业链、资金链、人才链四链深度融合,跨区域合作创新网络成熟。创新范式从单中心创新过渡到创新生态系统的进程中,协同创新成为创新型国家培

---

① 孙瑜康、李国平:《京津冀协同创新水平评价及提升对策研究》,《地理科学进展》2017年第1期。
② 胡鞍钢、张新:《中国特色创新发展道路:从1.0版到4.0版》,《国家行政学院学报》2016年第5期。
③ 李万、常静、王敏杰等:《创新3.0与创新生态系统》,《科学学研究》2014年第12期。
④ 刘娟、马学礼:《雄安新区创新驱动发展实现路径研究——创新生态系统视角》,《科技进步与对策》2018年第8期。
⑤ 张贵、刘雪芹:《创新生态系统作用机理及演化研究——基于生态场视角的解释》,《软科学》2016年第12期。

育创新竞争力的最为有效的组织形式。

国内学者杨耀武和张仁开认为，协同创新指不同创新主体的创新要素协调配合，通过复杂的非线性相互作用实现整体效应的协同过程。[①] 在微观视角，陈劲和阳银娟指出，协同创新是以知识增值为核心的价值创造过程。[②] 宏观视角下的区域协同创新定义为相对独立的行政区划之间，以互利为认同，以创新为动能，在经济、社会、人文等多层面形成密切联系的纽带，从而实现区域内各行政区划的超常发展和结构优化。[③]

尽管学术界对协同创新的理解不尽相同，但基本都包含了以下两个核心要点：一是在协同创新的实现条件方面，高校、企业、科研机构等不同创新主体之间密切联系、沟通协作；区域内突破行政单元边界进行密切创新合作活动，包括创新要素流动、创新资源共享等。二是在协同创新的成效方面，都强调区域整体实现以创新为代表的一系列经济乃至社会指标的优化提升，产生显著的协同效应。基于上述分析，本报告认为区域协同创新是在宏观层面的制度安排保障下，以区域内各行政单元创新水平提升为基础，以知识增值为核心，以不同创新主体之间和不同行政单元之间的良性协同互动为实现途径，包含知识创新、技术创新、产品创新和创新响应，最终形成良性循环的区域创新生态系统的创新范式。

（二）京津冀协同创新的意义

协同创新是对自主创新内涵的拓展与深化，体现了构建区域协同创新共同体的内在要求。积极推进协同创新，对京津冀协同发展乃至国家创新体系有重要的现实意义。

首先，京津冀协同创新是构建具有中国特色的自主创新型国家的重要途径。经济全球化背景下，创新越来越具有开放性，以开放、共享、合作为典型特征的协同创新是有效提升创新绩效的重要方式。以京津冀

[①] 杨耀武、张仁开：《长三角产业集群协同创新战略研究》，《中国软科学》2009年第S2期。
[②] 陈劲、阳银娟：《协同创新的理论基础与内涵》，《科学学研究》2012年第2期。
[③] 梁婉君、何平：《京津冀区域协同创新监测系统研究——兼与长三角区域协同创新比较》，《统计研究》2022年第3期。

为代表的区域协同创新将为自主创新型国家建设提供重要实践参考。

其次,京津冀协同创新是优化国家生产力布局和空间结构、促进资源在更广阔空间合理配置的战略举措。① 京津冀协同发展战略的任务是解决京津冀内部发展不均衡的问题,协同创新是京津冀协同发展的重要实现途径。京津冀协同创新一方面有助于整合互补性资源,消除体制机制壁垒,缩小三地发展差距;另一方面,为创新要素在更广泛的空间配置提供思路,优化生产力布局,促进跨地区的创新合作。

最后,京津冀协同创新是构建区域创新增长极、建设世界级创新高地的必然选择。京津冀区域肩负着在新的历史环境下积极应对区域发展不平衡不充分等问题、"在实现高水平科技自立自强中发挥示范带动作用"②的历史使命,通过协同创新,京津冀区域可以有效整合现有科技资源,产生协同效应,形成多方共赢的格局。

二 京津冀协同创新指数的研究设计

(一)测算思路

协同效应的实现依赖不同创新主体之间拓展创新合作形式和不同创新环节之间更为高效地衔接。与传统意义上的创新相比,区域协同创新是一种更加高效、更为复杂的创新范式,本章借鉴以往研究将创新划分为知识创新、技术创新、产品创新和创新响应四个环节。随着协同创新的发展,不同创新环节之间的互动联系日益频繁。知识的生产、传递、转移、吸收利用等过程成为影响区域协同创新成效的重要因素。以知识溢出为代表的创新溢出是区域协同创新的重要驱动力,这一溢出表现为区域内不同创新环节的纵向溢出与区域间创新活动的横向溢出。纵向溢出是创新活动在不同创新环节之间的外溢,体现为创新要素在不同环节

---

① 张贵、孙晨晨、刘秉镰:《京津冀协同发展的历程、成效与推进策略》,《改革》2023年第5期。
② 《以更加奋发有为的精神状态推进各项工作 推动京津冀协同发展不断迈上新台阶》,《人民日报》2023年5月13日第1版。

之间的相互影响。创新活动的横向溢出指创新投入资源在不同区域的外溢，表现出创新要素在空间上的相互影响。

按照上述思路，本章构建京津冀协同创新指数将紧密围绕上述两种溢出效应展开。与传统协同创新指数测算相区别，本章将在指标构建中体现两方面特征。一是将区域创新活动划分为知识创新、技术创新、产品创新和创新响应四个环节，分别测算出知识创新指数、技术创新指数、产品创新指数和创新响应指数作为协同创新综合指数的四个分项指标，可以直观体现城市与区域层面各个创新环节的进展情况。二是在数据选取时将区域间创新要素流动数据考虑在内，以更好地刻画创新资源流动对协同创新的溢出效应。

(二) 测算方法

现有研究对协同创新的测度方法可以归纳为单一数据替代、模型测度和指数测度三大类。单一数据替代指用某个特殊指标如地方研发资金中金融机构资金所占的比重[1]或专利数据[2]作为对区域协同创新水平的近似；模型测度主要包括复合系统协同度模型[3]、多维正态云模型、复杂系统"B-Z"模型等；指数测度包含数据包络分析法（DEA）[4]、主成分分析法和熵值法[5]等，其核心是选取全面反映协同创新活动的一系列指标，并根据特定方法确定各指标权重，进而对协同创新进行测度。上述测度和评价方法存在一些问题。首先，用微观层面的专利数据来衡量区域层面的协同创新发展情况[6]，忽略了协同创新

---

[1] 白俊红、蒋伏心：《协同创新、空间关联与区域创新绩效》，《经济研究》2015年第7期。
[2] 祝尔娟、何晶彦：《京津冀协同创新水平测度与提升路径研究》，《河北学刊》2020年第2期。
[3] 鲁继通：《京津冀区域协同创新能力测度与评价——基于复合系统协同度模型》，《科技管理研究》2015年第24期。
[4] 邵汉华、钟琪：《研发要素空间流动与区域协同创新效率》，《软科学》2018年第11期。
[5] 王蓓、刘卫东、陆大道：《中国大都市区科技资源配置效率研究——以京津冀、长三角和珠三角地区为例》，《地理科学进展》2011年第10期。
[6] 祝尔娟、何晶彦：《京津冀协同创新水平测度与提升路径研究》，《河北学刊》2020年第2期。

概念中的协同条件和协同基础。其次，尽管 SBM-DEA 模型克服了传统数据包络分析在效率评价中存在多个有效单元的局限性，但创新活动是一个复杂的体系，仅从投入与产出视角无法刻画区域协同创新的环境因素及不同创新主体之间的沟通互动关系。最后，复合系统协同度模型被用来衡量不同子系统之间相互作用表现出的共生协调性，仅由模型本身的属性所刻画，无法精准体现区域间不同行政单元受制度、行政边界壁垒影响的沟通互动情况，而且不同研究中子系统的选择也存在差异，无法刻画区域协同创新的普遍属性。基于此，本章采用综合指数模型对京津冀城市及区域层面的协同创新水平进行测度，并选择长三角作为参照系开展区域间协同创新水平的横向对比分析，有利于客观评价京津冀协同创新所取得的相对成就。

指数相关研究中，严格遵循客观的指标选取与计算原则。指数模型相关研究中最重要的一点是确定各项指标的权重，实现这一目标的主要方法包括：专家打分法、熵值法、层次分析法和变异系数法等。专家打分法和层次分析法具有较强的主观性，不符合客观评价的要求，熵值法和变异系数法则可以满足评价的客观性需求。与变异系数法相比，熵值法可以更好地体现指标包含的经济含义，在指数研究中被广泛应用，因此，本章选取熵值法作为确定各指标权重的方法。

熵值法的原理是根据信息熵特性计算各指标权重，信息量越大，不确定性越小，熵越小；信息量越小，不确定性越大，熵越大。另外，同一指数体系下不同指标单位不同，数据跨度较大，也可能对最终结果产生影响，在测算之前先对所有指标进行标准化处理，具体公式如下。

$$a_{ij} = \frac{A_{ij} - \min(A_{ij})}{\max(A_{ij}) - \min(A_{ij})} \quad (3-1)$$

其中，a_{ij} 表示 i 地区第 j 个指标标准化之后的结果，A_{ij} 表示 i 地区第 j 个指标标准化之前的结果，接着，利用得到的矩阵计算各个指标的熵值（H_j）：

$$H_j = -e \sum_{1}^{n} b_{ij} \ln(b_{ij}) \quad (3-2)$$

其中，$e = 1/\ln n$；$b_{ij} = a_{ij}/\sum_{1}^{n} a_{ij}$，表示第 j 项指标下第 i 个评价对象的特征比重；n 表示区域内城市个数，对于京津冀区域 $n=13$，对于长三角区域 $n=41$。进一步，计算每个指标的权重（w_{ij}）：

$$w_{ij} = \frac{1 - H_j}{m - \sum_{1}^{n} H_j} \quad (3-3)$$

其中，m 表示指标个数。分别代入京津冀区域与长三角区域数据，测算得到的各项指标权重有差异但不显著，表 3-1 中列示出了使用京津冀区域数据进行测算得到的指标权重，将每个指标标准化的值根据计算得到的权重加权得到相应的二级指标数据和城市层面的协同创新指数。将地级市层面的各项数据加总到省级、区域级，再次代入模型测算，得到省级层面及区域层面的协同创新指数。

（三）指数构建

基于克服上述协同创新指标测算缺陷的需要，兼顾指标体系的动态可追踪性、其他区域协同创新测度的可推广性，遵循本章的区域协同创新新解释，提出新的协同创新指标构建思路，以期丰富关于区域协同创新的测度研究，具体协同创新指标体系见表 3-1。

表 3-1　　　　　京津冀区域协同创新指标体系

一级指标	二级指标	三级指标	权重
知识创新	知识创新投入	高等学校数（个）	0.0448
		高校专任教师数（人）	0.0056
		科研、技术服务和地质勘查业从业人员数（万人）	0.0433
		政府教育支出（亿元）	0.0138
	知识创新溢出	三种专利申请量（件）	0.0616
	知识创新环境	人均拥有图书馆藏书量（册）	0.0742
		人力资本水平（%）	0.0033

续表

一级指标	二级指标	三级指标	权重
技术创新	技术创新投入	规模以上工业企业数（个）	0.0384
		政府科学技术支出（亿元）	0.0242
	技术创新溢出	第二产业增加值占GDP比重（%）	0.0464
		规模以上工业企业利润总额（万元）	0.0584
	技术创新环境	建成区绿化覆盖率（%）	0.0481
		外商直接投资（亿美元）	0.0792
产品创新	产品创新投入	三种专利授权量（件）	0.0516
		商标注册数量得分	0.0922
	产品创新溢出	规模以上工业企业产品销售收入（亿元）	0.0464
	产品创新环境	互联网宽带接入用户数（万户）	0.0987
		社会消费品零售总额（亿元）	0.0298
创新响应	创新成果响应	区域内合作申请专利量（件）	0.0204
	创新主体响应	技术流向地域（合同金额）（万元）	0.0239
		技术输出地域（合同金额）（万元）	0.0957

资料来源：作者整理。

（四）数据说明

区域协同创新总指标下设四个一级指标：知识创新、技术创新、产品创新和创新响应。知识创新、技术创新和产品创新三个一级指标用来测度城市或区域的知识、技术和产品创新能力，创新响应一级指标用来测度创新溢出效应。

创新能力的提升是协同创新活动的基础。知识创新、技术创新、产品创新三个一级指标下设计与该创新环节相关的投入、溢出、环境三个二级指标。以知识创新为例，全面系统测度某地知识创新水平需要综合考虑知识生产环节的技术创新投入、技术创新溢出和技术创新环境等因素，因此该一级指标下的二级指标需要综合反映这三方面内容。选择高等学校数，高校专任教师数，科研、技术服务和地质勘查业从业人员数和政府教育支出作为知识生产阶段对创新投入的近似表征，选择三种专利申请量数据刻画知识生产阶段的知识产出量，选择人均拥有图书馆藏书量和人力资本水平反映知识生产阶段的创新环境。技术创新方面，选取规模以上工业企业数和政府科学技术支出代表技术创新的投入要素，选取第二产业增加值占GDP比重和规模以上工业企业利润总额衡量技术创新产出，选取建成区绿化覆盖率和外商直接投资水平代表技术创新环节的创新环境。产品创新方面，选取三种专利授权量和商标注册数量得分作为这一阶段的产品创新投入要素，其中专利授权表现为知识和技术创新环节的创新成果，选取规模以上工业企业产品销售收入作为对产品创新环节创新产出的近似衡量，同时选取互联网宽带接入用户数表示市场规模，用社会消费品零售总额表征居民消费水平。综上，刻画三个环节的创新绩效时考虑了各自的投入、产出与环境质量要素，综合体现了京津冀区域内各地的创新活动水平。

创新溢出是协同创新的重要机制。根据前文分析，区域协同创新体系内创新溢出表现为纵向溢出和横向溢出，据此设计创新主体响应和创新成果响应分别对这两类创新溢出行为进行刻画。创新主体响应反映创新主体之间的互动情况，具体而言，三种创新环节的创新主体分别是高校、企业、科研机构等，指标设计方面主要根据各创新主体之间的资金联系展开，在三级指标选取上，选择技术流向地域（合同金额）和技术输出地域（合同金额）刻画各创新主体之间的资金、技术互动关系，进而体现不同创新活动中创新要素流动带来的创新溢出效应。创新成果响应反映不同地区之间横向创新溢出效应。三级指标的选取方面，用区域内合作专利申请量表示不同地区的合作创新行为。

本章涉及的年份跨度为2012—2021年，所选研究对象为京津冀区域13个城市和长三角区域41个地级市。所用数据中，人力资本水平测算方法为普通本专科及以上学历人口数占全市常住人口比重，商标注册数量得分来自北京大学企业大数据研究中心编制的"中国区域创新创业指数（IRIEC）"[①]，区域内合作申请专利量原始数据来自国家专利局中国

---

① 北京大学企业大数据研究中心：“中国区域创新创业指数（IRIEC）”，北京大学开放研究数据平台，更新日期2022年2月25日、访问时间2023年9月28日（https：//doi.org/10.18170/DVN/NJIVQB）。

专利数据库，并加以手工整理。其余三级指标数据来自《中国科技统计年鉴》、《中国统计年鉴》、京津冀和长三角七省市统计年鉴以及各地统计局公开披露的数据资料，部分缺失数据根据指标自身特征采取移动平均或指数平滑方法进行补充。

三 京津冀协同创新指数的测算结果分析

本部分具体分析京津冀协同创新综合指数及四个分项指数，为了增强可视化效果，将测算得到的各项得分扩大100倍进行分析。

（一）综合指数分析

2012—2021年京津冀协同创新的综合指数与年增长率情况见表3-2所示。协同创新综合指数体现了京津冀区域协同创新水平，指数越大，表示区域协同创新水平越高。2014年，京津冀协同创新指数为35.976，这一数据远小于2021年的85.562，说明2014年京津冀区域创新属于一种低水平协同状态。

表3-2　2012—2021年京津冀区域协同创新综合指数测算结果

年份	综合指数	增长率（%）
2012	13.066	—
2013	20.692	58.369
2014	35.976	73.858
2015	44.769	24.444
2016	38.174	−14.731
2017	49.385	29.367
2018	46.599	−5.641
2019	53.255	14.282
2020	64.795	21.671

续表

年份	综合指数	增长率（%）
2021	85.562	32.050

资料来源：作者测算。

如表 3-2 所示，协同创新综合指数与增长率体现了研究期内京津冀区域协同创新的如下两个特征。

1. 京津冀协同创新水平大幅提升

京津冀协同发展战略实施以来，区域协同创新取得了显著进展。从协同创新综合指数来看，2012、2013、2014、2016 年京津冀协同创新指数低于 40，表明这些年份京津冀协同创新处于较低的水平。研究期内最后三年，京津冀协同创新综合指数均大于 50，表明这些年份京津冀协同创新处于相对较高的水平。2012—2021 年，京津冀协同创新综合指数从 2012 年的 13.066 上升到 2021 年的 85.562，这一指标仅在 2016 年和 2018 年两次出现短暂降低的现象，其余年份均表现为提高。

2. 京津冀协同创新增长变化幅度较大

京津冀协同创新综合指数增长在不同年份变化幅度较大。从协同创新增长率来看，2021 年京津冀协同创新综合指数较 2012 年增长了 5.5 倍，年均增速约为 25.95%，协同创新水平有了明显提升。2012—2015 年，京津冀协同创新综合指数增长率较为显著，总增长率为 243%，平均逐年增长率为 52.17%。2016—2021 年，京津冀协同创新综合指数增长率相较于前期减小，总增长率为 124%，平均逐年增长率为 12.8%。

（二）分项指数分析

2012—2021 年京津冀协同创新各项分项指数计算结果见表 3-3。本章涉及的四个分项指数分别是：知识创新指数、技术创新指数、产品创新指数和创新响应指数，分别测度京津冀区域的知识创新、技术创新、产品创新和创新响应水平。总体来看，四个分项指数在研究期内基本呈现逐年增长的趋势。2019 年前，京津冀区域知识创新水平基本始终高于技术创新与产品创新水平,2019年之后技术创新水平相对而言高于知识创新水平。尽管京津冀创新响应指数逐年上升,但这一指数仍小于知识创新、技术创新与产品创新指数,表明为了进一步提升区域协同创新水平,跨区域的创新联系仍需进一步加强。

表3-3　　　　2012—2021年京津冀协同创新分项指数测算结果

分项指数	2012	2013	2014	2015	2016	2017	2018	2019	2020	2021
知识创新	9.680	9.945	17.225	19.957	10.872	21.570	14.214	12.111	15.417	25.160
技术创新	1.651	5.450	8.838	8.520	11.647	12.857	12.184	17.999	21.623	26.273
产品创新	1.013	2.336	4.713	7.865	9.520	9.021	13.741	17.097	17.335	20.691
创新响应	0.721	2.962	5.199	8.426	6.135	5.937	6.460	6.048	10.421	13.439

资料来源:作者测算。

下面将具体分析各分项指数的变化情况。

1. 知识创新

2012—2021年京津冀知识创新指数测算结果如图3-1所示。

京津冀知识创新指数波动上升。研究期内,2016、2018、2019年知识创新指数小幅度下降,其余年份均增长。京津冀知识创新指数从2012年的9.680上升到2021年的25.160,总体增幅为160%,年均增速达到20.70%,区域内知识创新取得了显著成效。知识创新指数的上升源自知识创新投入的增加与创新环境的优化。2012—2021年,京津冀区域高校专任教师数从15.52万人增长至19.44万人,科研、技术服务和地质勘查业从业人员从74.86万人增长至107.48万人,人力资本投入对创新产出的支撑作用显著。人均拥有图书馆藏书量从2012年的0.52册上升到2021年的0.67册,为知识创新营造良好的文化氛围。

2. 技术创新

2012—2021年京津冀技术创新指数测算结果如图3-2所示。

京津冀技术创新取得了显著成就。京津冀技术创新指数从2012年的1.651上升到2021年的26.273,总体增幅为1491%,年均增速约为

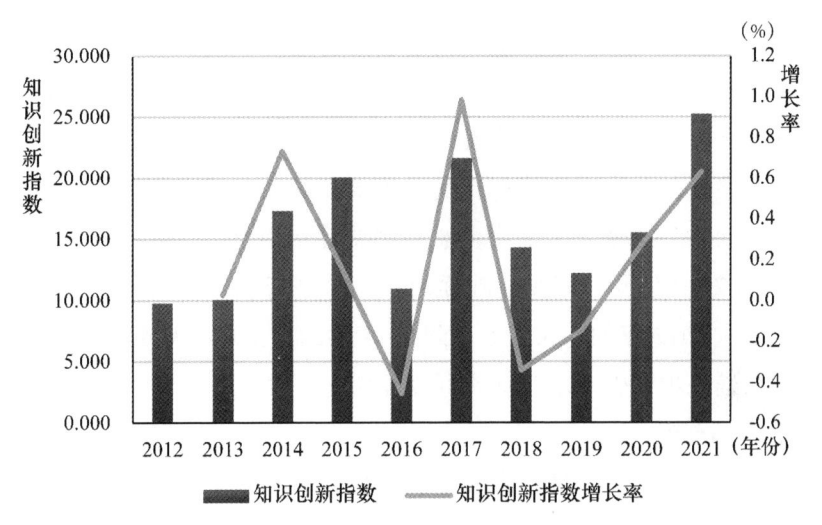

图 3-1　2012—2021 年京津冀知识创新指数测算结果

资料来源：作者绘制。

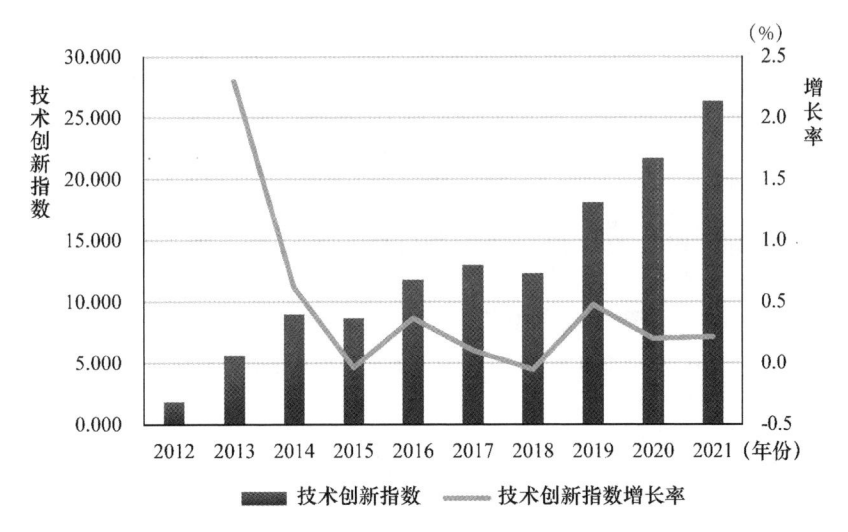

图 3-2　2012—2021 年京津冀技术创新指数测算结果

资料来源：作者绘制。

46.65%。分析增长率大小，2013、2014 年京津冀技术创新指数增长率分别是 230% 和 62.2%，这可能是由京津冀协同发展战略提出所驱动的。此外，支撑技术创新的物质基础与经济环境不断优化，2021 年京津冀区域地方政府财政科技创新支出占政府支出比重约为 3.6%，区域政府创新驱动发展引导作用突出。研发经费、平台、设施等创新资源在京津冀区域加速集聚，助推京津冀创新资源聚集高地的建成，为协同创新提供了持久的动力。规模以上工业企业利润总额从 2012 年的 7145 亿元增至 2021 年的 7642 亿元，产业基础逐渐稳固。创新软环境方面，建成区绿化覆盖率从 2012 年的 0.420 上升到 2021 年的 0.450，区域环境质量的提升有利于进一步吸引人才、优质资金等创新要素。

3. 产品创新

2012—2021 年京津冀产品创新指数测算结果如图 3-3 所示。

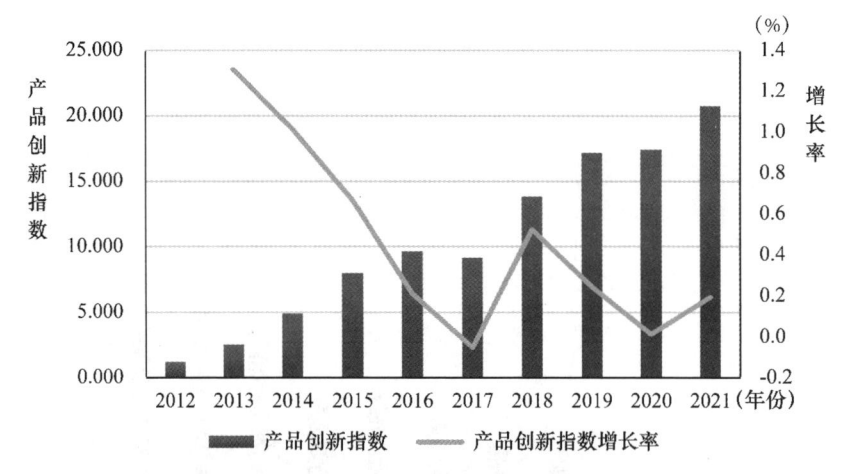

图 3-3　2012—2021 年京津冀产品创新指数测算结果
资料来源：作者绘制。

区域产品创新能力显著提升。2012—2021 年，产品创新指数从 1.013 上升到 20.691，总体增幅为 1943%，年均增速为 45.83%。研究期内，京津冀产品创新指数仅在 2017 年出现了小幅下降，其余年份增长率均为正。产品创新依赖的经济基础不断优化，京津冀区域社会消费品零售总额从 2012 年的 2.09 万亿元上升到 2021 年的 3.21 万亿元，市场规模显著扩大。区域创新环境不断优化，互联网宽带接入用户数从2012年的1.73亿户增长到2021年的4.11亿户，网络信息硬环境显著改善。三地政府提供制度安排，致力于创造良好的政策环境来保证不同创新主体参与协同创新的积极性与主动性，使其发挥各自优势，整合互补性资源。

4. 创新响应

2012—2021年京津冀创新响应指标测算结果如图3-4所示。

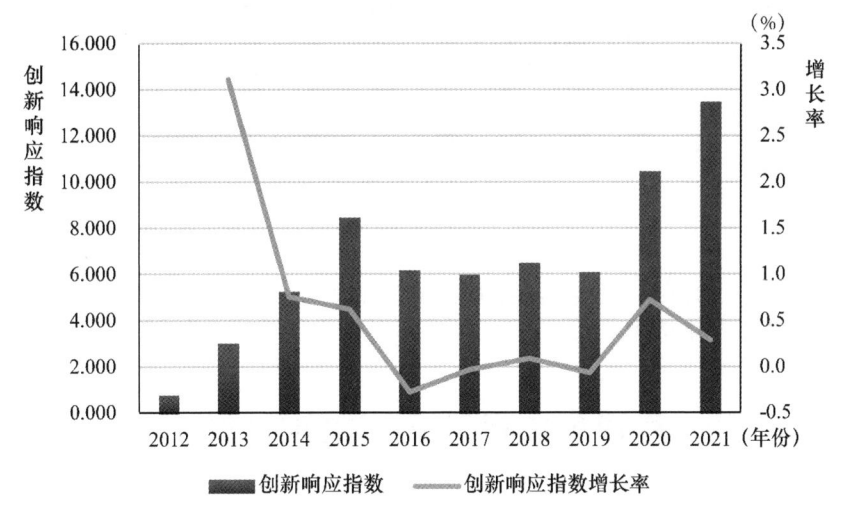

图3-4　2012—2021年京津冀创新响应指数测算结果

资料来源：作者绘制。

京津冀区域创新主体创新合作意识明显增强，积极响应协同创新。京津冀创新响应指数从2012年的0.721上升到2021年的13.439，年均增速达到57.97%。与其他分项指数相比较，创新响应指数发展增速更快，科研合作更加密切，学术成果不断涌现。京津冀区域专利合作申请数量从2012年的2184件增加至2021年的11450件（见图3-5），增长了4.24倍，区域内人才、技术、知识等创新要素实现更为高效的沟通互动。2021年，区域内全部13个城市均参与到专利合作申请中，实现了京津冀区域知识合作网络的全覆盖。区域内不同城市合作申请专利，实现了城市间科研资源优势互补，可以有效发挥知识溢出效应，带动区域协同创新水平提升。

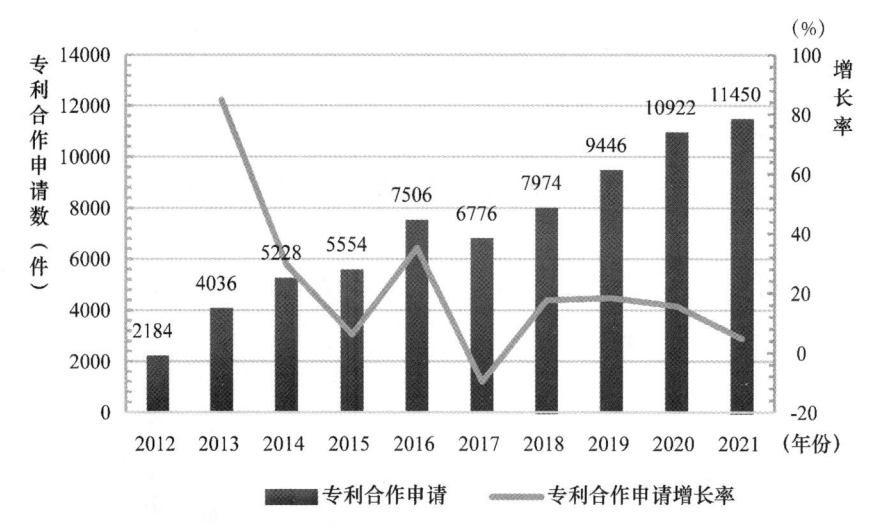

图 3-5　2012—2021 年京津冀区域内合作申请专利数量
资料来源：作者绘制。

四　京津冀协同创新指数的分省份比较

本部分比较分析京津冀区域北京、天津和河北省级层面协同创新指数测算结果，内容包括协同创新综合指数的分省份比较与协同创新分项指标的分省份比较。

（一）综合指数的分省份比较

省级层面的协同创新综合指数测算结果如表 3-4 所示。

表 3-4　2012—2021 年省级协同创新综合指数测算结果

	2012	2013	2014	2015	2016	2017	2018	2019	2020	2021
北京	47.428	52.561	58.367	61.820	66.967	72.898	78.183	82.187	82.356	93.161

续表

	2012	2013	2014	2015	2016	2017	2018	2019	2020	2021
天津	31.892	34.004	37.427	39.641	39.089	36.430	36.699	39.311	41.286	46.224
河北	4.343	4.545	4.951	5.206	5.398	5.834	6.307	6.759	7.459	8.633

资料来源：作者测算。

2012—2021 年间，京津冀三地各自的协同创新综合指数总体上呈上升趋势，但三地之间差异显著。北京协同创新综合指数从 2012 年的 47.428 上升到 2021 年的 93.161，在三地之中遥遥领先；天津协同创新指数从 2012 年的 31.892 上升到 2021 年的 46.224，在三地之中排第二位；河北协同创新综合指数从 2012 年的 4.343 上升到 2021 年的 8.633，在三地之中排末位，和京津两地相比存在较大差距。

（二）分项指数的分省份比较

为进一步观测京津冀三个地区各自协同创新分项指数的变化趋势，探究京津冀三地在协同创新不同方面的表现差异，本章绘制了表 3-5—表 3-8，分别展示京津冀三地分项指标测度结果。

表 3-5　　2012—2021 年京津冀省级知识创新指数测算结果

	2012	2013	2014	2015	2016	2017	2018	2019	2020	2021
北京	10.99	11.47	12.70	14.52	14.82	18.45	16.71	16.55	17.76	21.83
天津	11.79	10.86	11.91	12.70	9.77	8.88	8.07	8.08	8.44	10.15
河北	1.75	1.80	1.89	1.86	1.85	1.95	1.95	1.92	2.08	2.27

资料来源：作者测算。

表 3-6　　2012—2021 年京津冀省级技术创新指数测算结果

	2012	2013	2014	2015	2016	2017	2018	2019	2020	2021
北京	13.57	15.71	17.39	17.73	19.58	20.42	22.21	25.12	26.81	29.41
天津	9.63	11.13	12.16	12.92	14.15	13.43	14.15	15.29	16.90	18.39

续表

	2012	2013	2014	2015	2016	2017	2018	2019	2020	2021
河北	1.14	1.26	1.41	1.43	1.66	1.81	1.99	2.295	2.58	2.86

资料来源：作者测算。

表 3-7　2012—2021 年京津冀省级产品创新指数测算结果

	2012	2013	2014	2015	2016	2017	2018	2019	2020	2021
北京	16.16	17.97	19.82	21.08	24.22	24.12	28.01	29.13	26.91	30.23
天津	5.41	6.59	7.47	7.87	9.08	8.61	9.13	10.35	9.82	11.66
河北	0.52	0.50	0.62	0.81	0.79	0.97	1.27	1.46	1.61	2.22

资料来源：作者测算。

表 3-8　2012—2021 年京津冀省级创新响应指数测算结果

	2012	2013	2014	2015	2016	2017	2018	2019	2020	2021
北京	6.71	7.42	8.45	8.48	8.36	9.92	11.25	11.39	10.87	11.69
天津	5.06	5.43	5.89	6.14	6.09	5.52	5.35	5.60	6.12	6.03
河北	0.93	0.99	1.03	1.10	1.09	1.10	1.10	1.08	1.199	1.28

资料来源：作者测算。

表 3-5—表 3-8 的测算结果表明：第一，三地协同创新四个分项指数基本表现为逐年增长。2012—2021 年，三地各自的协同创新四个分项指数实现了不同程度的增长，表明各地知识创新、技术创新、产品创新和创新响应均对各自协同创新水平的提升有所贡献。第二，四个分项指数中，北京均排在三地之首、天津介于京冀两地之间、河北落后于京津。知识创新、技术创新和产品创新指数方面，北京和河北基本表现为逐年增长，而天津则是表现出更大的波动性，表明在协同创新进程中天津存在更大的不确定性。创新响应方面，河北创新响应占协同创新综合指数的比值更大，表明河北在协同创新中表现出更大的积极性。

五 京津冀协同创新指数的分城市比较

本部分详细比较分析京津冀区域13个城市协同创新指数测算结果，内容包括协同创新综合指数的分地区比较与协同创新分项指数的分地区比较，以期识别区域内部各城市在协同创新中的比较优势。

(一) 综合指数的分城市比较

表3-9为城市层面的协同创新综合指数测算结果。

表3-9 2012—2021年城市协同创新综合指数测算结果

	2012	2013	2014	2015	2016	2017	2018	2019	2020	2021
北京	47.428	52.561	58.367	61.820	66.967	72.898	78.183	82.187	82.356	93.161
天津	31.892	34.004	37.427	39.641	39.089	36.430	36.699	39.311	41.286	46.224
石家庄	11.451	12.035	13.038	13.783	14.763	15.383	13.476	15.644	16.904	18.513
唐山	6.464	6.512	6.855	6.297	6.973	7.781	9.040	9.788	10.882	12.384
邯郸	4.078	3.993	4.269	4.364	4.633	5.142	5.678	6.094	6.911	7.921
张家口	1.903	1.524	2.298	2.496	2.108	2.631	3.228	3.496	4.109	4.867
保定	5.183	6.249	6.720	6.831	7.526	7.361	8.666	9.000	9.747	11.071
沧州	3.602	3.785	4.341	4.547	5.407	5.517	6.065	6.179	7.065	8.444
秦皇岛	4.444	5.118	4.885	6.019	4.945	5.259	5.911	5.199	5.541	6.631
邢台	2.434	2.623	2.999	2.848	3.313	3.912	4.478	5.010	5.539	6.581
廊坊	4.831	4.593	4.820	5.657	5.026	6.034	6.879	7.467	7.782	9.250
承德	1.938	1.898	2.211	2.174	2.513	2.530	3.070	3.307	3.908	4.645
衡水	1.449	1.661	2.019	2.248	2.170	2.619	2.882	3.158	3.660	4.656

资料来源：作者测算。

城市协同创新综合指数体现了如下两方面特征。

1. 城市协同创新水平差距明显

京津冀区域城市协同创新水平存在较大差距。北京与天津的协同创新水平始终处于前两位，其他城市与北京相比，协同创新能力存在断崖式落差。北京协同创新水平显著高于其他城市，且这一数据从2012年的47.428上升到2021年的93.161，涨幅约为96.4%，北京作为京津冀区域协同创新体系的科技创新中心，积极向邻近地区辐射知识、技术等核心要素，对区域协同创新发展具有积极的促进作用。与北京相比，天津、河北各市协同创新水平较低，但也基本保持上升趋势。总体看来，北京和天津两地与河北各地协同创新水平存在巨大差距源于创新要素配置与创新能力的空间失衡。无论在人才、资金等创新资源的角度，还是政府主导营造创新环境的角度，还是创新主体参与协同创新积极性的角度，北京均处于全国领先水平，创新要素得以在北京形成更大的集聚力，促进创新产出。

2. 创新响应对协同创新的贡献率不高

京津冀区域各城市协同创新综合指数逐年提升，但城市创新响应指数对协同创新综合指数的贡献率不高。各地创新响应贡献率大多介于11%—20%之间，表明城市协同创新水平的提高更多来自知识创新、技术创新与产品创新能力的提升，为促进区域协同创新水平的提升，各地需进一步提高自身创新响应水平。河北各市创新响应对协同创新的贡献率大多高于北京和天津，表明河北省更加主动地追求创新合作，在协同创新方面表现出更高的积极性。

表3-10 2021年城市创新响应及其贡献率

	创新响应指数	协同创新总指数	创新响应贡献率（%）
北京	11.694	93.161	12.553
天津	6.026	46.224	13.036
石家庄	3.067	18.513	16.566
唐山	1.654	12.384	13.355

续表

	创新响应指数	协同创新总指数	创新响应贡献率（%）
邯郸	0.879	7.921	11.097
张家口	0.655	4.867	13.458
保定	1.604	11.071	14.488
沧州	1.349	8.444	15.976
秦皇岛	1.225	6.631	18.474
邢台	0.489	4.078	11.991
廊坊	1.441	7.467	19.298
承德	0.560	4.645	12.056
衡水	0.507	4.656	10.889

资料来源：作者测算。

（二）分项指数的分城市比较

分别测算城市协同创新各分项指数，对比分析区域内城市层面协同创新各分项指标。表3-11—表3-14为城市层面的知识创新指数、技术创新指数、产品创新指数和创新响应指数的测算结果。

1. 知识创新

表3-11　2012—2021年京津冀城市层面知识创新指数测算结果

	2012	2013	2014	2015	2016	2017	2018	2019	2020	2021
北京	10.993	11.466	12.703	14.523	14.816	18.450	16.712	16.547	17.761	21.834
天津	11.786	10.855	11.910	12.704	9.771	8.875	8.066	8.076	8.442	10.153
石家庄	4.185	4.387	4.598	4.816	4.900	5.015	4.234	4.279	4.597	4.773
唐山	2.361	2.338	2.396	1.934	2.232	2.563	2.855	2.886	3.062	3.446
邯郸	1.819	1.672	1.749	1.768	1.784	1.866	1.898	1.884	2.192	2.399
张家口	0.920	0.860	1.046	1.129	1.066	0.928	1.008	0.993	1.047	1.128
保定	1.842	2.085	2.320	2.061	2.191	2.179	2.237	2.136	2.370	2.427
沧州	1.470	1.527	1.474	1.593	1.630	1.597	1.568	1.572	1.830	2.066

续表

	2012	2013	2014	2015	2016	2017	2018	2019	2020	2021
秦皇岛	1.476	1.784	1.697	1.526	1.572	1.670	1.805	1.569	1.660	1.837
邢台	1.232	1.127	1.340	1.035	1.187	1.466	1.544	1.677	1.594	1.806
廊坊	2.020	1.964	1.965	2.315	1.588	2.040	2.154	2.146	2.268	2.500
承德	1.032	1.041	1.106	1.076	1.227	1.079	1.151	1.060	1.215	1.324
衡水	0.888	0.984	1.081	1.210	0.991	1.061	1.034	0.953	1.091	1.283

资料来源：作者测算。

各地知识创新水平显著提升，城市间差异显著。根据表3-11的测算结果，单个城市纵向分析，2012—2021年，除个别数据外，各地知识创新指数呈波动增长的趋势，表明京津冀区域城市层面的知识创新水平显著提升；不同城市横向对比分析，研究期内北京、天津在知识创新方面处于京津冀区域的绝对领先位置。北京作为国际化大都市，各类基础设施建设全面，公共服务充分，社会保障体系健全，拥有良好的医疗、教育、金融等资源，进而吸引众多的优质创新资源集聚。近年来，天津在营商环境、企业创新发展方面做出努力，推动了科创型企业的发展。河北省11个城市中，石家庄、唐山和保定知识创新水平基本处于省内领先位置，原因在于以上三市在河北省内综合实力雄厚，对河北省的发展起着重要的引领作用。河北整体创新环境发展落后于京津两地，未来仍需完善创新环境，补齐短板。进一步提升京津冀协同发展水平需致力于缩小区域内部知识创新水平差异，注重创新发展的协调性。

2. 技术创新

表3-12　2012—2021年京津冀城市层面技术创新指数测算结果

	2012	2013	2014	2015	2016	2017	2018	2019	2020	2021
北京	13.568	15.713	17.393	17.730	19.577	20.417	22.209	25.121	26.809	29.406
天津	9.634	11.128	12.162	12.921	14.149	13.432	14.151	15.292	16.898	18.391
石家庄	3.621	4.026	4.539	4.915	5.542	5.897	4.437	6.217	6.873	7.536

续表

	2012	2013	2014	2015	2016	2017	2018	2019	2020	2021
唐山	2.350	2.505	2.589	2.440	2.762	2.920	3.468	3.663	4.012	4.248
邯郸	1.264	1.303	1.308	1.340	1.528	1.774	2.022	2.261	2.508	2.700
张家口	0.253	0.245	0.392	0.273	0.344	0.560	0.833	0.930	1.119	1.341
保定	1.610	1.932	2.281	2.528	2.760	2.537	3.115	3.394	3.931	4.132
沧州	1.002	1.084	1.288	1.342	1.688	1.750	2.165	2.083	2.264	2.727
秦皇岛	0.585	0.638	0.740	0.650	0.789	0.855	1.144	1.196	1.390	1.588
邢台	0.515	0.663	0.765	0.801	1.005	1.127	1.355	1.590	1.888	2.113
廊坊	0.948	0.962	1.060	0.853	0.968	1.463	1.878	2.206	2.328	2.663
承德	0.220	0.287	0.313	0.276	0.383	0.418	0.655	0.770	0.965	1.137
衡水	0.157	0.230	0.284	0.299	0.480	0.604	0.764	0.931	1.057	1.323

资料来源：作者测算。

京津冀区域城市技术创新水平差异显著。北京和天津创新活动水平在区域内遥遥领先，一部分原因是不同城市创新要素投入与创新环境供给质量存在区别。尽管各地意识到物质资本是促进创新的重要动力，纷纷增大研发经费投入，而北京物质资本投入相对于其他城市存在明显优势，2021年北京科研经费支出分别是天津与河北的4.32倍和5.48倍，创新资源的积累为创新活动的进行提供了持久的动力，此外，无论是支撑创新的硬环境还是软环境，北京与天津、河北各市相比也处于领先水平。

3. 产品创新

表3-13　2012—2021年京津冀城市层面产品创新指数测算结果

	2012	2013	2014	2015	2016	2017	2018	2019	2020	2021
北京	16.159	17.966	19.822	21.083	24.220	24.116	28.013	29.133	26.913	30.226
天津	5.409	6.593	7.465	7.873	9.079	8.607	9.131	10.345	9.823	11.655
石家庄	1.235	1.254	1.443	1.402	1.556	1.729	2.158	2.366	2.412	3.136

续表

	2012	2013	2014	2015	2016	2017	2018	2019	2020	2021
唐山	0.608	0.615	0.733	0.822	0.887	1.116	1.413	1.832	2.192	3.036
邯郸	0.506	0.335	0.561	0.617	0.694	0.854	1.110	1.234	1.398	1.943
张家口	0.414	0.314	0.467	0.527	0.589	0.734	0.957	1.072	1.263	1.744
保定	0.788	0.888	1.019	1.167	1.255	1.465	1.951	2.165	2.229	2.908
沧州	0.335	0.257	0.401	0.523	0.824	0.983	1.289	1.457	1.732	2.302
秦皇岛	0.476	0.618	0.528	1.987	0.728	0.887	1.155	1.328	1.358	1.981
邢台	0.262	0.357	0.355	0.451	0.518	0.696	0.953	1.087	1.264	1.809
廊坊	0.696	0.620	0.713	0.812	0.903	1.158	1.495	1.674	1.680	2.407
承德	0.297	0.130	0.361	0.398	0.468	0.613	0.835	0.994	1.147	1.623
衡水	0.133	0.114	0.194	0.236	0.305	0.477	0.682	0.879	1.030	1.543

资料来源：作者测算。

京津冀区域城市产品创新水平有较大幅度提升。为了更加直观地分析各地产品创新指标的变化趋势，本部分绘制了研究期内京津冀城市层面产品创新指数的增长率情况（见图3-6）。区域内衡水产品创新增长率最高，为1063.4%，北京最低，为87.1%，所有城市平均值为375%。北京和天津在产品创新水平基数方面高于河北省各市，然而在增长率方面低于河北省各市，表明在产品创新领域表现相对较差的城市有更强的产品创新增长潜力。

4. 创新响应

表3-14　2012—2021年京津冀城市层面创新响应指数测算结果

	2012	2013	2014	2015	2016	2017	2018	2019	2020	2021
北京	6.709	7.416	8.448	8.484	8.355	9.915	11.249	11.385	10.873	11.694
天津	5.063	5.428	5.889	6.143	6.090	5.516	5.352	5.598	6.123	6.026
石家庄	2.409	2.367	2.458	2.651	2.765	2.743	2.647	2.781	3.023	3.067
唐山	1.143	1.053	1.137	1.101	1.093	1.183	1.304	1.407	1.616	1.654

第三章 京津冀协同创新指数

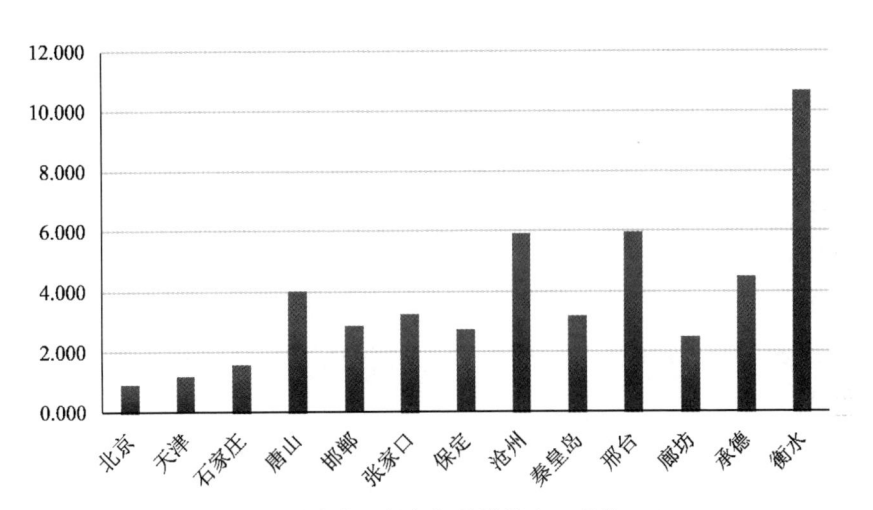

图 3-6 城市产品创新指数增长率（单位:%）

资料来源：作者绘制。

续表

	2012	2013	2014	2015	2016	2017	2018	2019	2020	2021
邯郸	0.489	0.682	0.652	0.639	0.626	0.648	0.648	0.716	0.812	0.879
张家口	0.316	0.104	0.393	0.566	0.108	0.409	0.430	0.500	0.679	0.655
保定	0.943	1.344	1.101	1.075	1.320	1.180	1.363	1.306	1.218	1.604
沧州	0.794	0.917	1.179	1.089	1.266	1.187	1.044	1.067	1.239	1.349
秦皇岛	1.906	2.079	1.920	1.857	1.855	1.847	1.806	1.106	1.133	1.225
邢台	0.426	0.477	0.539	0.560	0.602	0.622	0.626	0.657	0.793	0.852
廊坊	1.167	1.048	1.083	1.678	1.567	1.373	1.352	1.441	1.507	1.680
承德	0.389	0.440	0.430	0.424	0.435	0.420	0.430	0.483	0.582	0.560
衡水	0.271	0.333	0.459	0.502	0.395	0.478	0.402	0.395	0.483	0.507

资料来源：作者测算。

城市创新响应指数波动上升，城市间差异明显。分析京津冀区域专利合作申请的变化趋势（见表3-15），三地专利联合申请量呈现井喷式增长。区域专利合作申请数量从2012年的2184件增长到2021年的

11451 件，表明京津冀协同发展战略下，创新主体合作积极性大幅提高。2012—2021 年间，13 个城市与京津冀区域内其他城市创新合作更加密切，联合专利申请数量有了明显增加。2012 年北京与天津、河北各地合作申请专利总量为 950 件，2021 年这一数字达到了 4974，增幅高达 424%，表明北京在区域内发挥了知识溢出的核心引领作用。北京创新响应程度高于天津、河北两地，表明北京企业、高校、科研机构等各创新主体的沟通互动更多，创新联系更紧密，在跨区域创新合作互动方面北京也表现出更强的积极性，这为北京协同创新的发展注入动力。

表 3-15　　　2012—2021 年京津冀三地合作申请专利情况

	北京	天津	石家庄	唐山	邯郸	张家口	保定	沧州	秦皇岛	邢台	廊坊	承德	衡水
2012	950	464	221	64	23	44	107	105	49	33	90	9	25
2013	1826	874	498	82	62	99	229	68	56	82	94	19	47
2014	2358	1171	643	84	77	110	319	90	73	103	107	44	49
2015	2525	1286	702	41	83	77	337	184	36	85	175	9	14
2016	3388	1990	950	68	52	60	300	295	60	98	162	26	57
2017	2990	1202	1150	102	89	59	326	251	37	139	246	51	134
2018	3428	1447	1361	158	137	40	458	407	56	112	259	32	79
2019	4044	1566	1533	203	189	69	752	254	103	202	328	42	161
2020	4791	2249	1648	212	158	61	832	232	85	252	242	59	101
2021	4974	2168	1859	210	184	54	801	357	83	232	330	56	143

资料来源：作者测算。

六　京津冀与长三角协同创新比较

长三角地区汇聚了大量创新资源，在协同创新方面取得了显著成果。分析在协同创新方面京津冀与长三角存在的差距，有助于京津冀更好地在协同创新进程中发挥区域内各省市的优势，助力京津冀协同创新共同体建设。

(一) 综合指数的两区域比较

利用长三角区域相关数据进行测算,得到长三角区域协同创新指数。京津冀与长三角协同创新综合指数变化情况见图3-7所示。

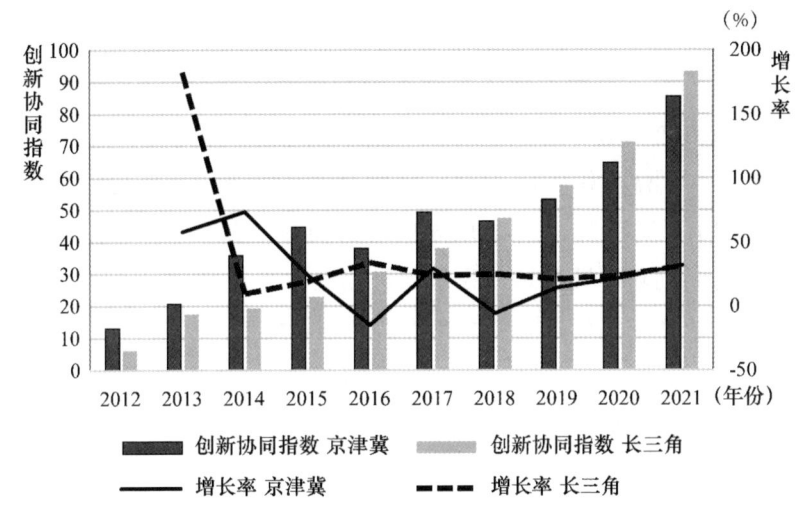

图3-7 2012—2021年京津冀与长三角协同创新指数比较

资料来源:作者绘制。

京津冀与长三角综合创新指数呈现以下两个特征。

1. 长三角协同创新水平高于京津冀

京津冀区域协同创新水平与长三角区域存在一定差距。2012—2021年,长三角协同创新综合指数从6.211上升到93.405,京津冀协同创新综合指数从13.065增长到85.563。尽管研究期限前6年,京津冀区域表现出更强的协同创新能力,但这一创新优势不可持续,2018年,长三角区域协同创新水平开始反超京津冀区域。2012年,长三角协同创新综合指数仅为京津冀区域的0.475倍,2021年这一比值增加到1.092,表明长三角区域协同创新有更强的后发优势,且两区域之间协同创新水平的差距呈现出扩大的趋势。长三角区域协同创新水平后发动力强劲是其重视区域创新活动、支持创新投入、积极推动创新成果转化的结果。

2021年，长三角区域科研相关从业人员达到95.95万人，政府科学技术支出约为1954亿元，在全国处于领先水平，优质创新资源的投入及良好的创新环境有力保障了协同创新成果的大量涌现。

2. 长三角协同创新发展快于京津冀

长三角区域协同创新发展快于京津冀区域。2017年之后，长三角区域创新活动水平开始高于京津冀区域，且差距逐年扩大，表明长三角区域充分利用了创新资源等优势，推动创新水平的提升。2012—2021年，长三角区域协同创新综合指数增长率始终高于9.7%，2013年增长率高达183%，年均增长率为41.15%，京津冀区域协同创新年均增长率约为25.96%，2016年和2018年表现为负的增长率，表明与长三角相比，京津冀区域协同创新不够稳定。为了促进创新水平持续提升，未来京津冀仍需进一步合理配置创新资源，政策引导创新发展。

（二）分项指数的两区域比较

分别测算京津冀、长三角协同创新各分项指数，对比分析两区域各分项指标，表3-16为两区域知识创新指数、技术创新指数、产品创新指数和创新响应指数的测算结果。

表3-16 2012—2021年京津冀与长三角协同创新分项指数测算结果

	知识创新指数		技术创新指数		产品创新指数		创新响应指数	
	京津冀	长三角	京津冀	长三角	京津冀	长三角	京津冀	长三角
2012	9.680	5.812	1.651	0.000	1.013	0.002	0.721	0.398
2013	9.945	9.397	5.450	3.229	2.336	2.132	2.962	2.814
2014	17.225	7.751	8.838	4.856	4.713	3.258	5.199	3.424
2015	19.957	7.750	8.520	5.818	7.865	5.289	8.426	4.104
2016	10.872	9.790	11.647	9.193	9.520	7.745	6.135	4.072

续表

	知识创新指数		技术创新指数		产品创新指数		创新响应指数	
2017	21.570	10.251	12.857	12.183	9.021	12.066	5.937	3.615
2018	14.214	16.285	12.184	14.328	13.741	13.145	6.460	3.878
2019	12.111	15.972	17.999	18.561	17.097	16.318	6.048	6.795
2020	15.417	20.478	21.623	23.404	17.335	18.028	10.421	9.291
2021	25.160	29.955	26.273	28.418	20.691	24.663	13.439	10.369

资料来源：作者测算。

京津冀与长三角两区域协同创新分项指数的测算结果呈现以下两个特征。

1. 京津冀与长三角各项指数波动提升

京津冀和长三角四项指标都呈现波动上升的趋势。京津冀区域知识、技术和产品三项创新活动水平从2012年的12.344上升到2021年的72.124，长三角区域这一指标则是从5.814增长到83.036，两者涨幅均超过400%。2021年，京津冀三种创新活动水平低于长三角区域13.1个百分点，创新响应水平则高于长三角29.6个百分点，表明两区域的协同创新综合指数的差距主要来源于区域各自知识、技术和产品创新活动水平的差异。

2. 京津冀协同创新积极性高于长三角

京津冀在创新合作方面表现出更大的积极性。2012—2021年，京津冀区域创新响应指数从0.721上升到13.439，长三角区域创新响应指数从0.398上升到10.369，十年间，京津冀创新响应指数基本高于长三角。随着创新发展，京津冀内部企业、高校、研究机构等各创新主体及各城市更加注重彼此之间的联系互动，创新合作积极性提高。尽管如此，无论是京津冀还是长三角，区域创新响应指数均显著低于区域知识创新、技术创新、产品创新指数，两区域仍存在通过增强创新响应以提高区域协同创新水平的空间。

七　本章小结

本章设计了区域协同创新指标体系对京津冀区域协同创新水平进行测度，并选取创新高地长三角区域进行对比分析。

第一，总体来看，2012—2021年京津冀区域协同创新水平呈现波动上升的趋势，京津冀协同发展战略取得了良好成效。三地进行知识创新、技术创新与产品创新的经济基础与要素基础支撑水平不断提升，进行协同创新所依赖的区域创新环境不断优化，为创新成果的产出奠定了基础。京津冀区域各类创新主体加速融合，知识合作网络实现全覆盖，科研合作更加密切，学术成果不断涌现。

第二，从京津冀区域内部看，城市协同创新水平存在根本差距。北京与天津协同创新水平始终处于前两位，其他城市与北京相比，协同创新能力存在断崖式落差。一方面，不同城市在知识、技术和产品创新阶段创新水平差异显著，北京和天津在三个创新环节中有较大的创新优势。另一方面，区域内部普遍表现为创新响应对协同创新水平的贡献率不高。尽管城市创新能力与创新合作水平有所提升，但创新响应水平始终低于创新活动水平，城市协同创新动力有待进一步增强。

第三，与长三角区域的对比分析表明，近年来，长三角区域创新优势明显，协同创新水平与协同创新增长率高于京津冀区域。分项指标方面，京津冀与长三角知识创新、技术创新、产品创新指数呈现波动上升的趋势；与长三角相比，京津冀在创新合作方面表现出更大的积极性。两区域创新响应指数均显著低于知识创新、技术创新、产品创新指数，仍存在通过增强创新响应以提高区域协同创新水平的空间。

参考文献

白俊红、蒋伏心：《协同创新、空间关联与区域创新绩效》，《经济研究》2015年第7期。

陈劲、阳银娟：《协同创新的理论基础与内涵》，《科学学研究》2012 年第 2 期。

胡鞍钢、张新：《中国特色创新发展道路：从 1.0 版到 4.0 版》，《国家行政学院学报》2016 年第 5 期。

李万、常静、王敏杰等：《创新 3.0 与创新生态系统》，《科学学研究》2014 年第 12 期。

梁婉君、何平：《京津冀区域协同创新监测系统研究——兼与长三角区域协同创新比较》，《统计研究》2022 年第 3 期。

刘娟、马学礼：《雄安新区创新驱动发展实现路径研究——创新生态系统视角》，《科技进步与对策》2018 年第 8 期。

鲁继通：《京津冀区域协同创新能力测度与评价——基于复合系统协同度模型》，《科技管理研究》2015 年第 24 期。

邵汉华、钟琪：《研发要素空间流动与区域协同创新效率》，《软科学》2018 年第 11 期。

孙瑜康、李国平：《京津冀协同创新水平评价及提升对策研究》，《地理科学进展》2017 年第 1 期。

王蓓、刘卫东、陆大道：《中国大都市区科技资源配置效率研究——以京津冀、长三角和珠三角地区为例》，《地理科学进展》2011 年第 10 期。

杨耀武、张仁开：《长三角产业集群协同创新战略研究》，《中国软科学》2009 年第 S2 期。

张贵、刘雪芹：《创新生态系统作用机理及演化研究——基于生态场视角的解释》，《软科学》2016 年第 12 期。

张贵、孙晨晨、刘秉镰：《京津冀协同发展的历程、成效与推进策略》，《改革》2023 年第 5 期。

祝尔娟、何晶彦：《京津冀协同创新水平测度与提升路径研究》，《河北学刊》2020 年第 2 期。

第四章
京津冀产业协同指数

郭佳宏[*]

产业是经济发展的核心动力,京津冀产业协同是京津冀协同发展的关键。精准测度京津冀产业协同发展的程度,可以更好地把握京津冀三地以及各省、市的产业发展趋势与发展重点,厘清京津冀产业新定位、主导产业、产业重点、产业体系和产业结构升级方向,寻求京津冀产业分工协作和空间布局优化的路径,示范引领京津冀协同发展和高质量发展。本章构建京津冀产业协同指数,测度京津冀产业协同的历史趋势以及协同现状,为推进京津冀协同发展提供产业视角的政策建议。

一 京津冀产业协同的内涵与意义

2023年5月底,《京津冀产业协同发展实施方案》发布。该方案明确,到2025年,京津冀产业分工定位更加清晰,产业链创新链深度融合,综合实力迈上新台阶。随着京津冀协同发展进入攻坚克难的关键时期,在中国式现代化的要求下,京津冀地区更应该增强京津冀三地产业间的协同水平,避免产业的无序发展以及无效蔓延。厘清京津冀产业协同的现状趋势,有助于强化京津冀三地产业联系,促进京津冀产业间的

---

[*] 郭佳宏,南开大学经济与社会发展研究院讲师,研究方向:现代化产业体系、产业地理学、演化经济地理学。

高效融通协同。

（一）京津冀产业协同的内涵

产业协同理论可追溯至1974年联邦德国斯图加特大学教授、著名物理学家哈肯所建立的协同理论，探讨如何通过内部协同作用，自发地出现时间、空间和功能上的有序结构。产业协同理论也广泛蕴含在区域经济理论之中，如产业集群理论、增长极理论、产品生命周期理论、路径依赖理论、产业转移理论。

对于京津冀产业协同的概念而言，已有研究从不同视角进行了解读：第一，较多研究探讨了城市功能疏解背景下，京津冀地区产业空间重构和产业转移的必要性及实施路径。① 第二，部分文献基于产业关联与产业扩散的视角探讨了京津冀产业协同的实施路径。②③ 第三，部分文献基于京津冀城市发展需求，从区域产业互补、产业成长与结构升级、产业空间布局优化等角度阐述了京津冀产业协同发展的方式。④

（二）京津冀产业协同的意义

产业协同发展既是全球生产网络的重要研究内容，也是中国区域经济发展的关键议题。自20世纪80年代以来，全球垂直产业链和价值链分工成为世界经济循环的显著特征。⑤⑥ 近年来，产业内分工热潮已经逐

---

① 于强：《京津冀协同发展背景下北京制造业的产业转移——基于区位熵视角》，《中国流通经济》2021年第1期。

② 范剑勇、谢强强：《地区间产业分布的本地市场效应及其对区域协调发展的启示》，《经济研究》2010年第4期。

③ 杨朝远、杨羊、汪传江：《从开发区产业转型升级到区域协调发展：以长江经济带为例》，《云南社会科学》2022年第1期。

④ 刘秉镰、孙哲：《京津冀区域协同的路径与雄安新区改革》，《南开学报》（哲学社会科学版）2017年第4期。

⑤ Humphrey J., Schmitz H., "How Does Insertion in Global Value Chains Affect Upgrading in Industrial Clusters?", *Regional Studies*, Vol. 36, No. 9, 2002.

⑥ Gereffi, Gary, "Global Value Chains in A Post-Washington Consensus World", *Review of International Political Economy*, Vol. 21, No. 1, 2014.

渐退去，发达国家开始将制造业环节移回本国，推行再工业化，①② 全球产业链进入新的调整期，基于国家内部的区域产业协同发展的地位作用愈加凸显。

京津冀产业协同有助于打造新的经济增长点，切实加快京津冀区域的经济内在驱动力。京津冀产业协同的目标就是要厘清三地产业新定位、主导产业、产业重点、产业体系和产业结构升级方向，指出京津冀分工协作和空间布局优化的路径。最终，通过产业协同促进京津冀协同发展，使京津冀成为中国经济由东向西扩散、由南向北推移的重要枢纽，这对形成南北均衡发展的发展格局，提高国家的综合经济实力具有重要意义。

京津冀产业协同有助于推动创新要素集聚，增强京津冀协同发展吸引力。目前，从全国来看，区域不仅存在东、中、西的差距，而且存在南北差距，京津冀的高端要素"孔雀东南飞"现象正逐年增加，亟须打破行政区划的壁垒，探索京津冀产业协同发展的新模式，充分释放彼此间"人才、资本、信息、技术"等创新要素的活力，提升京津冀地区品质，留住内部优质要素和吸引外部创新要素有效快速集聚，从而促进创新资源和要素有效汇聚，加快推动京津冀产业与创新合作迈向深度融合。

二 京津冀产业协同指数的研究设计

京津冀地区包含了北京、天津 2 个直辖市，河北 1 个省以及 11 个地级市，产业领域也涉及多个方面。综合考虑实际情况，本报告构建了三级两类的京津冀产业协同指数，三级是京津冀—省—市各级的产业协同指数，两类是京津冀—省—市整体协同指数和京津冀—省—市区际协同指数。总的来说，本报告分别测算了京津冀产业协同综合指数、京津冀产业协同分区域指数、京津冀产业协同区际指数。

---

① 江小涓、孟丽君：《内循环为主、外循环赋能与更高水平双循环——国际经验与中国实践》，《管理世界》2021 年第 1 期。

② 杨文龙、游小珺、杜德斌：《商品贸易网络视角下地缘经济系统的属性与功能演进》，《地理研究》2021 年第 2 期。

第四章 京津冀产业协同指数

（一）测算思路

从关系主义角度来看，协同发展是区域主体间在经济上关联依赖、在发展上相互促进并日益加深的互动过程。① 因此，本章基于京津冀三地在产业领域的互动关系测算京津冀产业协同程度。当京津冀地区在产业领域产生互动，即可视为两个产业间发生了协同。本报告基于2014—2022年的京津冀工商企业注册数据，使用耦合协调度模型，挖掘京津冀三地区域间的产业互动，从而测算京津冀产业协同指数。

（二）测算方法

耦合协调度模型是衡量区域协调发展的有效工具，耦合协调度模型也被广泛应用于环境、经济、社会、城市化等多个系统间耦合发展水平的测算。本报告将京津冀三地不同区域间的特定产业数量视为不同系统，以耦合协调度模型测算京津冀三地不同区域间特定产业的协调程度，具体测算方法如下。

对京津冀三地整体产业的协调程度，根据京津、京冀、津冀的城市组合，计算京津、京冀、津冀整体产业的协同指数，计算公式如下：

京津冀区域间产业间的耦合度

$$C_n = \sqrt[n]{x_1 * x_2 * \cdots * x_n \Big/ \left(\frac{x_1 + x_2 + \cdots + x_n}{n}\right)^n} \quad (4-1)$$

京津冀区域间产业间的协调度

$$T_n = \alpha_1 x_1 + \alpha_2 x_2 + \cdots + \alpha_n x_n \quad (4-2)$$

其中，$\alpha_1 + \alpha_2 + \cdots + \alpha_n = 1$。

京津冀区域间产业间的耦合协调度

$$D_n = \sqrt{C_n T_n} \quad (4-3)$$

对于京津冀各城市的协调程度，同样根据京津、京冀各城市、津—

---

① 周密、张心贝：《城市群引领区域协调发展的实现路径与治理机制——基于周期协调度的视角》，《财经科学》2023年第7期。

冀各城市的组合，测算京津冀三地城市间的产业协同指数。

进一步地，对于京津冀各城市特定产业的协调程度，根据京津冀各城市及其组合，测算京津冀三地城市间在特定产业领域的协同指数。

（三）指数构建

根据耦合协调度的测算方式，本报告逐一对京津冀在省、市的区际产业整体协同指数进行了测算，并根据区域间产业整体协同指数加权平均获得京津冀各自在省、市层面的整体协同指数。

（四）数据来源

本报告使用的产业数据来自中国工商企业注册数据库，样本时间为2014—2023年，包含京津两个直辖市以及张家口、承德、秦皇岛、唐山、沧州、衡水、廊坊、保定、石家庄、邢台、邯郸11个设区市。

工商企业数据经过清洗处理。首先，以工商企业数据库的企业注册时间、企业核准时间以及企业状态的分类情况获得当年处于存续期的企业数量。其次，对企业所在地进行准确定位，通过企业地址以及企业工商注册单位，获得企业所在省份—城市的精准定位。最后，分国民经济行业大类对当年处于存续期的企业进行汇总，获得年份—省份—城市—产业维度的当年期企业数量以进行耦合协调度分析。

三 京津冀产业协同指数的测算结果分析

本部分将详细分析京津冀产业协同指数的测算结果，包括京津冀各地的产业协同综合指数和京津冀区域间的产业协同指数，以全面剖析京津冀产业协同的总体趋势。

（一）京津冀整体产业协同的综合指数测算结果分析

2014—2022年京津冀整体产业协同的综合指数测算结果如表4-1所示。2014—2022年期间，京津冀整体产业协同的综合指数稳步提升，由

2014年轻度失调的产业协同状态逐步发展为2022年良好协调的程度。可以认为，在2014年京津冀协同发展战略提出后，京津冀在产业协同领域取得了较大进展。

表4-1　京津冀整体产业协同综合指数的测算结果

年份	京津冀整体产业协同综合指数
2014	0.33
2015	0.43
2016	0.52
2017	0.59
2018	0.65
2019	0.70
2020	0.74
2021	0.78
2022	0.82

资料来源：作者研究整理。

（二）京津冀各省份整体产业协同的综合指数测算结果分析

为进一步观测京津冀三个地区各自整体产业协同的综合指数的变化趋势，探究京津冀三地在产业协同发展中的表现差异，本报告绘制了表4-2。如表4-2所示，2014—2022年期间，京津冀三地各自的整体产业协同的综合指数均稳步提升，但三地表现存在一定差异。北京、河北由2014年轻度失调的产业协同状态逐步发展为2022年良好协调的程度，而天津由2014年中度失调的产业协同状态逐步发展为2022年中级协调的程度，天津与北京、河北的产业协同进程仍存在一定差距。

表4-2　京津冀三地整体产业协同综合指数的测算结果

年份	北京	天津	河北
2014	0.38	0.26	0.34

续表

年份	北京	天津	河北
2015	0.49	0.37	0.44
2016	0.57	0.45	0.52
2017	0.65	0.53	0.60
2018	0.70	0.58	0.66
2019	0.75	0.63	0.71
2020	0.79	0.67	0.76
2021	0.83	0.71	0.81
2022	0.87	0.74	0.86

资料来源：作者研究整理。

（三）京津冀各城市整体产业协同的综合指数测算结果分析

进一步测度京津冀各城市整体产业协同的综合指数的变化趋势，探究京津冀各城市在产业协同发展中的表现差异，本报告绘制了表4-3。如表4-3所示，2014—2022年期间，京津冀各城市的整体产业协同的综合指数均稳步提升，但北京、天津与河北省11个城市的产业协同表现存在一定差异。当从北京、天津与河北省11个城市维度测算时，秦皇岛、张家口、承德在2014年的初始产业协调程度就较低，处于中度失调状态，而北京、石家庄的初始产业协调程度较高，处于轻度失调状态。北京、石家庄、邯郸、保定在2022年达到了勉强协调的产业协同程度，其中邯郸是唯一一个由2014年中度失调状态迅速发展为2022年勉强协调状态的城市，邯郸产业协调水平发展最快。

表4-3　京津冀各城市整体产业协同综合指数的测算结果

年份	北京	天津	石家庄	唐山	秦皇岛	邯郸	邢台	保定	张家口	承德	沧州	廊坊	衡水
2014	0.310	0.220	0.350	0.300	0.260	0.290	0.270	0.300	0.250	0.240	0.270	0.270	0.260
2015	0.347	0.248	0.385	0.320	0.280	0.325	0.300	0.335	0.270	0.265	0.300	0.295	0.290
2016	0.385	0.276	0.430	0.350	0.305	0.355	0.335	0.370	0.300	0.290	0.335	0.330	0.325

续表

年份	北京	天津	石家庄	唐山	秦皇岛	邯郸	邢台	保定	张家口	承德	沧州	廊坊	衡水
2017	0.414	0.301	0.460	0.370	0.325	0.380	0.365	0.405	0.325	0.310	0.360	0.355	0.345
2018	0.440	0.325	0.490	0.395	0.340	0.410	0.390	0.435	0.345	0.330	0.390	0.385	0.365
2019	0.470	0.350	0.520	0.420	0.360	0.445	0.420	0.465	0.365	0.350	0.410	0.410	0.390
2020	0.493	0.373	0.540	0.440	0.375	0.465	0.445	0.485	0.380	0.370	0.435	0.450	0.405
2021	0.514	0.393	0.570	0.455	0.390	0.490	0.470	0.515	0.395	0.380	0.460	0.470	0.425
2022	0.540	0.412	0.595	0.475	0.405	0.515	0.495	0.540	0.415	0.400	0.480	0.490	0.445

资料来源：作者研究整理。

四 京津冀区域间产业协同指数的测算结果分析

京津冀整体产业协同的综合指数测算结果分析是对京津冀区域间产业协同水平的加权平均，本部分进一步详细分析京津冀区域间产业协同指数情况以及代表性产业的产业协同情况。

（一）京津冀区域间整体产业协同发展指数结果分析

1. 京津冀省份间产业协同发展指数

2014年京津冀协同发展战略实施以来至2022年近9年的京津冀省际产业协调指数测算结果如图4-1所示。可以看到，自2014年京津冀协同发展战略实施以来，京津冀整体产业协同发展指数明显提升。2014—2019年，北京—天津两地产业协同发展指数由0.31稳步提升至0.75，京津两地产业协同达到中级协调程度，北京—河北两地产业协同发展指数由0.46迅速提升至0.99，京冀两地产业协同达到高水平优质协调程度，天津—河北两地产业协同发展指数由0.21迅速提升至0.74，津冀两地产业协同同样达到中级协调程度。总体来看，在京津冀协同发展战略实施的前五年，京津冀三地两两之间的产业协同水平得到了迅速提升，而在京津冀协同发展战略实施的后四年，京津、津冀产业协同进入了瓶颈期，产业协同水平提速放缓。

```
         1.0
                                                                  ___
                                                         ___----
                                                 ___----
                                         ___----
                                   ___---
                             ___---
         0.5            ___--
                  ___--
             ___-
         ___-

          0
           2014   2015   2016   2017   2018   2019   2020   2021   2022(年份)
                     —— 北京—天津   —— 北京—河北   —— 天津—河北
```

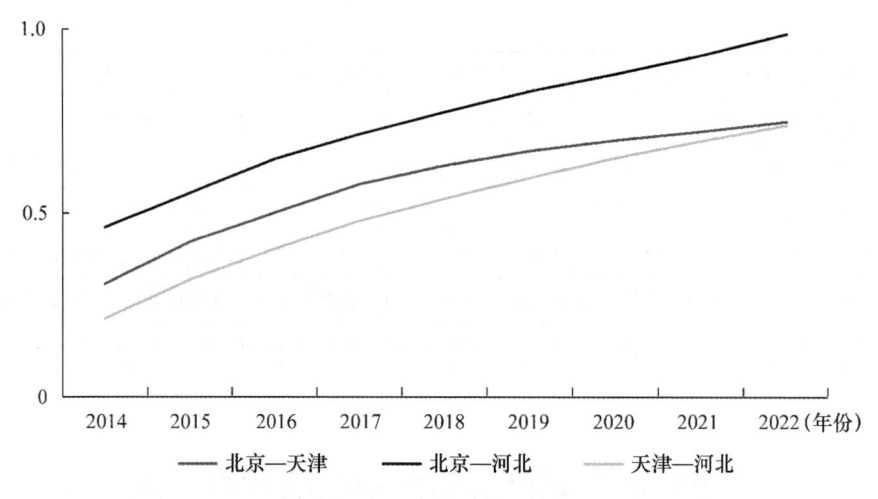

图 4-1　京津冀省份间产业协同发展指数（2014—2022）

资料来源：作者研究整理。

2. 京津冀城市间产业协同发展指数

表 4-4 展示了京津冀城市间整体产业协同发展指数情况。从城市之间的产业协同发展水平来看，北京—石家庄、北京—唐山、北京—邯郸、北京—保定有较好的产业协同基础，且在 2014—2022 年期间实现了产业协同水平稳定提升。北京—承德、北京—张家口产业协同基础薄弱，且在 2014—2022 年期间提升缓慢，有待加强。总体来看，津冀地区产业协同水平仍弱于京冀地区。其中，天津—秦皇岛、天津—衡水、天津—张家口、天津—承德产业协同发展基础较弱，尽管在 2014—2022 年期间得到一定提升，但是整体水平仍然处于濒临失调甚至轻度失调的状态。津冀产业协同发展在 2019—2022 年间逐步放缓，陷入瓶颈期，有待重点关注。

表 4-4　京津冀城市间整体产业协同发展指数（2014—2022）

京津冀城市间产业协调度	2014	2015	2016	2017	2018	2019	2020	2021	2022
北京—天津	0.26	0.33	0.38	0.44	0.48	0.54	0.59	0.62	0.66

续表

京津冀城市间产业协调度	2014	2015	2016	2017	2018	2019	2020	2021	2022
北京—石家庄	0.40	0.44	0.49	0.52	0.55	0.58	0.60	0.63	0.66
北京—唐山	0.34	0.36	0.40	0.42	0.44	0.47	0.49	0.50	0.53
北京—秦皇岛	0.30	0.32	0.35	0.37	0.38	0.40	0.42	0.43	0.45
北京—邯郸	0.33	0.37	0.40	0.43	0.46	0.50	0.52	0.54	0.57
北京—邢台	0.31	0.34	0.38	0.41	0.44	0.47	0.49	0.52	0.55
北京—保定	0.34	0.38	0.42	0.46	0.49	0.52	0.54	0.57	0.60
北京—张家口	0.28	0.31	0.34	0.37	0.39	0.41	0.42	0.44	0.46
北京—承德	0.27	0.30	0.33	0.35	0.37	0.39	0.41	0.42	0.44
北京—沧州	0.31	0.34	0.38	0.41	0.44	0.46	0.48	0.51	0.53
北京—廊坊	0.31	0.34	0.38	0.40	0.43	0.46	0.50	0.52	0.54
北京—衡水	0.30	0.33	0.37	0.39	0.41	0.44	0.46	0.47	0.49
天津—石家庄	0.30	0.33	0.37	0.40	0.43	0.46	0.48	0.51	0.53
天津—唐山	0.25	0.28	0.30	0.32	0.35	0.37	0.39	0.41	0.42
天津—秦皇岛	0.22	0.24	0.26	0.28	0.30	0.32	0.33	0.35	0.36
天津—邯郸	0.25	0.28	0.31	0.33	0.36	0.39	0.41	0.44	0.46
天津—邢台	0.23	0.26	0.29	0.32	0.34	0.37	0.40	0.42	0.44
天津—保定	0.26	0.29	0.32	0.35	0.38	0.41	0.43	0.46	0.48
天津—张家口	0.21	0.23	0.26	0.28	0.30	0.32	0.34	0.35	0.37
天津—承德	0.20	0.23	0.25	0.27	0.29	0.31	0.33	0.34	0.36
天津—沧州	0.23	0.26	0.29	0.31	0.34	0.36	0.39	0.41	0.43
天津—廊坊	0.23	0.25	0.28	0.31	0.34	0.36	0.40	0.42	0.44
天津—衡水	0.22	0.25	0.28	0.30	0.32	0.34	0.36	0.38	0.40

资料来源：作者研究整理。

（二）京津冀城市间传统主导产业协同发展指数结果分析

传统主导产业是京津冀产业发展的初始动力，在京津冀产业发展历程中发挥了重要作用，对京津冀城市间传统主导产业协同发展指数的分析有助于增进对京津冀产业协同发展的认识和理解。

1. 京津冀区际纺织业协同发展指数

表 4-5 展示了作为京津冀传统产业之一并具有重要地位的纺织业区际产业协同情况。如表 4-5 所示，北京—天津、北京—石家庄、北京—邯郸的纺织业产业协同具有较好的基础，北京—石家庄、北京—保定在 2014—2022 年期间产业协同水平持续提高，北京—天津纺织业在 2014—2022 年期间基本停滞不前。北京—邢台、北京—邯郸的纺织业产业基础较为薄弱，但是在 2014—2022 年期间产业协同快速发展，达到中级协调程度。津冀地区纺织业协同发展水平优于京冀地区。其中，天津—石家庄、天津—邢台、天津—保定的纺织业协同发展水平提速明显，达到中级协调程度。总的来看，京冀地区和津冀地区纺织业协同水平在 2014—2022 年间均有提升，而北京—邢台、北京—保定以及天津—邢台、天津—保定提速最为明显。

表 4-5 京津冀纺织业产业协同发展指数

京津冀纺织业产业协调度	2014	2015	2016	2017	2018	2019	2020	2021	2022
北京—天津	0.36	0.37	0.36	0.37	0.37	0.36	0.35	0.35	0.35
北京—石家庄	0.36	0.38	0.40	0.41	0.42	0.43	0.44	0.45	0.46
北京—唐山	0.21	0.22	0.23	0.24	0.24	0.25	0.26	0.27	0.28
北京—秦皇岛	0.13	0.16	0.18	0.20	0.21	0.22	0.22	0.23	0.23
北京—邯郸	0.28	0.31	0.34	0.35	0.35	0.36	0.36	0.36	0.37
北京—邢台	0.31	0.35	0.41	0.45	0.47	0.49	0.50	0.52	0.53
北京—保定	0.36	0.39	0.43	0.45	0.46	0.47	0.48	0.49	0.50
北京—张家口	0.13	0.17	0.19	0.20	0.20	0.21	0.22	0.23	0.24
北京—承德	0.16	0.19	0.21	0.23	0.24	0.25	0.25	0.26	0.27
北京—沧州	0.22	0.23	0.25	0.25	0.26	0.26	0.27	0.28	0.29

续表

京津冀纺织业产业协调度	2014	2015	2016	2017	2018	2019	2020	2021	2022
北京—廊坊	0.18	0.19	0.20	0.21	0.22	0.23	0.23	0.24	0.25
北京—衡水	0.24	0.25	0.26	0.27	0.27	0.28	0.28	0.29	0.30
天津—石家庄	0.43	0.46	0.48	0.50	0.51	0.52	0.53	0.55	0.57
天津—唐山	0.25	0.27	0.28	0.29	0.29	0.30	0.31	0.33	0.34
天津—秦皇岛	0.15	0.20	0.22	0.25	0.26	0.26	0.27	0.28	0.29
天津—邯郸	0.34	0.38	0.41	0.44	0.43	0.43	0.44	0.44	0.46
天津—邢台	0.37	0.43	0.50	0.56	0.58	0.59	0.61	0.63	0.65
天津—保定	0.44	0.47	0.51	0.55	0.56	0.57	0.58	0.60	0.61
天津—张家口	0.15	0.20	0.24	0.24	0.25	0.25	0.26	0.28	0.29
天津—承德	0.20	0.23	0.26	0.28	0.29	0.30	0.31	0.32	0.33
天津—沧州	0.27	0.29	0.30	0.31	0.32	0.32	0.33	0.34	0.36
天津—廊坊	0.22	0.24	0.25	0.26	0.27	0.27	0.28	0.29	0.31
天津—衡水	0.29	0.30	0.32	0.33	0.34	0.34	0.35	0.36	0.37

资料来源：作者研究整理。

2. 京津冀区域间石油、煤炭及其他燃料业协同发展指数

石油、煤炭及其他燃料业是京津冀产业发展的重要支柱，也是京津冀传统主导产业之一。表4-6展示了京津冀石油、煤炭及其他燃料业区际产业协调发展指数情况。可以看到，京津地区石油、煤炭及其他燃料业产业协同基础扎实，在2014—2022年期间虽然经历了一定波动，但整体稳步提升。京冀地区石油、煤炭及其他燃料业产业协同基础较好，且在2013—2022年逐步提升。津冀地区石油、煤炭及其他燃料业发展势头良好。其中北京—承德、天津—承德产业协同发展明显，在2014—2022年间从零协调基础达到中级协调程度。

表4-6 京津冀石油、煤炭及其他燃料业产业协同发展指数

京津冀石油、煤炭及其他燃料业产业协调度	2014	2015	2016	2017	2018	2019	2020	2021	2022
北京—天津	0.84	0.87	0.89	0.93	0.94	0.93	0.89	0.87	0.86
北京—石家庄	0.63	0.68	0.71	0.71	0.72	0.71	0.69	0.69	0.69
北京—唐山	0.62	0.63	0.66	0.68	0.70	0.69	0.68	0.67	0.67
北京—秦皇岛	0.34	0.39	0.45	0.48	0.50	0.49	0.51	0.52	0.53
北京—邯郸	0.62	0.65	0.68	0.71	0.75	0.76	0.76	0.76	0.76
北京—邢台	0.48	0.51	0.56	0.60	0.62	0.66	0.64	0.64	0.66
北京—保定	0.46	0.50	0.57	0.56	0.56	0.60	0.57	0.58	0.59
北京—张家口	0.36	0.39	0.50	0.50	0.51	0.51	0.51	0.53	0.54
北京—承德	0.00	0.28	0.42	0.44	0.44	0.45	0.48	0.50	0.52
北京—沧州	0.70	0.71	0.72	0.74	0.75	0.75	0.73	0.73	0.73
北京—廊坊	0.46	0.47	0.50	0.49	0.50	0.51	0.52	0.58	0.60
北京—衡水	0.38	0.44	0.51	0.51	0.54	0.51	0.50	0.52	0.52
天津—石家庄	0.54	0.59	0.63	0.66	0.68	0.67	0.66	0.66	0.67
天津—唐山	0.52	0.55	0.59	0.63	0.66	0.65	0.65	0.64	0.64
天津—秦皇岛	0.29	0.35	0.40	0.45	0.47	0.47	0.49	0.50	0.51
天津—邯郸	0.52	0.58	0.61	0.66	0.71	0.72	0.72	0.73	0.74
天津—邢台	0.41	0.45	0.50	0.56	0.58	0.63	0.61	0.62	0.64
天津—保定	0.39	0.44	0.51	0.52	0.53	0.57	0.55	0.56	0.57
天津—张家口	0.30	0.34	0.40	0.47	0.48	0.47	0.49	0.51	0.52
天津—承德	0.00	0.24	0.37	0.41	0.42	0.43	0.46	0.48	0.50
天津—沧州	0.59	0.62	0.64	0.69	0.71	0.71	0.70	0.71	0.71
天津—廊坊	0.39	0.42	0.44	0.45	0.47	0.48	0.50	0.56	0.58
天津—衡水	0.32	0.38	0.46	0.48	0.50	0.48	0.48	0.50	0.50

资料来源：作者研究整理。

3. 京津冀区际食品制造业协同发展指数

食品制造业同样是京津冀产业发展的重要支柱与传统主导产业。表4-7展示了京津冀食品制造业区际产业协同发展指数情况。可以看到，京冀地区绝大部分城市两两之间食品制造业产业协同基础较为扎实，且在2013—2022年间发展良好，均达到中级协调程度以上。津冀地区食品制造业产业协同基础略弱，但在2013—2022年期间发展迅速，均达到中级协调程度以上。总的来看，京津冀地区食品制造业产业协同发展势头迅猛，产业协同水平不断提高。其中，北京—秦皇岛、天津—秦皇岛产业协同发展明显，2013—2022年间均从零协调基础达到中级协调程度。

表4-7　　　　　京津冀食品制造业产业协同发展指数

京津冀食品制造业产业协调度	2013	2014	2015	2016	2017	2018	2019	2020	2021	2022
北京—天津	0.68	0.72	0.79	0.82	0.86	0.90	0.91	0.90	0.92	0.93
北京—石家庄	0.50	0.58	0.63	0.69	0.73	0.76	0.78	0.79	0.83	0.86
北京—唐山	0.46	0.54	0.62	0.69	0.75	0.79	0.83	0.85	0.87	0.90
北京—秦皇岛	0.00	0.33	0.41	0.49	0.53	0.55	0.56	0.58	0.61	0.64
北京—邯郸	0.46	0.51	0.58	0.63	0.69	0.72	0.77	0.80	0.83	0.87
北京—邢台	0.36	0.44	0.50	0.55	0.61	0.64	0.66	0.69	0.74	0.80
北京—保定	0.43	0.52	0.60	0.66	0.72	0.76	0.77	0.80	0.83	0.87
北京—张家口	0.39	0.52	0.63	0.70	0.75	0.79	0.81	0.82	0.85	0.88
北京—承德	0.44	0.52	0.60	0.64	0.68	0.71	0.73	0.74	0.77	0.81
北京—沧州	0.40	0.48	0.54	0.59	0.63	0.65	0.66	0.68	0.69	0.71
北京—廊坊	0.43	0.49	0.57	0.63	0.68	0.71	0.73	0.74	0.77	0.81
北京—衡水	0.46	0.50	0.55	0.58	0.61	0.63	0.65	0.66	0.69	0.72
天津—石家庄	0.41	0.48	0.55	0.61	0.66	0.69	0.71	0.73	0.77	0.80
天津—唐山	0.37	0.44	0.55	0.61	0.67	0.72	0.76	0.78	0.81	0.84
天津—秦皇岛	0.00	0.27	0.36	0.43	0.47	0.50	0.51	0.53	0.57	0.60

续表

京津冀食品制造业产业协调度	2013	2014	2015	2016	2017	2018	2019	2020	2021	2022
天津—邯郸	0.37	0.43	0.51	0.56	0.62	0.66	0.71	0.73	0.77	0.81
天津—邢台	0.29	0.36	0.44	0.49	0.54	0.58	0.61	0.64	0.69	0.74
天津—保定	0.34	0.43	0.52	0.58	0.65	0.69	0.71	0.74	0.78	0.81
天津—张家口	0.32	0.43	0.55	0.62	0.68	0.72	0.74	0.76	0.79	0.82
天津—承德	0.36	0.43	0.52	0.57	0.61	0.64	0.66	0.69	0.72	0.76
天津—沧州	0.33	0.40	0.47	0.52	0.56	0.59	0.61	0.63	0.65	0.67
天津—廊坊	0.35	0.41	0.50	0.56	0.61	0.64	0.66	0.68	0.72	0.75
天津—衡水	0.37	0.41	0.48	0.51	0.55	0.57	0.59	0.61	0.64	0.67

资料来源：作者研究整理。

（三）京津冀城市间战略性新兴产业协同发展指数结果分析

近年来，京津冀战略性新兴产业发展势头迅猛。然而，在新时代背景下，与较为成熟的大城市群相比，京津冀在战略性新兴产业培育和产业链供应链协同发展方面还面临一系列深层次的痛点、堵点和难点亟待破解。测度京津冀区际战略性新兴产业协调程度有助于发掘京津冀产业协同发展的新动力。

1. 京津冀城市间软件和信息技术服务业协同发展指数

表4-8展示了京津冀软件和信息技术服务业产业的区际协同发展指数。可以看到，北京—天津、北京—石家庄的产业协同基础较好。其中北京—石家庄软件和信息技术服务业发展势头迅猛，在2013—2022年期间高速增长，达到高水平优质协调程度。其余京冀地区城市两两之间产业协同基础相对薄弱，但在2013—2022年期间均取得了较大进步，产业协同水平有很大提高。津冀地区城市两两之间产业协同基础弱于京冀地区。其中，天津—石家庄软件和信息技术服务业产业协同发展较快，其余城市两两之间软件和信息技术服务业产业协同得到一定发展，但整体发展水平落后于京冀地区。总的来看，京津、京冀和津冀地区城市之间

第四章 京津冀产业协同指数

软件和信息技术服务业产业协同在2013—2022年期间发展迅速，津冀地区略有落后，有待进一步加强。

表4-8　京津冀软件和信息技术服务业产业的区际协同发展指数

京津冀软件和信息技术服务业产业协调度	2013	2014	2015	2016	2017	2018	2019	2020	2021	2022
北京—天津	0.40	0.47	0.52	0.57	0.63	0.66	0.73	0.78	0.82	0.88
北京—石家庄	0.41	0.43	0.49	0.56	0.63	0.69	0.75	0.79	0.84	0.89
北京—唐山	0.28	0.30	0.35	0.42	0.48	0.55	0.61	0.65	0.68	0.72
北京—秦皇岛	0.27	0.29	0.32	0.36	0.41	0.47	0.52	0.55	0.58	0.62
北京—邯郸	0.23	0.25	0.31	0.38	0.44	0.49	0.54	0.58	0.62	0.67
北京—邢台	0.21	0.22	0.27	0.34	0.39	0.44	0.48	0.53	0.58	0.63
北京—保定	0.28	0.30	0.34	0.40	0.46	0.52	0.57	0.60	0.65	0.72
北京—张家口	0.21	0.23	0.27	0.32	0.36	0.41	0.46	0.48	0.52	0.56
北京—承德	0.00	0.13	0.19	0.27	0.32	0.36	0.39	0.43	0.47	0.50
北京—沧州	0.15	0.20	0.26	0.31	0.36	0.40	0.44	0.46	0.50	0.54
北京—廊坊	0.24	0.26	0.31	0.36	0.40	0.45	0.50	0.60	0.62	0.64
北京—衡水	0.20	0.23	0.26	0.32	0.36	0.40	0.44	0.47	0.51	0.55
天津—石家庄	0.26	0.30	0.35	0.41	0.48	0.53	0.61	0.67	0.73	0.79
天津—唐山	0.17	0.21	0.25	0.31	0.37	0.42	0.49	0.55	0.59	0.64
天津—秦皇岛	0.17	0.20	0.23	0.27	0.32	0.36	0.42	0.47	0.50	0.54
天津—邯郸	0.15	0.18	0.23	0.28	0.34	0.38	0.44	0.50	0.54	0.59
天津—邢台	0.13	0.16	0.20	0.25	0.30	0.34	0.39	0.45	0.50	0.56
天津—保定	0.17	0.21	0.25	0.30	0.35	0.40	0.46	0.51	0.57	0.64
天津—张家口	0.13	0.16	0.20	0.24	0.28	0.31	0.37	0.41	0.45	0.49
天津—承德	0	0.09	0.14	0.20	0.24	0.27	0.32	0.37	0.40	0.44
天津—沧州	0.09	0.14	0.19	0.24	0.27	0.31	0.35	0.40	0.43	0.48

续表

京津冀软件和信息技术服务业产业协调度	2013	2014	2015	2016	2017	2018	2019	2020	2021	2022
天津—廊坊	0.15	0.18	0.22	0.27	0.31	0.34	0.41	0.51	0.54	0.56
天津—衡水	0.13	0.16	0.19	0.24	0.28	0.31	0.36	0.40	0.44	0.48

资料来源：作者研究整理。

2. 京津冀城市间互联网和相关服务业协同发展指数

表4-9展示了京津冀互联网和相关服务产业区际产业协同发展指数。可以看到，京冀地区大部分城市两两之间互联网和相关服务产业协同基础较好，其中，北京—石家庄和北京—邯郸产业协同发展迅速，在2013—2022年期间取得明显进步。津冀地区城市两两之间互联网和相关服务产业协同基础弱于京冀地区。其中，天津—石家庄和天津—邯郸产业协同在2013—2022年期间发展迅速，其余各地发展速度稍慢。总体来看，石家庄和邯郸的互联网和相关服务产业协同发展势头亮眼，京津地区产业协同水平稳步提升。

表4-9　京津冀互联网和相关服务产业区际产业协同发展指数

京津冀互联网和相关服务产业协调度	2013	2014	2015	2016	2017	2018	2019	2020	2021	2022
北京—天津	0.55	0.58	0.63	0.64	0.68	0.70	0.74	0.77	0.82	0.88
北京—石家庄	0.53	0.55	0.58	0.69	0.75	0.81	0.85	0.87	0.89	0.91
北京—唐山	0.41	0.42	0.43	0.49	0.51	0.55	0.58	0.58	0.60	0.62
北京—秦皇岛	0.21	0.00	0.26	0.33	0.38	0.41	0.44	0.45	0.47	0.47
北京—邯郸	0.44	0.45	0.49	0.56	0.64	0.70	0.78	0.80	0.81	0.83
北京—邢台	0.37	0.38	0.41	0.48	0.54	0.60	0.64	0.66	0.68	0.71
北京—保定	0.47	0.48	0.51	0.57	0.64	0.71	0.72	0.72	0.74	0.74

续表

京津冀互联网和相关服务产业协调度	2013	2014	2015	2016	2017	2018	2019	2020	2021	2022
北京—张家口	0.24	0.26	0.33	0.42	0.48	0.53	0.56	0.56	0.57	0.59
北京—承德	0.36	0.36	0.37	0.42	0.48	0.53	0.55	0.54	0.55	0.55
北京—沧州	0.39	0.39	0.42	0.50	0.53	0.57	0.60	0.62	0.62	0.64
北京—廊坊	0.45	0.46	0.49	0.53	0.57	0.61	0.63	0.68	0.68	0.66
北京—衡水	0.17	0.21	0.26	0.36	0.42	0.47	0.53	0.52	0.54	0.54
天津—石家庄	0.39	0.41	0.46	0.52	0.56	0.60	0.64	0.70	0.75	0.79
天津—唐山	0.30	0.31	0.34	0.37	0.38	0.40	0.44	0.47	0.50	0.54
天津—秦皇岛	0.15	0.00	0.21	0.25	0.28	0.30	0.33	0.36	0.40	0.41
天津—邯郸	0.32	0.34	0.39	0.42	0.48	0.52	0.58	0.64	0.68	0.72
天津—邢台	0.27	0.28	0.33	0.36	0.41	0.44	0.48	0.53	0.57	0.61
天津—保定	0.34	0.36	0.40	0.43	0.48	0.52	0.54	0.58	0.62	0.64
天津—张家口	0.17	0.19	0.27	0.32	0.36	0.39	0.42	0.45	0.48	0.51
天津—承德	0.26	0.27	0.29	0.32	0.36	0.39	0.41	0.43	0.46	0.48
天津—沧州	0.28	0.30	0.34	0.37	0.40	0.42	0.45	0.50	0.52	0.55
天津—廊坊	0.33	0.35	0.39	0.40	0.42	0.45	0.47	0.54	0.57	0.58
天津—衡水	0.12	0.16	0.21	0.27	0.30	0.35	0.40	0.42	0.45	0.47

资料来源：作者研究整理。

3. 京津冀铁路、船舶、航空航天和其他运输设备制造业城市间协同发展指数

表4-10展示了京津冀铁路、船舶、航空航天和其他运输设备制造业区际产业协同发展指数情况。以铁路、船舶、航空航天和其他运输设备制造业为例，京津地区产业协同基础较好，但在2013—2022年期间增速缓慢。北京—邢台产业协同有一定基础，在2013—2022年期间产业协同水平提高，达到中级协调程度。京冀地区其余城市两两之间产业协同水平较低且发展缓慢。津冀地区铁路、船舶、航空航天和其他运输设备制

造业产业协同水平基础优于京冀地区。天津—邢台产业协同水平在2013—2022年期间发展迅猛，达到高水平优质协调程度。津冀地区其余城市两两之间产业协同水平发展相对缓慢。总的来说，津冀地区铁路、船舶、航空航天和其他运输设备制造业的产业协同水平优于京冀地区。但是在2013—2022年期间铁路、船舶、航空航天和其他运输设备制造业产业各城市协同水平增速相差较大，有待关注。

表4-10　京津冀铁路、船舶、航空航天和其他运输设备制造业区际产业协同发展指数

京津冀铁路、船舶、航空航天和其他运输设备制造业产业协调度	2013	2014	2015	2016	2017	2018	2019	2020	2021	2022
北京—天津	0.54	0.54	0.56	0.58	0.59	0.59	0.57	0.56	0.55	0.55
北京—石家庄	0.21	0.21	0.22	0.24	0.25	0.25	0.24	0.24	0.25	0.26
北京—唐山	0.27	0.27	0.28	0.29	0.30	0.30	0.30	0.31	0.31	0.32
北京—秦皇岛	0.27	0.28	0.28	0.29	0.28	0.28	0.28	0.28	0.28	0.29
北京—邯郸	0.23	0.26	0.29	0.32	0.35	0.38	0.39	0.40	0.40	0.42
北京—邢台	0.37	0.39	0.42	0.45	0.48	0.50	0.52	0.52	0.54	0.57
北京—保定	0.20	0.21	0.22	0.23	0.24	0.24	0.24	0.24	0.24	0.25
北京—张家口	0.10	0.11	0.13	0.13	0.13	0.14	0.14	0.14	0.14	0.14
北京—承德	0.00	0.00	0.00	0.10	0.09	0.10	0.11	0.14	0.13	0.13
北京—沧州	0.31	0.34	0.35	0.36	0.37	0.38	0.38	0.37	0.38	0.39
北京—廊坊	0.25	0.26	0.28	0.30	0.31	0.32	0.32	0.32	0.32	0.33
北京—衡水	0.24	0.25	0.28	0.29	0.30	0.31	0.31	0.31	0.31	0.32
天津—石家庄	0.33	0.34	0.36	0.39	0.41	0.42	0.40	0.41	0.43	0.43
天津—唐山	0.43	0.43	0.46	0.48	0.50	0.51	0.51	0.52	0.53	0.54
天津—秦皇岛	0.44	0.45	0.46	0.47	0.47	0.48	0.48	0.47	0.47	0.48
天津—邯郸	0.38	0.41	0.48	0.53	0.59	0.64	0.67	0.67	0.68	0.70
天津—邢台	0.59	0.61	0.68	0.74	0.81	0.86	0.87	0.89	0.92	0.95

续表

京津冀铁路、船舶、航空航天和其他运输设备制造业产业协调度	2013	2014	2015	2016	2017	2018	2019	2020	2021	2022
天津—保定	0.33	0.34	0.37	0.39	0.40	0.41	0.41	0.41	0.41	0.42
天津—张家口	0.16	0.18	0.21	0.22	0.22	0.24	0.24	0.24	0.24	0.24
天津—承德	0.00	0.00	0.00	0.17	0.15	0.18	0.19	0.23	0.21	0.21
天津—沧州	0.49	0.53	0.58	0.60	0.63	0.64	0.64	0.63	0.64	0.65
天津—廊坊	0.41	0.42	0.46	0.49	0.52	0.54	0.54	0.54	0.55	0.56
天津—衡水	0.39	0.40	0.45	0.49	0.51	0.52	0.53	0.53	0.53	0.54

资料来源：作者研究整理。

综合京津冀战略性新兴产业协同指数进行分析：比较软件和信息技术服务业与互联网和相关服务业可以发现，京津冀地区软件和信息技术服务业基础较为薄弱，但是发展势头迅猛，经过2014—2022年的发展，京冀、京津与津冀大部分城市两两之间产业协同水平都能达到中级协调程度。京津冀互联网和相关服务产业协同基础较好，在2014—2022年期间稳步发展，许多城市两两之间产业协同水平达到中级协调程度。与上述两种产业相比，京津冀地区铁路、船舶、航空航天和其他运输设备制造业基础优于软件和信息技术服务业，落后于互联网和相关服务业，且该产业的产业协同增速水平低于上述两种产业，城市间产业协同发展水平不一。总体来看，京津冀地区战略性新兴产业产业协同水平在2013—2022年期间有明显提高，许多城市抓住发展机遇，将产业协同水平提升到中级协调程度以上，但是存在发展不平衡不协调问题，有待关注。

五　本章小结

京津冀协同发展近10年来，产业协同取得突破性进展。本章对京津冀产业协同发展的测度分析表明，至2022年京津冀三地产业协同发展达到较高水平，京冀产业协同达到优质协调程度，京津、津冀产业协同达到中级协调程度。京津冀三地在以纺织业，石油、煤炭及其他燃料业，食品制造业为代表的传统主导产业，以软件和信息技术服务业，互联网和相关服务业，铁路、船舶、航空航天和其他运输设备制造业为代表的战略性新兴产业领域均实现了较快突破并具备提升潜力。就京津冀区域间整体产业协同发展指数来看，协同发展指数正逐年上升，城市间产业协同发展整体向好。

需要注意的是，现阶段京津冀产业协同发展仍然存在一些问题与不足：京津冀三地分别处于工业化、信息化、城镇化、农业现代化的不同阶段，经济结构和新旧动能严重失调；京津冀三地产业存在结构性错位，主导产业链的区域配套不完整；战略性新兴产业和未来产业的空间布局不均衡，北京一枝独秀，"中心—外围"格局凸显；"行政区行政"现象明显，使京津冀区际产业要素流动、产业转移和商品贸易不畅；地区间的经济社会发展差距巨大并且还有继续拉大趋势，上述因素都严重影响了京津冀产业协同发展。

本章从京津冀产业协同发展的视角，详细测度了三级两类京津冀产业协同指数，为准确把握京津冀产业协同发展的现状与趋势提供了可行抓手。未来可对京津冀三地比较优势产业、主要产业链条、产业协同发展生态体系进行深入探索；通过深入研究分析京津冀三地创新要素发展现状及特点，梳理分析三地在京津冀整体产业链网中的关系，立足各地比较优势，对技术约束明显的领域和环节进行重点突破；在已有传统主导产业发展的基础上，围绕集成电路、网络安全、生物医药、电力装备、安全应急装备等战略性新兴产业发展的薄弱点、脱节点、梗阻点进行政策倾斜，以战略性新兴产业协同引领京津冀产业协同的高水平发展。

参考文献

Gereffi, Gary, "Global Value Chains in A Post-Washington Consensus World", *Review of International Political Economy*, Vol. 21, No. 1, 2014.

Humphrey J., Schmitz H., "How Does Insertion in Global Value Chains

Affect Upgrading in Industrial Clusters?", *Regional Studies*, Vol. 36, No. 9, 2002.

范剑勇、谢强强:《地区间产业分布的本地市场效应及其对区域协调发展的启示》,《经济研究》2010年第4期。

江小涓、孟丽君:《内循环为主、外循环赋能与更高水平双循环——国际经验与中国实践》,《管理世界》2021年第1期。

刘秉镰、孙哲:《京津冀区域协同的路径与雄安新区改革》,《南开学报》(哲学社会科学版)2017年第4期。

杨朝远、杨羊、汪传江:《从开发区产业转型升级到区域协调发展:以长江经济带为例》,《云南社会科学》2022年第1期。

杨文龙、游小珺、杜德斌:《商品贸易网络视角下地缘经济系统的属性与功能演进》,《地理研究》2021年第2期。

于强:《京津冀协同发展背景下北京制造业的产业转移——基于区位熵视角》,《中国流通经济》2021年第1期。

周密、张心贝:《城市群引领区域协调发展的实现路径与治理机制——基于周期协调度的视角》,《财经科学》2023年第7期。

第五章

京津冀公共服务协同指数

李兰冰　赵家未*

公共服务均等化是推进京津冀协同发展的有机组成部分。通过构建京津冀公共服务协同发展指数，实现京津冀公共服务协同发展程度的量化评估，对于更好把握京津冀公共服务协同发展现状以及方向具有重要支撑作用。

一　京津冀公共服务协同的内涵与意义

(一) 京津冀公共服务协同的内涵

合理界定"公共服务"涵盖范围是研究公共服务协同问题的重要起点。相关政策文件对公共服务的具体范围也给出了界定。《国家基本公共服务体系"十二五"规划》指出，"基本公共服务一般包括保障基本民生需求的教育、就业、社会保障、医疗卫生、计划生育、住房保障、文化体育等领域的公共服务，广义上还包括与人民生活环境紧密关联的交通、通信、公用设施、环境保护等领域的公共服务，以及保障安全需要的公共安全、消费安全和国防安全等领域的公共服务"[①]。在此基础

---

* 李兰冰，南开大学经济与社会发展研究院教授、博导，南开大学战略发展部部长，入选教育部重大人才工程青年学者、天津市宣传文化"五个一批"人才、南开大学百名青年学科带头人计划，研究方向：区域经济理论与政策、区域产业分析与规划；赵家未，南开大学经济学院博士研究生。

[①]《中共中央关于制定国民经济和社会发展第十三个五年规划的建议》明确提出"加强义务教育、就业服务、社会保障、基本医疗和公共卫生、公共文化、环境保护等基本公共服务"。

上，《"十三五"推进基本公共服务均等化规划》重点将公共教育、劳动就业创业、社会保险、医疗卫生、社会服务、住房保障、公共文化体育、残疾人基本公共服务等内容纳入基本公共服务范畴。随后，《"十四五"公共服务规划》明确提出，应重点围绕"幼有善育、学有优教、劳有厚得、病有良医、老有颐养、住有宜居、弱有众扶"等目标完善中国基本公共服务标准，同时强调"公共服务体系的范围、水平和质量应当稳步有序提升"。本章主要在上述政策文件的基础上，围绕幼有所育、学有所教、劳有所得、病有所医、老有所养、住有所居、弱有所扶、文体服务保障等多元维度构建京津冀公共服务协同发展指数。

（二）京津冀公共服务协同的意义

推动公共服务共建共享是促进区域协同发展的有效支撑，是落实以人民为中心的发展思想、改善人民生活品质的重大举措，是促进社会公平正义、扎实推动共同富裕的应有之义。这对增强人民群众获得感、幸福感、安全感以及促进人的全面发展和社会全面进步，具有十分重要的意义。一方面，京津冀公共服务协同是改善人民生活品质的重要路径，公共服务均等化可以更好地保障相对落后地区基本生活需求，提高相对落后地区居民生活质量，有利于缩小地区间公共服务差距。另一方面，公共服务均等化有利于改善区域发展环境和要素导入能力，通过公共服务的均等化缩小地区差距，改善城市群综合承载力。

二　京津冀公共服务协同指数的研究设计

（一）设计思路

以习近平新时代中国特色社会主义思想为指导，落实《"十四五"公共服务规划》和《京津冀协同发展规划纲要》，服务京津冀协同发展重大战略，围绕幼有所育、学有所教、劳有所得、病有所医、老有所养、住有所居、弱有所扶、文体服务保障等多元维度构建京津冀公共服务协同发展指数，实现对京津冀公共服务协同发展的量化测度与监测，为京津冀公共服务协同发展提供有力支撑，更好地推动京津冀成为中国式现代化建设的先行区、示范区。

从指数构建来看，把握以下原则：一是系统性原则，统筹考虑幼有所育、学有所教、劳有所得、病有所医、老有所养、住有所居、弱有所扶、文体服务保障八个方面共同构成的公共服务协同状况；二是层次性原则，评价指标体系应体现层次性，各级指标之间应具有清晰的逻辑关系；三是可比性原则，既可以横向评价不同城市之间公共服务的发展差异，也可以纵向评价城市自身公共服务的演化特征。

（二）测度指标

在构建京津冀公共服务协同指数时，选取公共教育服务、就业与社会保障服务、医疗卫生服务和文体服务保障四方面作为一级指标。其中：公共教育服务方面包含"幼有所育""学有所教"2个二级指标，幼儿园数量、小学生师比、中学生师比、大学生师比4个三级指标；就业与社会保障服务方面包含"劳有所得""老有所养""弱有所扶""住有所居"4个二级指标，在岗职工平均工资、失业率、失业保险参保率、城镇职工基本医疗保险参保率、城镇职工基本养老保险参保率、养老机构数、农村最低生活保障人数、老旧小区改造项目、商品住宅成交套数和卫生、社会保险和社会福利业从业人员数10个三级指标；医疗卫生服务方面包含"病有所医"1个二级指标，每万人医疗机构数、每千人医疗机构床位数和医生人数3个三级指标；文体服务保障方面包含"文化服务保障"和"体育服务保障"2个二级指标，博物馆数量、每百人公共图书馆藏书和体育场馆数3个三级指标。

1. 公共教育服务

1a. 幼有所育。"幼有所育"是增进民生福祉、谋民生之利、解民生之忧的重要方面。以幼儿园数量（1a1）作为"幼有所育"的衡量指标。

1b. 学有所教。"学有所教"就是要优先发展教育，促进教育公平，办好人民满意的教育。分别使用小学生师比（$1b_1$）、中学生师比（$1b_2$）和高中生师比（$1b_3$）作为衡量学有所教的指标，其中小学生师比以小学在校学生人数与小学专任教师人数比表示、中学生师比以普通中学在校学生人数与普通中学专任教师人数比表示、大学生师比以普通高等学校在校学生数与普通高等学校专任教师人数比表示。

2. 就业与社会保障服务

2a. 劳有所得。"劳"就是劳动、就业,"得"就是收入与获得感。选取在岗职工平均工资($2a_1$)、失业率($2a_2$)、失业保险参保率($2a_3$)、城镇职工基本医疗保险参保率($2a_4$)作为衡量"劳有所得"的指标。其中,在岗职工平均工资以在岗职工工资总额与在岗职工平均人数之比表示、失业率以失业人数与劳动力人数之比表示、失业保险参保率以失业保险参保人数与应参保人数的比值表示。

2b. 老有所养。老有所养是指老年人依靠社会和家庭能够得到所需的生活照顾和经济、物质保证。以城镇职工基本养老保险参保率($2b_1$)和养老机构数($2b_2$)对老有所养予以衡量。

2c. 弱有所扶。弱有所扶就是指对弱势群体予以支持和帮助。以卫生、社会保险和社会福利业从业人员数(万人)($2c_1$)和农村最低生活保障人数(万人)($2c_2$)衡量"弱有所扶"。

2d. 住有所居。住有所居可以总体概括为"低端有保障,中端有支持,高端有市场"[①]:"低端有保障"是指通过保障性住房和老旧小区改造等工程建设解决低收入群体的基本住房需求;"中端有支持"是指采取措施支持中等收入群体解决住房问题,应通过加大经济适用房建设力度,适当扩大经济适用房供应范围,加快建设限价商品房、公共租赁住房等方式,积极帮助他们解决住房困难;"高端有市场"是指支持有支付能力的群体通过市场解决住房问题,逐步完善房地产市场体系,加强宏观调控,规范市场秩序,促进房地产市场持续、稳定、健康发展。以老旧小区改造项目($2d_1$)和商品住宅成交套数($2d_2$)衡量"住有所居"。

3. 医疗卫生服务

看病就医是人民群众最为关切的民生之一。本报告以每万人医疗机

---

① 黄昕等:《地方政府房地产限购限贷限售政策的效应评估》,《改革》2018年第5期。

构数（$3a_1$）、每千人医疗机构床位数（$3a_2$）和医生人数（$3a_3$）作为衡量"病有所医"的指标。

4. 文体服务保障

文体服务保障是促进精神文明建设的重要支撑，主要包括文化服务保障（4a）和体育服务保障（4b）2个二级指标，博物馆数量（$4a_1$）、每百人公共图书馆藏书（$4a_2$）和体育场馆数（$4b_1$）3个三级指标。

综上所述，京津冀公共服务水平测度指标体系如表5-1所示。

表5-1　　　　　公共服务水平测度指标体系

测度指标	指数层次
1. 公共教育服务	一级指标
1a. 幼有所育	二级指标
（$1a_1$）幼儿园数量（个）	三级指标
1b. 学有所教	二级指标
（$1b_1$）小学生师比	三级指标
（$1b_2$）中学生师比	三级指标
（$1b_3$）大学生师比	三级指标
2. 就业与社会保障服务	一级指标
2a. 劳有所得	二级指标
（$2a_1$）在岗职工平均工资（元/人）	三级指标
（$2a_2$）失业率（%）	三级指标
（$2a_3$）失业保险参保率（%）	三级指标
（$2a_4$）城镇职工基本医疗保险参保率（%）	三级指标
2b. 老有所养	二级指标
（$2b_1$）城镇职工基本养老保险参保率（%）	三级指标
（$2b_2$）养老机构数（个）	三级指标
2c. 弱有所扶	二级指标

续表

测度指标	指数层次
($2c_1$) 卫生、社会保险和社会福利业从业人员数（万人）	三级指标
($2c_2$) 农村最低生活保障人数（万人）	三级指标
2d. 住有所居	二级指标
($2d_1$) 老旧小区改造项目（个）	三级指标
($2d_2$) 商品住宅成交套数（个）	三级指标
3. 医疗卫生服务	一级指标
3a. 病有所医	二级指标
($3a_1$) 每万人医疗机构数（个）	三级指标
($3a_2$) 每千人医疗机构床位数（张）	三级指标
($3a_3$) 医生人数（人）	三级指标
4. 文体服务保障	一级指标
4a. 文化服务保障	二级指标
($4a_1$) 博物馆数量（个）	三级指标
($4a_2$) 每百人公共图书馆藏书（册）	三级指标
4b. 体育服务保障	二级指标
($4b_1$) 体育场馆数（个）	三级指标

资料来源：作者整理。

（三）测算方法

对京津冀公共服务协同指数的测算关键在于如何理解"协同"的含义。从中国相关政策文件来看，公共服务协同的主要目标始终在于缩小不同地区间、人群间公共服务供给水平差距。鉴于此，本章使用熵值法计算京津冀公共服务供给水平，在此基础上从衡量公共服务供给水平的地区差距的视角，测度京津冀公共服务协同水平。

1. 公共服务供给水平测度

评估公共服务供给水平需要对各分项指标赋权，并根据相应权重计算综合得分。熵值法以各指标信息熵为依据确定指标权重,能够避免人为确定指标权重的主观性,同时可以减少多项指标间信息交叉重叠。具体来看,指标变异程度越大,则信息熵越小,指标权重越高,反之权重越低。熵值法的计算步骤参考了魏敏和李书昊[①]的测算方式,具体如下:

假设有 m 个城市(评价对象),n 个评价指标,则原始数据矩阵为 $(X_{ij})_{m*n}$,其中 i 为城市,j 为评价指标。

第一步:数据标准化。由于各项指标计量单位不一致,因此在计算指标权重前需要先对原始数据进行标准化。具体公式为:

正向指标:

$$X'_{ij} = \frac{X_{ij} - \min(X_{1j}, X_{2j}, \cdots X_{mj})}{\max(X_{1j}, X_{2j}, \cdots X_{mj}) - \min(X_{1j}, X_{2j}, \cdots X_{mj})} \quad (5-1)$$

负向指标:

$$X'_{ij} = \frac{\max(X_{1j}, X_{2j}, \cdots X_{mj}) - X_{ij}}{\max(X_{1j}, X_{2j}, \cdots X_{mj}) - \min(X_{1j}, X_{2j}, \cdots X_{mj})} \quad (5-2)$$

第二步:计算第 j 项公共服务供给指标的信息熵值。首先计算第 i 个城市第 j 项公共服务供给指标在所有城市中所占的比例(P_{ij}),然后根据这一比例计算第 j 项指标的熵值(e_j)。具体公式为:

$$P_{ij} = X'_{ij} / \sum_{i=1}^{m} X'_{ij} \quad (5-3)$$

$$e_j = -k \sum_{i=1}^{m} P_{ij} \ln P_{ij} \quad (5-4)$$

其中,$k = 1/\ln m$,$0 \leq e_j \leq 1$。

第三步:计算第 j 项公共服务供给指标的差异性系数并确定权重。根据第 j 项指标熵值计算差异性系数(g_j),进一步根据差异性系数计算第 j 项指标的权重(a_j)。具体公式为:

$$g_j = 1 - e_j \quad (5-5)$$

$$a_j = g_j / \sum_{j=1}^{n} g_j \quad (5-6)$$

---

① 魏敏、李书昊:《新时代中国经济高质量发展水平的测度研究》,《数量经济技术经济研究》2018 年第 11 期。

第四步：计算综合得分。根据各分项指标与权重加权求和，计算各个城市公共服务供给得分。具体公式为：

$$PS_i = \sum_{j=1}^{n} a_j X'_{ij} \qquad (5-7)$$

2. 公共服务协同水平测度

本部分对公共服务协同水平的测度主要分为两个方面：一方面，借鉴王军等[①]的做法，使用泰尔指数测度京津冀公共服务协同水平；另一方面，借鉴陈昌盛和蔡跃洲[②]的做法，根据非前沿与前沿城市公共服务供给水平相对比值衡量公共服务协同水平。

本部分采用泰尔指数测度京津冀公共服务协同水平的公式如下：

$$\text{Theil}_t = \frac{1}{n} \sum_{c=1}^{n} \frac{y_{c,t}}{\bar{y}_t} \log\left(\frac{y_{c,t}}{\bar{y}_t}\right) \qquad (5-8)$$

其中，Theil_t 是京津冀地区 t 时期的公共服务泰尔指数。$y_{c,t}$ 是 c 城市 t 时期的公共服务供给水平，n 是城市数量，$\bar{y}_t$ 是 t 时期京津冀地区所有城市的公共服务供给均值。

与此同时，使用相对比值法衡量城市之间公共服务协同水平，即使用非前沿城市与前沿城市公共服务供给水平的相对比值作为城市之间公共服务协同的衡量指标。若某城市与前沿城市公共服务供给水平的相对比值较高，则意味着与前沿城市公共服务供给水平差距较小，那么该城市与前沿城市之间的公共服务协同水平较高。在此基础上，以各城市与前沿城市之间比值的平均值作为京津冀地区公共服务协同水平的测度指标。

鉴于北京经济较为发达，人均产出水平与公共服务供给水平在样本期均位居前列，因而将北京市选为标杆前沿城市，并进一步测度各城市与北京市公共服务供给水平的相对比值。

---

① 王军等：《中国数字经济发展水平及演变测度》，《数量经济技术经济研究》2021年第7期。
② 陈昌盛、蔡跃洲：《中国政府公共服务：基本价值取向与综合绩效评估》，《财政研究》2007年第6期。

三 京津冀公共服务协同发展水平测算结果分析

本部分将详细分析京津冀公共服务协同指数的总体演变趋势、京津冀三地公共服务协同演进趋势和基于城市尺度的公共服务协同演进趋势，以全面剖析京津冀公共服务协同的动态变化。

（一）京津冀地区公共服务协同指数测算结果分析

本部分使用泰尔指数测度了2014—2022年京津冀公共服务协同水平，如图5-1所示。从整体演变趋势来看，2014年京津冀公共服务泰尔指数为0.2773，2022年公共服务泰尔指数为0.2525，整体呈现波动下降趋势，表明京津冀公共服务协同呈波动上升态势。

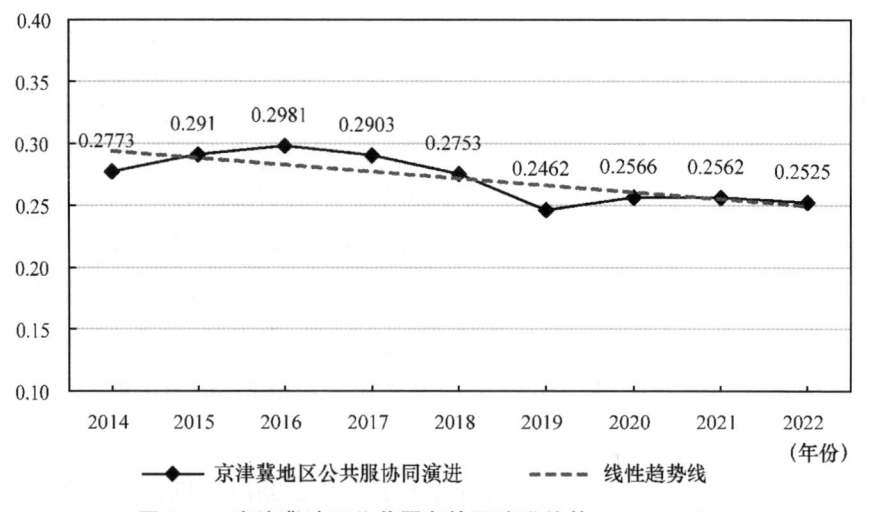

图5-1 京津冀地区公共服务协同演进趋势：2014-2022

（二）京津冀三地公共服务协同指数测算结果分析

为进一步探究京津冀三地公共服务协同的演进趋势，使用相对比值法绘制了表5-2。研究发现：天津公共服务协同水平高于河北但低于北京，且公共服务协同水平在小范围内波动；河北公共服务协同水平差距总体呈现收敛趋势，但公共服务供给水平与北京相比仍存在差距。

表 5-2　　　　　　京津冀三地公共服务协同指数情况

年份	北京	天津	河北
2014	1.000	0.556	0.159
2015	1.000	0.527	0.154
2016	1.000	0.544	0.161
2017	1.000	0.539	0.155
2018	1.000	0.515	0.164
2019	1.000	0.517	0.163
2020	1.000	0.541	0.165
2021	1.000	0.551	0.167
2022	1.000	0.564	0.171

资料来源：作者绘制。

（三）京津冀基于城市尺度的公共服务协同指数测算结果分析

如表 5-3 所示，京津冀地区除个别城市个别年份呈现相对指数下降趋势外，各城市指数整体呈现波动增长特征。具体来看，除唐山、张家口、承德、廊坊的相对指数呈小幅下降趋势之外，其余城市相对指数均呈现上升趋势。但是，各城市与北京相比的相对指数除了天津，均在 0.5 以下，表明公共服务供给总体差距仍较大。

表 5-3　　　　　　京津冀基于城市尺度的公共服务协同指数

城市	2014	2015	2016	2017	2018	2019	2020	2021	2022
北京	1.000	1.000	1.000	1.000	1.000	1.000	1.000	1.000	1.000
天津	0.556	0.527	0.544	0.539	0.515	0.517	0.541	0.551	0.564
保定	0.192	0.194	0.199	0.194	0.220	0.235	0.242	0.248	0.250
唐山	0.250	0.257	0.261	0.250	0.258	0.262	0.245	0.241	0.242

续表

城市	2014	2015	2016	2017	2018	2019	2020	2021	2022
廊坊	0.185	0.152	0.166	0.150	0.158	0.143	0.170	0.168	0.171
张家口	0.134	0.133	0.118	0.134	0.128	0.132	0.129	0.124	0.123
承德	0.150	0.129	0.137	0.127	0.124	0.106	0.097	0.093	0.091
沧州	0.156	0.161	0.176	0.160	0.157	0.169	0.170	0.172	0.181
石家庄	0.245	0.231	0.251	0.222	0.232	0.248	0.250	0.258	0.271
秦皇岛	0.114	0.114	0.122	0.122	0.172	0.134	0.118	0.131	0.134
衡水	0.074	0.076	0.082	0.075	0.065	0.070	0.097	0.098	0.101
邢台	0.055	0.060	0.073	0.102	0.112	0.108	0.108	0.099	0.105
邯郸	0.198	0.188	0.184	0.167	0.178	0.182	0.193	0.200	0.212
京津冀	0.255	0.248	0.255	0.249	0.255	0.254	0.258	0.260	0.265

资料来源：作者绘制。

四 京津冀公共服务协同指数分项测度

在对京津冀公共服务协同发展水平进行总体测度的基础上，对各城市与北京公共服务供给水平相对比值测度进行拓展，针对幼有所育、学有所教、劳有所得、病有所医、老有所养、住有所居、弱有所扶、文体服务保障八个分项逐一进行测度，以期深化对京津冀公共服务协同发展的认识。

（一）幼有所育

各城市与北京"幼有所育"水平相对比值测度"幼有所育"协同发展水平，详见表5-4。研究发现：各城市与北京市"幼有所育"协同差距总体呈现收敛趋势，在一定程度上表明京津冀地区在"幼有所育"方面的协同发展程度有所提升。但是，京津冀各城市与北京之间的总体差距依然较大，除天津外比值基本低于0.5，仍有较大提升空间。

表 5-4　　　　京津冀基于城市尺度的幼有所育协同指数

城市	2014	2015	2016	2017	2018	2019	2020	2021	2022
北京	1.000	1.000	1.000	1.000	1.000	1.000	1.000	1.000	1.000
天津	0.672	0.747	0.776	0.775	0.835	0.877	0.830	0.842	0.855
保定	0.290	0.301	0.304	0.305	0.311	0.331	0.334	0.411	0.439
唐山	0.114	0.123	0.125	0.126	0.129	0.137	0.139	0.172	0.226
廊坊	0.159	0.145	0.138	0.122	0.113	0.118	0.120	0.148	0.193
张家口	0.018	0.020	0.020	0.019	0.016	0.014	0.012	0.005	0.016
承德	0.018	0.015	0.015	0.015	0.016	0.016	0.016	0.019	0.023
沧州	0.146	0.154	0.159	0.158	0.166	0.175	0.179	0.222	0.291
石家庄	0.142	0.168	0.173	0.177	0.184	0.197	0.204	0.252	0.330
秦皇岛	0.029	0.030	0.030	0.031	0.311	0.033	0.033	0.041	0.041
衡水	0.073	0.078	0.074	0.106	0.103	0.103	0.103	0.104	0.105
邢台	0.064	0.068	0.068	0.067	0.070	0.066	0.066	0.080	0.103
邯郸	0.254	0.240	0.229	0.218	0.231	0.265	0.271	0.333	0.433
京津冀	0.229	0.238	0.239	0.240	0.268	0.256	0.254	0.280	0.312

资料来源：作者绘制。

（二）学有所教

如表 5-5 所示，京津冀"学有所教"协同差距总体呈现波动式收敛趋势。但是，河北各城市与北京之间的相对比值基本不超过 0.3，区域发展差距依然较为显著。

表 5-5　　　　京津冀基于城市尺度的学有所教协同指数

城市	2014	2015	2016	2017	2018	2019	2020	2021	2022
北京	1.000	1.000	1.000	1.000	1.000	1.000	1.000	1.000	1.000
天津	0.113	0.104	0.131	0.153	0.105	0.191	0.404	0.481	0.557

续表

城市	2014	2015	2016	2017	2018	2019	2020	2021	2022
保定	0.043	0.036	0.041	0.043	0.032	0.025	0.100	0.099	0.099
唐山	0.027	0.029	0.038	0.037	0.026	0.021	0.086	0.084	0.083
廊坊	0.048	0.047	0.060	0.058	0.043	0.036	0.145	0.154	0.163
张家口	0.023	0.033	0.045	0.028	0.019	0.015	0.053	0.048	0.042
承德	0.033	0.029	0.038	0.039	0.026	0.017	0.067	0.059	0.050
沧州	0.034	0.061	0.076	0.055	0.043	0.036	0.147	0.157	0.167
石家庄	0.024	0.024	0.028	0.031	0.025	0.021	0.095	0.105	0.115
秦皇岛	0.008	0.008	0.010	0.008	0.006	0.008	0.026	0.024	0.022
衡水	0.088	0.106	0.093	0.128	0.078	0.066	0.237	0.234	0.231
邢台	0.024	0.026	0.030	0.034	0.027	0.020	0.081	0.096	0.111
邯郸	0.059	0.052	0.061	0.059	0.045	0.036	0.136	0.138	0.139
京津冀	0.117	0.120	0.127	0.129	0.113	0.115	0.198	0.206	0.214

资料来源：作者绘制。

（三）劳有所得

如表 5-6 所示，京津冀地区"劳有所得"方面呈现分化趋势。天津、唐山、廊坊、张家口、承德、沧州、石家庄、衡水、邢台、邯郸与北京之间的"劳有所得"协同指数有所下降，保定和秦皇岛有所提升。与此同时，各城市与北京之间的差距仍较为显著，其中天津与北京之间的比值处于 0.4—0.8 之间，而河北省所有城市与北京之间的比值均在 0.4 之下。

表 5-6　　　京津冀基于城市尺度的劳有所得协同指数

城市	2014	2015	2016	2017	2018	2019	2020	2021	2022
北京	1.000	1.000	1.000	1.000	1.000	1.000	1.000	1.000	1.000
天津	0.710	0.511	0.485	0.532	0.495	0.416	0.417	0.416	0.415

续表

城市	2014	2015	2016	2017	2018	2019	2020	2021	2022
保定	0.086	0.079	0.092	0.111	0.051	0.094	0.104	0.105	0.107
唐山	0.225	0.296	0.247	0.305	0.340	0.245	0.232	0.224	0.214
廊坊	0.350	0.106	0.121	0.141	0.178	0.107	0.118	0.098	0.074
张家口	0.262	0.237	0.175	0.259	0.272	0.170	0.152	0.170	0.192
承德	0.294	0.157	0.145	0.121	0.116	0.094	0.095	0.113	0.135
沧州	0.120	0.109	0.141	0.125	0.100	0.096	0.089	0.085	0.080
石家庄	0.259	0.170	0.195	0.115	0.128	0.111	0.140	0.139	0.138
秦皇岛	0.300	0.300	0.262	0.317	0.380	0.318	0.287	0.329	0.380
衡水	0.064	0.042	0.074	0.052	0.040	0.050	0.034	0.036	0.038
邢台	0.150	0.106	0.121	0.141	0.178	0.107	0.118	0.098	0.074
邯郸	0.169	0.134	0.051	0.049	0.055	0.045	0.059	0.074	0.091
京津冀	0.307	0.250	0.239	0.251	0.256	0.219	0.219	0.222	0.226

资料来源：作者绘制。

（四）病有所医

如表 5-7 所示，京津冀地区"病有所医"发展差距呈现收敛趋势，各城市与北京之间"病有所医"协同指数呈现波动式上升。但是，各城市与北京之间的差距仍较为显著，其中天津与北京之间比值在 0.6 以上，而河北省除石家庄之外的其他城市与北京之间的比值均在 0.6 以下。

表 5-7　　　　京津冀基于城市尺度的病有所医协同指数

城市	2014	2015	2016	2017	2018	2019	2020	2021	2022
北京	1.000	1.000	1.000	1.000	1.000	1.000	1.000	1.000	1.000
天津	0.656	0.669	0.693	0.664	0.646	0.654	0.664	0.672	0.680
保定	0.434	0.510	0.551	0.509	0.515	0.533	0.576	0.576	0.575
唐山	0.399	0.407	0.443	0.348	0.390	0.404	0.416	0.459	0.503

续表

城市	2014	2015	2016	2017	2018	2019	2020	2021	2022
廊坊	0.299	0.308	0.363	0.288	0.319	0.324	0.348	0.351	0.353
张家口	0.041	0.064	0.139	0.058	0.093	0.102	0.106	0.113	0.121
承德	0.016	0.049	0.114	0.056	0.062	0.075	0.082	0.054	0.024
沧州	0.316	0.362	0.410	0.343	0.359	0.367	0.365	0.382	0.401
石家庄	0.530	0.559	0.605	0.567	0.571	0.581	0.615	0.620	0.625
秦皇岛	0.026	0.048	0.087	0.053	0.068	0.090	0.096	0.083	0.069
衡水	0.041	0.074	0.081	0.069	0.074	0.101	0.083	0.077	0.070
邢台	0.060	0.091	0.144	0.100	0.135	0.184	0.200	0.188	0.175
邯郸	0.402	0.421	0.490	0.385	0.409	0.430	0.441	0.442	0.443
京津冀	0.325	0.351	0.394	0.342	0.357	0.373	0.384	0.386	0.388

资料来源：作者绘制。

（五）老有所养

如表 5-8 所示，除秦皇岛、承德、邢台与北京之间的"老有所养"协同指数呈上升趋势，其余城市均呈现小幅下降趋势，这说明京津冀地区"老有所养"协同差距总体呈现放大趋势。

表 5-8 　　京津冀基于城市尺度的老有所养协同指数

城市	2014	2015	2016	2017	2018	2019	2020	2021	2022
北京	1.000	1.000	1.000	1.000	1.000	1.000	1.000	1.000	1.000
天津	0.762	0.654	0.714	0.674	0.675	0.656	0.647	0.652	0.656
保定	0.240	0.193	0.159	0.143	0.149	0.144	0.152	0.147	0.143
唐山	0.578	0.570	0.580	0.531	0.528	0.518	0.504	0.489	0.473
廊坊	0.249	0.228	0.253	0.210	0.227	0.214	0.231	0.220	0.208
张家口	0.325	0.312	0.178	0.326	0.324	0.312	0.305	0.296	0.287
承德	0.273	0.263	0.246	0.287	0.287	0.288	0.275	0.275	0.274

续表

城市	2014	2015	2016	2017	2018	2019	2020	2021	2022
沧州	0.169	0.152	0.173	0.156	0.150	0.154	0.162	0.165	0.168
石家庄	0.369	0.355	0.384	0.302	0.326	0.324	0.327	0.315	0.302
秦皇岛	0.240	0.234	0.257	0.239	0.236	0.247	0.246	0.251	0.257
衡水	0.215	0.197	0.215	0.130	0.144	0.149	0.173	0.176	0.179
邢台	0.036	0.075	0.106	0.056	0.061	0.029	0.055	0.052	0.049
邯郸	0.258	0.240	0.255	0.215	0.220	0.207	0.204	0.189	0.174
京津冀	0.363	0.344	0.348	0.328	0.333	0.326	0.329	0.325	0.321

资料来源：作者绘制。

（六）住有所居

如表 5-9 所示，京津冀地区城市之间在"住有所居"方面的发展差距总体上呈现收敛趋势，但改善幅度并不明显，各城市与北京之间的协同指数仍处于较低水平：天津与北京之间协同指数在 0.3—0.35 之间；河北省除保定在 0.2—0.3 之间外，其他城市与北京之间的协同指数均在 0.2 以下。

表 5-9　　　　京津冀基于城市尺度的住有所居协同指数

城市	2014	2015	2016	2017	2018	2019	2020	2021	2022
北京	1.000	1.000	1.000	1.000	1.000	1.000	1.000	1.000	1.000
天津	0.341	0.346	0.334	0.334	0.331	0.334	0.335	0.337	0.339
保定	0.262	0.277	0.270	0.273	0.272	0.278	0.282	0.287	0.292
唐山	0.100	0.108	0.103	0.104	0.099	0.100	0.099	0.099	0.098
廊坊	0.097	0.104	0.104	0.105	0.107	0.108	0.109	0.109	0.109
张家口	0.064	0.070	0.067	0.067	0.067	0.066	0.065	0.064	0.063
承德	0.024	0.028	0.024	0.023	0.021	0.019	0.017	0.015	0.014
沧州	0.112	0.117	0.109	0.106	0.103	0.091	0.091	0.089	0.086

续表

城市	2014	2015	2016	2017	2018	2019	2020	2021	2022
石家庄	0.172	0.168	0.159	0.158	0.157	0.171	0.176	0.176	0.175
秦皇岛	0.011	0.015	0.014	0.014	0.014	0.014	0.014	0.014	0.013
衡水	0.025	0.026	0.026	0.026	0.026	0.026	0.027	0.028	0.029
邢台	0.048	0.055	0.054	0.058	0.060	0.060	0.059	0.059	0.058
邯郸	0.161	0.171	0.167	0.170	0.169	0.171	0.172	0.173	0.175
京津冀	0.186	0.191	0.187	0.188	0.187	0.188	0.188	0.188	0.189

资料来源：作者绘制。

（七）弱有所扶

如表 5-10 所示，京津冀除天津和邢台之外，其余城市"弱有所扶"发展差距均呈现波动式收敛趋势。除天津和邢台之外，其余城市与北京之间的"弱有所扶"协同指数在一定范围内波动上升，在一定程度上表明京津冀地区在"弱有所扶"方面协同水平有所提升。但是，各城市与北京之间的差距仍较为显著，所有城市与北京之间的比值都在 0.4 以下。

表 5-10　京津冀基于城市尺度的弱有所扶协同指数

城市	2014	2015	2016	2017	2018	2019	2020	2021	2022
北京	1.000	1.000	1.000	1.000	1.000	1.000	1.000	1.000	1.000
天津	0.329	0.343	0.371	0.329	0.280	0.259	0.280	0.280	0.304
保定	0.019	0.017	0.019	0.026	0.023	0.025	0.030	0.027	0.044
唐山	0.019	0.020	0.023	0.021	0.016	0.019	0.020	0.019	0.033
廊坊	0.040	0.043	0.045	0.046	0.038	0.035	0.037	0.034	0.055
张家口	0.039	0.042	0.042	0.041	0.034	0.032	0.034	0.040	0.058
承德	0.045	0.048	0.050	0.040	0.036	0.037	0.038	0.039	0.051
沧州	0.036	0.039	0.042	0.038	0.031	0.031	0.032	0.031	0.056
石家庄	0.026	0.025	0.027	0.022	0.018	0.017	0.018	0.017	0.029

续表

城市	2014	2015	2016	2017	2018	2019	2020	2021	2022
秦皇岛	0.034	0.037	0.040	0.031	0.027	0.026	0.024	0.021	0.035
衡水	0.039	0.039	0.044	0.042	0.037	0.042	0.041	0.037	0.059
邢台	0.022	0.025	0.023	0.029	0.025	0.028	0.025	0.016	0.014
邯郸	0.025	0.029	0.030	0.031	0.025	0.028	0.035	0.038	0.035
京津冀	0.129	0.131	0.135	0.130	0.122	0.121	0.124	0.123	0.136

资料来源：作者绘制。

（八）文体服务保障

如表5-11所示，京津冀地区文体服务保障发展差距总体呈现分化趋势。保定、石家庄、衡水和邢台与北京之间的协同指数呈现波动式上升趋势，其他城市与北京之间的协同指数则呈现下降趋势。

表5-11　京津冀基于城市尺度的文体服务保障协同指数

地区	2014	2015	2016	2017	2018	2019	2020	2021	2022
北京	1.000	1.000	1.000	1.000	1.000	1.000	1.000	1.000	1.000
天津	0.861	0.843	0.845	0.854	0.749	0.748	0.752	0.73	0.708
保定	0.158	0.137	0.157	0.141	0.405	0.453	0.361	0.330	0.300
唐山	0.540	0.505	0.528	0.525	0.536	0.652	0.467	0.385	0.306
廊坊	0.234	0.237	0.247	0.227	0.240	0.199	0.248	0.232	0.216
张家口	0.301	0.284	0.274	0.272	0.202	0.342	0.301	0.253	0.207
承德	0.493	0.442	0.464	0.438	0.431	0.302	0.186	0.170	0.154
沧州	0.317	0.291	0.301	0.297	0.300	0.398	0.295	0.245	0.195
石家庄	0.441	0.378	0.434	0.402	0.447	0.561	0.426	0.439	0.451
秦皇岛	0.265	0.237	0.272	0.286	0.335	0.336	0.221	0.288	0.256
衡水	0.050	0.046	0.045	0.048	0.016	0.023	0.080	0.090	0.100
邢台	0.037	0.032	0.038	0.330	0.338	0.369	0.256	0.206	0.257

续表

地区	2014	2015	2016	2017	2018	2019	2020	2021	2022
邯郸	0.256	0.218	0.191	0.206	0.273	0.274	0.226	0.215	0.203
京津冀	0.381	0.358	0.369	0.387	0.406	0.435	0.371	0.353	0.335

资料来源：作者绘制。

五 本章小结

本章在合理界定"公共服务"内涵的基础上，围绕幼有所育、学有所教、劳有所得、病有所医、老有所养、住有所居、弱有所扶、文体服务保障等多元维度构建京津冀公共服务协同发展指数。通过计算泰尔指数以及对比分析各城市与北京公共服务供给水平相对比值，捕捉京津冀公共服务协同发展的动态变化。

第一，主要研究结论如下：2014—2022年京津冀公共服务协同水平呈现上升趋势。京津冀三地的公共教育、就业与社会保障、医疗卫生和文体服务保障供给水平不断提升，公共服务体系日益健全完善，基本民生底线不断筑牢兜实，公共服务供给水平全面提升，多层次多样化需求得到更好满足。

第二，京津冀公共服务协同水平差距总体呈现收敛趋势，但区域发展差距仍亟待缩小。尤其是河北省各城市与北京之间公共服务差距仍较为明显。

第三，从各分项指标看，京津冀三地在幼有所育、学有所教、病有所医、住有所居、弱有所扶方面的协同水平不断提升，在劳有所得、老有所养和文体服务保障方面发展差距呈现放大趋势，应当深化三地在文化、社保、养老等方面的精准服务、高效服务、智能服务供给，提升基本公共服务协同水平。

参考文献

陈昌盛、蔡跃洲：《中国政府公共服务：基本价值取向与综合绩效评估》，《财政研究》2007年第6期。

黄昕等：《地方政府房地产限购限贷限售政策的效应评估》，《改革》2018年第5期。

王军等：《中国数字经济发展水平及演变测度》，《数量经济技术经济研究》2021年第7期。

魏敏、李书昊：《新时代中国经济高质量发展水平的测度研究》，《数量经济技术经济研究》2018年第11期。

第六章

京津冀交通一体化发展指数

刘玉海　殷秀婷　陈嘉辉[*]

京津冀交通一体化发展是京津冀经济一体化的重要表现形式之一，是畅通城市群综合发展路径的"大动脉"和促进区域经济可持续发展的重要驱动力。本章深刻把握京津冀城市群交通互联互通发展现状与趋势，围绕交通一体化发展理论基础与现实情况搭建起一套合理的评价指标体系，以开展京津冀交通一体化发展的定量评估与定性分析。

一　京津冀交通一体化的内涵与意义

（一）京津冀交通一体化的内涵

交通一体化是指通过协调各级政府管理部门及其他相关利益方，实现不同交通方式之间、交通网络与枢纽之间、城市交通与城际交通之间以及交通管理与交通服务之间的合理分工和无缝衔接，使城市综合交通网络形成一个有机整体。交通一体化是城市群系统畅通运行的"大动脉"，也是适应区域重大空间格局调整的必然要求，为城市群协同发展提供坚实基础和有力保障。

伴随着京津冀协同发展上升为国家战略，交通起到了基础支撑和先

---

[*] 刘玉海，南开大学经济与社会发展研究院副教授、硕导，南开大学中国区域经济应用实验室主任，研究方向：全球生产网络、区域经济发展、交通运输经济；殷秀婷，南开大学经济与社会发展研究院硕士研究生；陈嘉辉，南开大学经济与社会发展研究院硕士研究生。

行引导的重要作用，其一体化发展水平决定了京津冀协同发展的广度和深度。[①] 2014年2月26日，习近平总书记在北京市考察工作时发表重要讲话，强调"把交通一体化作为推进京津冀协同发展的先行领域"。京津冀的交通一体化，就是要不断适应新发展形势，把握交通基础设施发展、服务水平提升和协同发展机制完善的关键机遇，着力打造与世界级城市群相适应的互联互通综合交通网络。

要实现京津冀的交通一体化发展，基础设施一体化是前提，运输服务一体化则是目的。一方面，随着新一代数字技术和通信技术的发展，交通新业态不断涌现，京津冀交通基础设施的便捷化、智能化水平大幅提高，有利于高质量运输服务的提供；另一方面，交通运输服务的高效化、多样化需求不断扩大，促使京津冀政府通过合理规划建设现代交通基础设施，实现不同交通方式的无缝衔接，进一步提高一体化交通效率。

本章将立足于交通基础设施一体化、交通运输服务一体化两方面内涵，探析京津冀交通一体化在新形势下的发展现状与发展趋势。

（二）京津冀交通一体化的意义

交通一体化作为京津冀协同发展的三个重点领域之一，以协同"先行官"的姿态成为实施京津冀协同发展这一国家战略的重要突破口，对京津冀全方位协同发展具有重要意义。

首先，京津冀三地交通一体化是京津冀协同发展的基础和先导。交通一体化有助于各政府间突破行政壁垒，通盘考虑，统筹谋划，共同推进区域重大基础设施建设和交通格局优化，有利于科学规划域内交通设施，建设互惠互利的交通网络体系，形成三地快速、便捷、高效、安全、大容量、低成本的互联互通综合交通网络，解决城市间交通堵塞点，促进区域内要素流动，为京津冀协同发展提供坚实基础和保障条件。

---

① 冯蕾：《京津冀交通一体化如何实现》，《光明日报》2015年9月10日第7版。

其次，京津冀交通一体化是激发京津冀城市群发展活力和提振京津冀人民发展决心的重要举措。布局合理、运行高效的交通网络能够使城市充分利用土地资源，发挥地理邻近优势，促进产业转型升级。① 交通作为京津冀人民看得见摸得着的福利，能够提振各界坚持协同发展的信心，使各方共享发展红利，促进京津冀深度协同可持续发展。

最后，交通一体化是打造京津冀世界级城市群的现实基础。京津冀交通一体化旨在建设国际领先的现代化综合交通运输体系。该体系为交通运输与经济社会发展深度融合提供有力支持，为建设具有较强国际、国内竞争力和影响力的世界级城市群提供有力支撑。

二 京津冀交通一体化发展指数的研究设计

（一）构建框架

自京津冀协同发展上升为国家战略以来，交通成为协同发展的先行领域，交通基础设施的资源共享与交通运输服务的互联互通为京津冀协同发展提供了坚实基础和保障，轨道上的京津冀就是其中的重要体现。"多层次""多维度"把握交通一体化发展程度与发展趋势，更有利于推进京津冀城市群交通一体化的高水平建设和高质量发展。

为准确量化区域交通一体化发展现状与趋势，本章参考了顾海兵和段琪斐使用的交通一体化评价指标，② 以及曾刚和王丰龙构建的区域城市一体化发展能力评价指标体系，③ 将交通一体化发展的总目标分解为"基础设施一体化"和"运输服务一体化"两个子目标（准则层1）。在交通基础设施的资源覆盖、匹配同步和衔接建设等方面建立基础设施一体化的准则层2；在交通运输服务的运输能力、网络互通和信息共享等

---

① 刘生龙、胡鞍钢：《交通基础设施与中国区域经济一体化》，《经济研究》2011年第3期。

② 顾海兵、段琪斐：《区域一体化指数的构建与编制——以西宁—海东一体化为例》，《中国人民大学学报》2015年第4期。

③ 曾刚、王丰龙：《长三角区域城市一体化发展能力评价及其提升策略》，《改革》2018年第12期。

第六章 京津冀交通一体化发展指数

方面建立运输服务一体化的准则层2。与此同时，围绕交通运输类型这一维度，将总体框架划分为公路运输、铁路运输、民航运输、港口运输及航道运输五大细分领域，进一步构建了完整的评价指标框架体系，详见表6-1。

"资源覆盖"是区域协同硬件建设的重要体现，反映了交通基础设施建设的覆盖范围和发展水平；"匹配同步"是区域协同软件提升的重要方向，反映了交通基础设施建设的地域差异和资源趋同状况；"衔接建设"是区域协同互联互通的重要路径，反映了交通基础设施建设的区域间对接顺畅程度。"运输能力"是旅客及货物运输的总体水平，反映了交通运输服务的总量承载力；"网络互通"是综合交通运输网络的联通周转情况，反映了交通运输服务的服务质效与系统韧性；"信息共享"是交通运输数据资源与网络平台的跨区域协作水平，反映了交通运输服务的信息整合能力与区域共赢互利水平。

表6-1　　交通一体化发展指数评价指标体系

准则层1	准则层2	公路运输	铁路运输	民航运输	港口运输	航道运输
基础设施一体化	资源覆盖	公路网络覆盖程度、路网等级水平	铁路营业覆盖程度	民航资源覆盖程度	港口资源覆盖程度、码头规模等级水平	航道覆盖程度
	匹配同步	后进地区公路运输覆盖占比	后进地区铁路运输覆盖占比	航空资源覆盖差异化水平	港口资源覆盖差异化水平	后进地区航道资源覆盖占比
	衔接建设	公路客运枢纽规模	跨市域轨道交通线路里程、铁路客运枢纽规模	空港接驳能力、民航客运枢纽规模		

续表

准则层1	准则层2	公路运输	铁路运输	民航运输	港口运输	航道运输
运输服务一体化	运输能力	公路客运量、公路货运量	铁路客运量、铁路货运量	民航旅客运输量、民航货物运输量	港口旅客吞吐量、港口货物吞吐量	水运客运量、水运货运量
	网络互通	公路网络周转能力	铁路网络周转能力	民航网络周转能力		水运网络周转能力
	信息共享	公交"一卡通"实现程度			港口群分工协调发展水平	

资料来源：作者自行绘制。

（二）指标选取

综合考虑原始数据的可得性与评价结果的准确性，本章在构建京津冀交通一体化发展指数指标体系过程中，以评价指标的完整性、客观性和实用性等原则为基准，从各省份和城市级统计年鉴、中国交通运输统计年鉴和中国海洋统计年鉴收集整理了2013—2021年各类指标数据，以量化准则层2中的评价对象。在此基础上，从交通运输方式的维度出发，按照公路、铁路、民航、港口和航道五大运输类型选取了以下相关指标。

1. 公路运输

在公路基础设施一体化的准则层中，选取"公路网络覆盖程度"和"路网等级水平"作为资源覆盖的代理变量。其中，公路网络覆盖程度=公路通车里程/区域行政总面积；路网等级水平=四级及以上等级公路通车里程/公路通车里程。选取"后进地区公路运输覆盖占比"作为匹配同步的代理变量，即城市群内后进地区[①]公路网络覆盖程度/城市群公路网络覆盖程度；选取"公路客运枢纽规模"作为衔接建设的代理变量，即城市群内国际性综合交通枢纽城市的公路通车里程/全国公路通车

---

① 某一城市群的后进地区指该城市群内部经济发展相对落后的地区。本章在测算相关指标时，将河北省定义为京津冀城市群的后进地区，长三角城市群的后进地区指安徽省，珠三角城市群的后进地区指中山、肇庆、江门、珠海四市。

第六章 京津冀交通一体化发展指数

里程。

在公路运输服务一体化的准则层中，选取"公路客运量"和"公路货运量"作为运输能力的代理变量；选取"公路网络周转能力"作为网络互通的代理变量，即公路旅客周转量/公路客运量；选取"公交'一卡通'实现程度"作为信息共享的代理变量，即区域内公交"一卡通"互联互通城市对数/总城市对数。

2. 铁路运输

在铁路基础设施一体化的准则层中，选取"铁路营业覆盖程度"作为资源覆盖的代理变量，即铁路运营里程/区域行政总面积；选取"后进地区铁路运输覆盖占比"作为匹配同步的代理变量，即城市群内后进地区铁路营业覆盖程度/城市群铁路营业覆盖程度；选取"跨市域轨道交通线路里程""铁路客运枢纽规模"作为衔接建设的代理变量，其中，跨市域轨道交通线路里程为城市群内连通不同地级市的市域铁路（地铁）线路长度，铁路客运枢纽规模为城市群内国际性综合交通枢纽城市的铁路客运量/全国铁路客运量。

在铁路运输服务一体化的准则层中，选取"铁路客运量"和"铁路货运量"作为运输能力的代理变量；选取"铁路网络周转能力"作为网络互通的代理变量，即铁路旅客平均运距＝铁路旅客周转量/铁路客运量。

3. 民航运输

在民航基础设施一体化的准则层中，选取"民航资源覆盖程度"作为资源覆盖的代理变量，即民用（或军民合用）机场数量/区域总人口数；选取"航空资源覆盖差异化水平"作为匹配同步的代理变量，即城市群内后进地区航空资源覆盖程度/城市群航空资源覆盖程度；选取"空港接驳能力""民航客运枢纽规模"作为衔接建设的代理变量，其中，空港接驳能力为城市群内拥有高铁（或地铁）连通的机场数量/城市群机场数量，民航客运枢纽规模为城市群内国际性综合交通枢纽城市的机场旅客吞吐量/全国机场旅客吞吐量。

在民航运输服务一体化的准则层中，选取"民航旅客运输量"和

"民航货物运输量"作为运输能力的代理变量;选取"民航网络周转能力"作为网络互通的代理变量,即民航旅客平均运距=民航旅客周转量/民航客运量。

4. 港口运输

在港口基础设施一体化的准则层中,选取"港口资源覆盖程度"和"码头规模等级水平"作为资源覆盖的代理变量,其中,港口资源覆盖程度为沿海港口码头长度/沿海港口数量,码头规模等级水平为万吨级港口泊位数/港口码头泊位数;选取"港口资源覆盖差异化水平"作为匹配同步的代理变量,即城市群内后进地区港口码头泊位数/城市群港口码头泊位数。

在港口运输服务一体化的准则层中,选取"港口旅客吞吐量"和"港口货物吞吐量"作为运输能力的代理变量;选取"港口群分工协调发展水平"作为信息共享的代理变量,即后进地区港口分品种货物吞吐量前三名所占比重/相同三种货物吞吐量在先进地区港口中所占比重,该指标反映了同一城市群内不同码头的出口货物不相似程度,体现分工程度的高低。

5. 航道运输

在航道基础设施一体化的准则层中,选取"航道覆盖程度"作为资源覆盖的代理变量,即内河航道里程/区域行政总面积;选取"后进地区航道资源覆盖占比"作为匹配同步的代理变量,即城市群内后进地区内河航道里程/城市群内河航道里程。

在航道运输服务一体化的准则层中,选取"水运客运量"和"水运货运量"作为运输能力的代理变量;选取"水运网络周转能力"作为网络互通的代理变量,即水运旅客平均运距=水运旅客周转量/水运客运量。

(三)测算方法

1. 指数构建模型

为构建京津冀交通一体化发展指数,设京津冀交通一体化发展的目标函数为 C,该目标函数包含交通基础设施一体化 E 和运输服务一体化

S，反映了区域内交通一体化的现有状况和协调水平。参考邓焕彬的研究方法，[①] 设置该目标函数为：

$$C = f(E, S) \quad (6-1)$$

假设 C 中的要素权重向量为 $\omega = (\omega_E, \omega_S)$，其中，对于任何 $i \in \{E, S\}$，都有 $\omega_i \in (0, 1)$，且 $\sum_i \omega_i = 1$，即京津冀交通一体化发展的目标函数为：

$$C = \omega_E \cdot E + \omega_S \cdot S \quad (6-2)$$

2. 数据处理

本章以京津冀各城市作为研究单位，由于原始数据的数量级、计量单位以及统计口径差异较大，故采用归一化处理消除数据间的量纲关系，使其具有可比性和相加性。本章指标都为正指标，采用如下标准化处理方法：

$$x'_{ijt} = \frac{x_{ijt} - \min_j x_{ijt}}{\max_j x_{ijt} - \min_j x_{ijt}} \quad (6-3)$$

其中，x_{ijt} 表示城市 i 的指标 j 在第 t 年的数值，$\min_j x_{ijt}$、$\max_j x_{ijt}$ 为该指标的下、上限值。如果指标本身为虚拟变量，则无须进行标准化处理。

3. 赋权方法

（1）熵值法

熵值法作为一种综合评价方法，不具有主观性。[②] 其基本思路是根据指标变异性的大小来确定客观权重，一般来说，若某个指标的信息熵越小，表明指标值的变异程度越大，提供的信息越多，在综合评价中所能起到的作用也越大，其权重也就越大。相反，某个指标的信息熵越大，表明指标值的变异程度越小，提供的信息也越少，在综合评价中所起到的作用也越小，其权重也就越小。在将数据进行标准化之后，熵值法计算各要素权重步骤如下。

求各指标在各年度所有城市中的比重：

[①] 邓焕彬：《珠三角区域一体化下交通协调发展研究》，清华大学 2012 年博士学位论文。
[②] 甘浪雄等：《基于熵权法的水上交通安全因素》，《中国航海》2021 年第 2 期。

$$p_{ij} = \frac{x'_{ij}}{\sum_{t=1}^{9} x'_{tj}}, \quad t = 1, 2, \cdots, 9; \quad j = 1, 2, \cdots, n \quad (6-4)$$

求各指标信息熵：

$$E_j = -\ln(9)^{-1} \sum_{t=1}^{9} p_{tj} \ln p_{tj} \quad (6-5)$$

其中 $E_j \geq 0$，若 $p_{ij} = 0$，定义 $E_j = 0$。

通过信息熵计算各指标的权重：

$$w_j = \frac{1 - E_j}{k - \sum_{j=1}^{n} E_j}, \quad j = 1, 2, \cdots, n \quad (6-6)$$

最后计算每个指标的综合得分：

$$S_i = \sum_{j=1}^{n} (w_j \cdot x_{ij}) \quad (6-7)$$

相对那些主观赋值法，熵值法是根据各项指标值的变异程度来确定指标权重的，这是一种客观赋权法，避免了人为因素带来的偏差。因其赋值精度更高，更具有客观性，本章将熵值法作为主要赋值方法，各指标权重计算结果如表6-2所示。

表6-2　　京津冀交通一体化发展指数计算权重对比

指标	熵值法			CRITIC 权重法			
	信息熵值	信息效用值	权重(%)	指标变异性	指标冲突性	信息量	权重(%)
公路网络覆盖程度	0.92	0.08	2.32	0.30	22.15	6.61	2.12
路网等级水平	0.96	0.04	1.16	0.29	22.89	6.66	2.13
后进地区公路运输覆盖占比	0.88	0.12	3.60	0.34	21.99	7.47	2.40
公路客运枢纽规模	0.90	0.10	2.94	0.36	33.18	12.01	3.85
公路客运量	0.90	0.10	2.93	0.42	32.23	13.38	4.29
公路货运量	0.86	0.14	4.36	0.31	35.98	11.01	3.53
公路网络周转能力	0.88	0.12	3.68	0.25	23.84	5.98	1.92

第六章 京津冀交通一体化发展指数

续表

指标	熵值法			CRITIC 权重法			
	信息熵值	信息效用值	权重（%）	指标变异性	指标冲突性	信息量	权重（%）
公交"一卡通"实现程度	0.92	0.08	2.45	0.22	23.23	5.07	1.63
铁路营业覆盖程度	0.92	0.08	2.48	0.25	27.00	6.85	2.20
后进地区铁路运输覆盖占比	0.98	0.03	0.77	0.31	31.93	9.75	3.13
跨市域轨道交通线路里程	0.87	0.13	3.84	0.28	22.03	6.24	2.00
铁路客运枢纽规模	0.97	0.03	0.92	0.32	33.74	10.67	3.42
铁路客运量	0.90	0.10	3.09	0.27	34.40	9.19	2.95
铁路货运量	0.90	0.11	3.20	0.33	23.01	7.59	2.43
铁路网络周转能力	0.93	0.07	2.20	0.29	27.34	7.79	2.50
民航资源覆盖程度	0.91	0.09	2.72	0.30	25.73	7.75	2.49
航空资源覆盖差异化水平	0.95	0.06	1.68	0.25	35.28	8.91	2.86
空港接驳能力	0.96	0.04	1.09	0.34	22.12	7.51	2.41
民航客运枢纽规模	0.94	0.06	1.79	0.32	22.04	6.93	2.22
民航旅客运输量	0.92	0.08	2.37	0.26	35.81	9.26	2.97
民航货物运输量	0.87	0.13	4.01	0.39	36.97	14.56	4.67
民航网络周转能力	0.89	0.11	3.29	0.39	41.21	15.90	5.10
港口资源覆盖程度	0.96	0.04	1.28	0.35	32.86	11.55	3.70
码头规模等级水平	0.80	0.20	6.05	0.29	21.82	6.42	2.06
港口资源覆盖差异化水平	0.85	0.15	4.52	0.33	24.46	8.11	2.60
港口旅客吞吐量	0.86	0.14	4.22	0.46	28.51	13.06	4.19
港口货物吞吐量	0.92	0.08	2.56	0.41	42.98	17.76	5.69
港口群分工协调发展水平	0.89	0.11	3.27	0.39	22.76	8.92	2.86
航道覆盖程度	0.90	0.11	3.19	0.36	22.26	7.93	2.54

续表

指标	熵值法			CRITIC 权重法			
	信息熵值	信息效用值	权重(%)	指标变异性	指标冲突性	信息量	权重(%)
后进地区航道资源覆盖占比	0.88	0.12	3.72	0.33	42.49	13.82	4.43
水运客运量	0.82	0.18	5.53	0.30	27.67	8.36	2.68
水运货运量	0.80	0.20	6.00	0.41	27.20	11.02	3.53
水运网络周转能力	0.91	0.09	2.80	0.28	27.71	7.84	2.52

资料来源：作者自行测算所得。

(2) CRITIC 权重法

鉴于熵值法是根据各项指标的值来确定最后权数，忽略了指标本身的重要程度，不能降低指标的维度，结果可能与预期不一致①，本章将 CRITIC 权重法作为稳健性检验进行重新评估。

CRITIC 权重法是一种基于数据波动性的客观赋权法，该方法运用波动性（对比强度）和冲突性（相关性）两个指标。其中对比强度通常用标准差表示，指标的标准差越大说明该指标在统计时间内波动越明显，权重会更高；冲突性的代理计算量为指标间的相关系数，相关系数越大，表示两指标之间的冲突性越小。将标准化之后的数据按照 CRITIC 权重法计算，步骤如下：

计算信息承载量（波动性）：

$$S_j = \sqrt{\frac{\sum_{i=1}^{m}(x_{ij} - \bar{x}_j)^2}{n-1}} \quad (6-8)$$

其中 $\bar{x}_j$ 为每个指标的均值。

计算信息承载量（冲突性）需要先计算所用指标的相关性矩阵，计算公式如下：

---

① 王昆、宋海洲：《三种客观权重赋权法的比较分析》，《技术经济与管理研究》2003 年第 6 期。

$$r_{jk} = \frac{\sum_{k=1}^{n}(x_{ij}-\bar{x}_j)(x_{ik}-\bar{x}_k)}{\sqrt{\sum_{j=1}^{n}(x_{ij}-\bar{x}_j)^2 \sum_{k=1}^{n}(x_{ik}-\bar{x}_k)^2}} \quad (6-9)$$

则冲突性计算公式为：

$$A_j = \sum_{i=1}^{n}(1-r_{ij}) \quad (6-10)$$

其中 r_{ij} 为第 i 个指标和第 j 个指标的相关系数。

信息承载量计算公式如下：

$$I_j = S_j \times A_j \quad (6-11)$$

计算 CRITIC 权重：

$$\omega_j = \frac{I_j}{\sum_{j=1}^{n} I_j} \quad (6-12)$$

计算结果见表 6-2。

4. 数据来源

本章数据覆盖 2013—2021 年，数据主要来源于各省市统计年鉴、中国城市统计年鉴、中国城市建设年鉴和中国交通年鉴等。部分指标由笔者手动搜集。

三 京津冀交通一体化发展指数的测算结果分析

（一）京津冀交通一体化发展的总指数

京津冀交通一体化发展总指数表明，京津冀地区交通一体化水平在 2013 年到 2021 年间总体上取得了积极的进展，总指数在这 9 年间基本上呈现出长期缓慢增长与短暂下降的态势。具体而言，京津冀交通一体化发展总指数从 2013 年的 33.53 提高到 2021 年的 44.38，但是在此过程中也短暂地出现了一定程度的放缓和减弱。2019 年总指数为 46.34，较 2013 年提高了 12.81，总指数在此期间保持逐年增长的趋势，平均增速为 6.37%，其中增长最快的时间为 2016—2017 年，增速为 9.68%。

2020年京津冀交通一体化发展指数出现增长放缓的状况，较2019年减少了2.56，增速为-5.5%。虽然2021年小幅提高了0.6至44.38，略高于2017年水平（43.38），但尚未达到此前2018年的水平（45.30）。这在很大程度上是因为新冠疫情影响了京津冀城市群交通运输服务的互联互通，导致运输服务一体化指数在2019年之后降低。

表6-3　　京津冀交通一体化发展总指数（2013—2021）

年份	2013	2014	2015	2016	2017	2018	2019	2020	2021
交通一体化总指数	33.53	37.04	39.09	39.55	43.38	45.30	46.34	43.78	44.38
基础设施一体化	26.74	28.47	30.04	29.99	32.23	32.74	34.51	33.68	34.37
运输服务一体化	6.80	8.56	9.05	9.57	11.15	12.56	11.83	10.10	10.02

资料来源：作者自行测算所得。

根据前文所述，按照准则层进行分类，2013—2021年期间基础设施一体化较运输服务一体化发展更慢、基数更大。样本开始年份即2013年京津冀地区的交通基础设施一体化指数为26.74，远高于运输服务一体化指数（6.80），说明基础设施发展程度在初期就高于运输服务。在样本期间内，基础设施一体化指数提高了28.5%，增幅小于运输服务一体化指数增幅（47.4%）。据此说明，虽然运输服务一体化在样本初期起步晚，但是在这9年间却呈现出较快的增长，显示出强劲的后发优势。

就交通基础设施一体化而言，根据指数衡量结果可以得出，基础设施一体化与总指数变化呈现出相似的态势。[①] 整体上区域内基础设施发展水平在逐年上升，但是在2016年指数下降0.05，出现了小幅回落，经过2017年至2019年三年的增长，于2020年又滑落了0.83。2021年京津冀交通基础设施一体化指数止跌，较上年增加了0.69，交通基础设施一体化指数恢复到2019年水平。

---

① 杨慧：《基于耦合协调度模型的京津冀13市基础设施一体化研究》，《经济与管理》2020年第2期。

第六章 京津冀交通一体化发展指数

就交通运输服务一体化而言，该指数随时间发展呈现出以2019年为界的"倒U形"发展形态。"交通运输服务一体化"指数在2013—2018年有较大幅度的上升，推动了这一时期交通协同水平的进步。其中，增长幅度最大的为2014年（1.76），增幅最小的年份为2015年（0.48）。值得注意的是，在2016年该指数虽然只增长了0.52，但是此期间"交通基础设施一体化"指数变化为负数，总指数变化为正数，因此"交通运输服务一体化"指数对该年份总指数增长的结果功不可没。在2019年后该指数连年受挫，指数回落到2016年的水平，主要原因是新冠疫情的暴发使得人口流动规模大幅下降，交通部门提供的运输服务也相应受到影响"分类更科学"。

（二）京津冀交通一体化发展的分类指数

1. 分类指数Ⅰ：协同类别

根据准则层2进行分类，"资源覆盖"指数和"匹配同步"指数呈现出同步发展的状况，在样本期内分别增长了52.2个百分点和29.8个百分点，总体来看增长势头强劲。二者的得分在2013—2019年期间逐年上升，分别提升了21.56和17.9，但受2020年年初新冠疫情影响，京津冀区域内各城市交通基础设施线路建设多处于缓工、暂停施工或管制等状态，使得"资源覆盖"指数在2010年下降了2.14，"匹配同步"指数下降了2.20。随着2021年的复工复产工作持续推进，二者的指数都有所回升，但在2021年仍未恢复到新冠疫情前区域内资源覆盖与匹配同步的水平。

六大分类指数中，受新冠疫情影响最大的是以客运枢纽规模、跨市域交通线路建设和空港接驳能力等衡量的"衔接建设"指数，该指数在2013—2021年先经历短暂上升后又经历下降、上升、再下降上升的波浪式发展。在样本期的第一年，"衔接建设"指数为47.76，后增加到2014年的49.84，随后的2015—2018年间增长放缓，跌至39.63，四年内跌幅为20.5%。在2019年，得益于京津冀区域内跨市线路建设，指数大幅提升8.31，"衔接建设"指数一举超越区域内2013年的"衔接建设"水平,但该势头也因新冠疫情于2020年再次受到冲击,虽然2021年"衔接建设"能力有所回升,但是回升幅度较小。

"运输能力"指数在2013—2019年间保持缓慢增长的态势,7年间除了2015年小幅回落1.51,共提高了3.61。在2020年,因为公路、铁路、航空等客货运量都受到不同程度的影响,导致该年份"运输能力"指数下降了33.3%,跌落到样本期内最低水平——仅13.92。2021年,指数虽上升2.18,但依旧保持在低位水平,显然新冠疫情对于客货运量的影响尚未消失。

以旅客周转量与客运量比值所测度的旅客平均运距来衡量的"网络互通"水平在2013年到2015年间连续两年增至48.18,在随后的2016—2021年间,仅在2018年"网络互通"指数有3.28的提高,此外都保持下跌的态势。其中下跌最严重的年份为2017年,该年度指数降低12,究其原因,因2017年京津冀交通基础设施建设发展迅猛,大量交通线路投入使用,使得旅客周转时平均运距下降,各地市交通相对便利,城市间换乘需求下降。2020年及以后的年份该指数下降则更依赖于旅客出行需求的减少所导致的周转量、客运量下降。

在交通一体化发展的信息共享方面,2013—2021年"信息共享"指数发生了实质性变化(从6.31至53.13),增长了700余倍。样本期内"信息共享"指数最低的年份为2015年(0.16),经历2016年指数上升7.79后,于2017年又增长了497.2%至46.52,这一跃升得益于北京、天津与河北各城市间建立了较为密切的公交"一卡通"网络,交通信息在各地市公交公司之间可以共享。

表6-4 京津冀交通一体化发展分类指数Ⅰ:协同类别(2013—2021)

年份	资源覆盖	匹配同步	衔接建设	运输能力	网络互通	信息共享
2013	39.22	55.43	47.76	17.71	32.63	6.31
2014	42.29	57.24	49.84	18.58	42.15	3.77
2015	46.21	64.21	47.70	17.07	48.18	0.16

续表

年份	资源覆盖	匹配同步	衔接建设	运输能力	网络互通	信息共享
2016	47.50	64.57	45.63	17.46	43.75	7.79
2017	55.04	71.15	41.62	18.99	31.75	46.52
2018	57.85	72.67	39.63	20.01	35.03	49.25
2019	60.78	73.33	47.95	20.87	29.21	49.19
2020	58.64	71.13	39.51	13.92	27.33	48.93
2021	59.68	71.93	40.45	16.10	18.55	53.13

资料来源：作者自行测算所得。

2. 分类指数Ⅱ：交通方式

以交通方式进行分类，各交通方式协同指数大致经历了先提升后下降的过程。在"公路"方面，2021年指数较2013年上升13.65，其中2017年是上升幅度最大的年份，该指数上升很大程度上是因为京津冀地区响应交通运输部的号召，提升农村公路的通行能力和通达水平，特别是改善贫困地区交通条件，推进公路重大项目建设，如首都地区环线高速公路、延崇高速公路建设。在2017年后"公路"方面指数并没有发生较大变化，这一时期的指数均位于37至39区间内。

在"铁路"层面，2013年到2021年可分为两个阶段，第一阶段为2013年至2018年平稳发展阶段。在这一阶段内，京津冀地区铁路设施建设与运输服务情况并未发生大的波动，"铁路"方面协同指数极差，为2.99，其中指数最高的年份为2018年（46.48），指数最低年份为2016年（43.49）。第二阶段为2019年之后，在该期间内受京张铁路开通运营、京雄城际铁路全线开通运营、京哈高铁北京至承德段开通运营、京哈高铁全线贯通等影响，"铁路"一体化发展指数跃升至2019年的56.78，随后两年因疫情期间铁路客货运量下降，"铁路"指数有所下降。

在"民航"方面，京津冀民航协调发展指数从2013年的18.65增长至2021年的21.60，协调水平有所上升。但纵观整个样本期间，在

2013—2019年"民航"一体化发展指数经历了一个迅猛发展的阶段，指数共增长了18.47，指数增加幅度逼近2013年的整体水平。其中，2017年《京津冀区域机场综合交通枢纽发展规划》编撰完成，该规划指出要完善首都机场的服务功能，支持天津机场和石家庄机场进一步优化航线网络等，一系列措施使得三地民航协调程度大幅上升，2017年"民航"增加了9.06。然而2020年受新冠疫情冲击，航班班次减少、运量减少，指数增长势头减弱（下降16.68），抗风险能力有待提高。

在"港口"方面，天津、河北港口群是环渤海的港口群，港口交通一体化就意味着要着力打造现代化的津冀港口群。2013—2019年"港口"协调发展指数除2015年小幅回落外，经历了一个较为平稳的增长过程，增长率为31.96%，这显示了津冀港口群设施的完备与运输效率的提高。2020年"港口"协调发展指数减少6.20至50.61，2021年恢复增长态势。

在"水运"方面，京津冀交通一体化发展水平可谓是"一波多折"，"水运"一体化发展指数在2014、2015、2018、2021年经历了负面冲击，其他年份有小幅上升，值得注意的是，2020年公路、铁路、民航和港口协同发展水平都有不同程度的下降，但是2020年京津冀"水运"一枝独秀，不降反升，可能的原因是2020年国家发改委发布了相关文件，提出将天津打造成为北方国际航运枢纽，打破区域内行政区划限制，高水平配置航道资源。

表6-5 京津冀交通一体化发展分类指数Ⅱ：交通方式（2013—2021）

年份	公路	铁路	民航	港口	水运
2013	24.51	45.36	18.65	43.05	18.24
2014	25.81	45.81	22.57	45.93	22.25
2015	25.78	44.99	24.25	45.26	30.80
2016	28.12	43.49	25.47	46.82	29.00
2017	37.41	44.99	34.53	52.17	22.04

续表

年份	公路	铁路	民航	港口	水运
2018	38.33	46.48	35.93	55.75	23.61
2019	38.16	56.78	37.12	56.81	20.64
2020	37.67	51.89	20.44	50.61	24.34
2021	38.16	53.13	21.60	51.95	21.75

资料来源：作者自行测算所得。

（三）京津冀地区间交通一体化发展指数

京津冀地区间交通一体化指数显示，近年来，京津、京冀和津冀间交通一体化程度中协同水平最高的区际为北京—河北。横向来看，2013年京津、京冀和津冀间交通一体化发展指数分别为35.14、14.56和27.46。北京—天津"一马当先"指数最高，是北京—河北的2.41倍，这说明2013年北京—天津的交通一体化发展程度领先于北京—河北。2019年京津冀地区间交通一体化发展指数均为样本期内最高的年份，京津、京冀和津冀间交通一体化发展指数分别为46.30、54.47和47.38，北京—河北"异军突起"反超北京—天津、天津—河北，成为交通一体化发展水平最高的区际。

纵向来看，京津冀地区间交通一体化发展呈现出不同的发展趋势，京津冀地区间交通一体化发展最快的地区为北京—河北，该区间最低为14.56（2013年），最高为54.47（2019年），增长级差为39.91。其中增长最快的年份为2018—2019年间，增长了93.22%，该期间北京—河北交通基础设施一体化与运输服务一体化发展到了更高的层次。虽然2019年后指数增长放缓，但未影响其作为指数最高区间的地位。北京—天津交通一体化发展起步早、发展缓慢，呈现出后劲不足的态势。样本期间始末指数仅增长3.35，2013—2019年间增长了11.16，但该指数受新冠疫情影响较大，2019年后受到冲击，指数逼近2013年的水平。天津—河北区间交通一体化发展状况表现得中规中矩，2013—2019年间指数增长了近20，2019年后增长放缓，2020年再次抬头，有所提高。

表 6-6　　　　　　　京津冀地区间交通一体化发展指数

年份	京津	京冀	津冀
2013	35.14	14.56	27.46
2014	36.92	19.45	30.47
2015	38.53	21.00	34.06
2016	40.39	22.60	36.42
2017	42.85	27.93	43.22
2018	43.38	28.19	44.21
2019	46.30	54.47	47.38
2020	35.93	52.71	42.29
2021	38.49	53.95	45.29

资料来源：作者自行测算所得。

（四）京津冀交通一体化发展指数的检验

在采用综合指数对京津冀交通一体化发展指数进行评价时，各指标的权重赋予非常重要，因此一个客观的、科学的、稳健的赋权方法直接关系到评价分析结果的真实度和可信度。熵值法、主成分分析法、CRITIC权重法、变异系数法和离差法是最常用的客观赋权法。本章使用熵值法作为主要赋权方法，鉴于熵值法在指标维度等方面存在局限性，现采用CRITIC权重法进行稳健性检验。

CRITIC权重法是一种处理多元准则的客观赋权法，该方法由Diakoulaki在1995年提出，如图6-1所示，利用CRITIC权重法对指标进行赋权后京津冀交通一体化发展指数评分结果并未发生明显改变。熵值法计算结果与CRITIC权重法计算结果呈现相同的趋势，即在2013年至2019年指数持续升高，在2020年指数增长放缓，2021年小幅回升。根据二者计算结果，CRITIC计算方法所得结果要高于依据熵值法计算的结果，二者差值变化存在倒U形关系，2013年与2021年差值分别为2.36和2.22，这一数值在2017年为3.62，样本期内数值虽有变化，但总体保持稳定。因此，利用熵值法计算权重后得到的评分结果是稳健的。

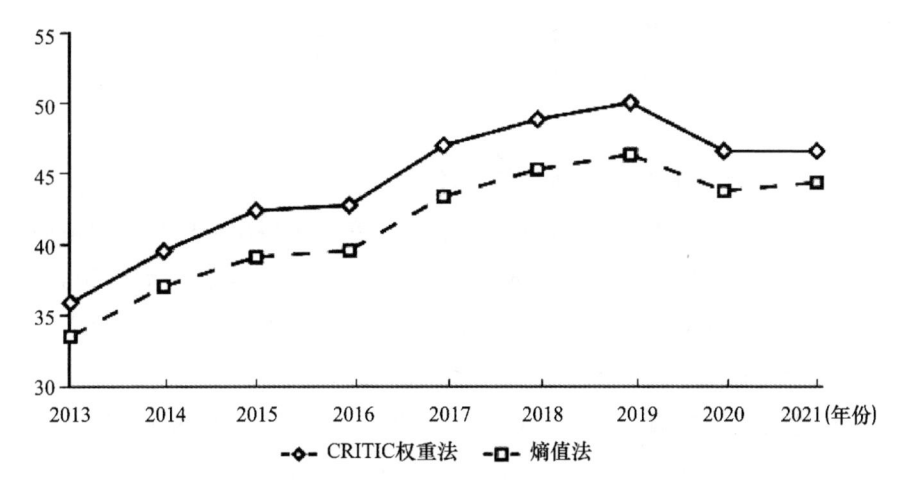

图 6-1　京津冀交通一体化发展总指数的检验（2013—2021）
资料来源：作者自行绘制所得。

四　交通一体化发展指数的三大城市群比较

京津冀、长三角和珠三角是中国最具活力和发展潜力的三大核心城市群，是促进中国经济增长，推动国家重大区域战略融合发展的重要引擎。然而，三大城市群各自的交通基础设施与交通运输服务一体化发展程度不一，区域一体化进程仍存在显著差异。邹卫星和周立群[①]、王中和[②]深入剖析了区域经济一体化进程，认为京津冀一体化进程要落后于长三角和珠三角，主要受制于京津冀市场化程度不足，一体化起步较晚等原因；而娄文龙考虑了区域政策和市场一体化之后，发现珠三角区域经济一体化程度最高，长三角最低，而京津冀处于中间水平。[③] 为了进一步深入比较京津冀、长三角和珠三角在 2013—2021 年的交通一体化发展状况，本章分别计算三大城市群的交通一体

[①]　邹卫星、周立群：《区域经济一体化进程剖析：长三角、珠三角与环渤海》，《改革》2010 年第 10 期。
[②]　王中和：《以交通一体化推进京津冀协同发展》，《宏观经济管理》2015 年第 7 期。
[③]　娄文龙：《京津冀、长三角和珠三角区域经济一体化测量和比较》，《统计与决策》2014 年第 2 期。

化发展综合指数以及分类指数Ⅰ、分类指数Ⅱ,并通过更换指数计算方法对城市群比较的结果进行检验。

(一) 三大城市群综合指数的比较

交通一体化发展综合指数显示,长三角在三大城市群中总指数最高,交通一体化发展状况明显优于京津冀和珠三角。京津冀指数略低于长三角且稍高于珠三角(见图6-2)。2021年三大城市群的得分水平分别为:京津冀44.38,长三角68.84,珠三角38.82。

从绝对数值来看,三大城市群的总指数在2013—2019年间均逐年提升,其中京津冀提升了12.81,相对于珠三角的优势略有缩小(珠三角提升15.21),长三角的指数提升了17.66。在2020—2021年,受新冠疫情的影响,三大城市群交通一体化发展趋势出现一定程度的分化。京津冀、长三角和珠三角2020年总指数相较前一年分别下降了2.56、3.63和3.92,珠三角交通一体化受阻滞影响最大,与京津冀和长三角的差距也进一步扩大。2021年,珠三角总指数继续下降1.63,交通一体化发展程度退回至2017年水平。京津冀和长三角2021年恢复情况较好,指数分别上涨0.60和5.05,展现出较强的一体化互联互通发展韧性。

从增长幅度来看,2013—2019年间京津冀、长三角和珠三角总指数分别增长了32.36%、38.34%和33.12%,长三角城市群交通一体化发展进度略快于京津冀和珠三角,而京津冀提升速度在三大城市群中最慢。与2019年相比,长三角在2021年指数增长了2.11%,已完全恢复至疫情前水平,并有所提升。相比之下,京津冀2021年总指数较2019年下降了4.23%,珠三角则大幅下降12.51%,交通一体化发展进程中的风险抵御能力与长三角之间存在一定差距。

(二) 三大城市群分类指数的比较

1. 资源覆盖指数的比较

三大城市群在资源覆盖方面整体均呈现上升趋势。京津冀、长三角、

第六章 京津冀交通一体化发展指数

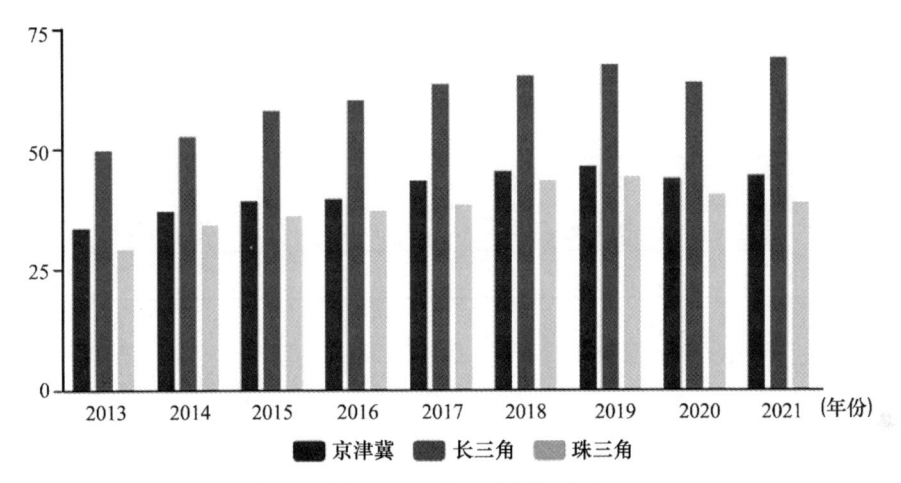

图 6-2 三大城市群交通一体化发展总指数的比较（2013—2021）

资料来源：作者自行测算所得。

珠三角在 2013 年的分类指数为 39.22、42.70 和 25.25，而在 2021 年的分类指数为 59.68、59.49 和 43.55。京津冀在 2013—2021 年间分类指数上升了 20.46，可见交通基础设施建设的覆盖范围和发展程度提升速度较为突出，建设成果显著。珠三角在 2013—2021 年间分类指数上升了 18.30，增长幅度略高于长三角（长三角上升 16.79），但整体发展程度仍然弱于其他两大城市群。

值得注意的是，京津冀的资源覆盖指数在 2017 年反超长三角，并持续保持竞争优势，反映出京津冀交通一体化在基础设施总量供给方面的发展势头强劲（见表 6-7）。相较之下长三角增长明显偏低，在 2013—2021 年间年均增长率仅为 3.75%，远低于珠三角的年均增长率 6.24%，也低于京津冀的年均增长率 4.78%。说明长三角地区的交通基础设施协同硬件建设略有滞后，尽管城市群初始禀赋良好，但投入提升和覆盖范围进一步扩大的过程中存在瓶颈。

表 6-7　　三大城市群资源覆盖分指数的比较（2013—2021）

年份	京津冀	长三角	珠三角
2013	39.22	42.70	25.25
2014	42.29	44.08	29.59
2015	46.21	47.30	32.30
2016	47.50	48.82	34.22
2017	55.04	49.91	34.65
2018	57.85	52.17	38.77
2019	60.78	55.27	39.41
2020	58.64	55.61	41.92
2021	59.68	59.49	43.55

资料来源：作者自行测算所得。

2. 匹配同步指数的比较

三大城市群在基础设施资源匹配同步方面差异偏大，并且发展趋势不尽相同（见表6-8）。京津冀、长三角、珠三角在2013年的分类指数为55.43、17.36和48.44，结果显示长三角在这方面存在明显劣势。然而，2021年该指数为71.93、38.26和45.35，即京津冀、长三角、珠三角在九年的增长幅度分别为29.77%、120.39%、-6.38%。长三角在交通基础设施软件提升方面获得了飞速发展，区域内的资源差距明显缩小，一体化建设淡化了行政边界的分割影响。京津冀地区虽然增速较缓，但绝对数值远高于其他城市群。而珠三角是唯一出现负增长的区域，意味着不仅没有促进地区间的交通资源平等，甚至拉大了强市与弱市的差距。

此外，京津冀地区的指数在2017—2021年间并没有发生明显变化，这一期间的匹配同步建设暂时放缓，年均增长幅度仅为0.12%。说明京津冀区域内的后进地区在一定程度上面临着发展困境，仍然需要加大交通基础设施投入，发挥北京、天津等地的带动作用。

表 6-8　三大城市群匹配同步分指数的比较 (2013—2021)

年份	京津冀	长三角	珠三角
2013	55.43	17.36	48.44
2014	57.24	16.98	48.26
2015	64.21	21.14	43.03
2016	64.57	24.79	45.39
2017	71.15	26.13	43.16
2018	72.67	27.52	44.08
2019	73.33	30.08	44.36
2020	71.13	35.30	44.85
2021	71.93	38.26	45.35

资料来源：作者自行测算所得。

3. 衔接建设指数的比较

在交通基础设施的衔接建设中，长三角基础设施衔接水平最高，京津冀和珠三角次之（见表6-9）。京津冀、长三角和珠三角在2021年的分类指数分别为40.45、85.10和18.91，长三角指数远超另外两个城市群，达到珠三角的4.5倍和京津冀的2.1倍，在交通一体化"互联互通"方面具有突出优势。此外，长三角也是2013—2021年各地区中唯一实现衔接建设指数正增长的地区，提升了8.44（京津冀和珠三角分别下降7.31和0.47）。

从增长趋势来看，2020年及之前长三角和京津冀指数整体都呈现逐年下降态势，而珠三角则稳定在20上下小幅度波动。但在2021年，长三角在轨道交通等方面的基础设施衔接建设取得重大成效，该指数上升了19.22。而京津冀该指数在当年未发生明显变化，仅增长了0.94。

表 6-9　三大城市群衔接建设分指数的比较 (2013—2021)

年份	京津冀	长三角	珠三角
2013	47.76	70.62	19.38

续表

年份	京津冀	长三角	珠三角
2014	49.84	75.22	21.24
2015	47.70	76.57	22.95
2016	45.63	73.73	22.82
2017	41.62	70.99	19.17
2018	39.63	68.56	20.44
2019	47.95	68.61	21.33
2020	39.51	65.88	23.49
2021	40.45	85.10	18.91

资料来源：作者自行测算所得。

4. 运输能力指数的比较

2013—2021年间，三大城市群的运输能力排名顺序由高到低始终为长三角、珠三角、京津冀（见表6-9）。与衔接建设指数类似的是，长三角的运输能力指数远超过另外两个地区，在2021年分别达到了京津冀的4.45倍和珠三角的3.82倍，并且整体呈现逐年上升的趋势。说明以上海为代表的东部地区交通枢纽，在运输服务方面具有难以超越的总量承载力。

类似的一点在于，各城市群分类指数在2020年都出现了较大幅度的下降，其中京津冀和珠三角受影响程度更深，指数分别下降了6.95（下降幅度33.30%）和14.05（下降幅度43.02%）。说明新冠疫情的冲击对于城市群的旅客运输及货物运输造成了不小的阻碍，同时也改变了交通运输服务行业及服务对象的预期。

表6-10 三大城市群运输能力分指数的比较（2013—2021）

年份	京津冀	长三角	珠三角
2013	17.71	63.25	27.48
2014	18.58	68.68	28.80

续表

年份	京津冀	长三角	珠三角
2015	17.07	66.10	30.10
2016	17.46	68.26	30.09
2017	18.99	74.30	29.51
2018	20.01	75.28	33.07
2019	20.87	73.76	32.66
2020	13.92	65.86	18.61
2021	16.10	71.69	18.75

资料来源：作者自行测算所得。

5．网络互通指数的比较

按照网络互通程度排名，2021年三大城市群的排名依次是长三角、珠三角、京津冀，与2013年位次相同（见表6-11）。然而在此期间排名波动较为剧烈，尤其是珠三角在2014—2019年间分类指数都超过长三角，但在2020—2021年却大幅下降（两年共降低了34.96%）。而长三角虽在2014—2015年间垫底，但在后期增长势头强劲，最终在2020年重新回到首位。

从增长幅度来看，京津冀、长三角、珠三角在2013—2021年的增长幅度分别为-43.15%、18.59%和2.72%。其中，京津冀降幅偏大主要是由于2020—2021年新冠疫情影响，交通运输服务系统韧性受到一定冲击（两年分数降幅达到36.49%），城市群内的网络互通发展面临挑战。相比之下，长三角受疫情不利影响较小，在2021年已恢复至2019年的95.42%，体现出长三角交通网络自身强有力的风险防范能力。

表6-11　三大城市群网络互通分指数的比较（2013—2021）

年份	京津冀	长三角	珠三角
2013	32.63	39.22	33.03
2014	42.15	37.03	54.08
2015	48.18	40.81	54.36

续表

年份	京津冀	长三角	珠三角
2016	43.75	44.43	56.20
2017	31.75	44.16	55.59
2018	35.03	46.82	54.19
2019	29.21	48.74	52.17
2020	27.33	43.95	39.65
2021	18.55	46.51	33.93

资料来源：作者自行测算所得。

6. 信息共享指数的比较

京津冀、长三角、珠三角的信息共享建设能力在2021年的分类指数为53.13、87.89和72.00，京津冀略低于另外两大城市群分别为长三角的60.45%和珠三角的73.79%（见表6-12）。但纵向来看，京津冀的得分增速迅猛，在2013年仅为6.31，2015年时该指数一度降至接近0，随后几年便迅速攀升至50左右。这反映出近年来京津冀地区在交通数据平台搭建、共享信息资源、推动跨省通办等方面的快速进步。

相反，珠三角地区的指数在2013年位列三大城市群之首，并以巨大优势领先于其他地区（指数为京津冀的7.51倍和长三角的4.06倍），一定程度上反映了珠三角对于数据和信息资源共享平台的超前布局。但在后期，珠三角在机制健全、创新活力等方面存在动力不足的问题，在2016年被长三角反超并被京津冀拉近差距，最终位列第二。

表6-12　三大城市群信息共享分指数的比较（2013—2021）

年份	京津冀	长三角	珠三角
2013	6.31	11.67	47.36
2014	3.77	7.02	38.81
2015	0.16	57.62	62.21

续表

年份	京津冀	长三角	珠三角
2016	7.79	66.20	54.87
2017	46.52	78.08	65.16
2018	49.25	84.22	70.82
2019	49.19	90.94	72.46
2020	48.93	91.93	75.83
2021	53.13	87.89	72.00

资料来源：作者自行测算所得。

（三）交通一体化发展指数比较的检验

正如前文所述，由于熵值法在指标维度等方面存在的局限性，本章还使用了 CRITIC 权重法重新计算了三大城市群在 2013—2021 年的总指数结果作为稳健性检验，并对京津冀、长三角和珠三角做进一步的比较。

结果显示，2013—2021 年间京津冀、长三角、珠三角的熵值法计算的总指数分别上升 32.36%、38.34%、33.12%，而 CRITIC 权重法计算结果分别上升 29.8%、32.72%、13.59%。尽管 CRITIC 方法下不同地区的增长速度整体偏缓，但熵值法与 CRITIC 权重法的计算结果仍然呈现基本相同的趋势，即三大城市群在 2013—2019 年间的两种得分均不断上升，并在 2020 年有所回落。而在 2021 年，京津冀与长三角的指数开始上升，但珠三角的指数持续下降。

其中最大的不同点是在熵值法计算下，京津冀的总指数分始终高于珠三角，但在 CRITIC 方法计算下，珠三角分别在 2014 年和 2016 年反超了京津冀，这表示珠三角和京津冀城市群在 2013—2016 年间的总指数差距并不明显，京津冀相较于珠三角并不存在绝对优势。但无论在哪一种方法计算下，长三角的计算结果始终超过另外两大城市群，说明长三角交通一体化发展能力强劲且稳健（见图 6-3）。

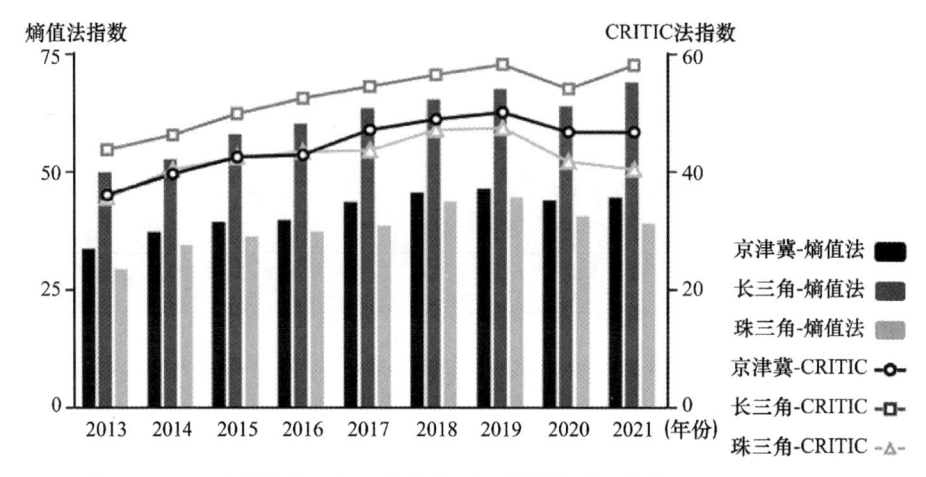

图 6-3　三大城市群交通一体化发展总指数检验的比较（2013—2021）

资料来源：作者自行测算所得。

五　本章小结

交通是现代城市的血脉。交通一体化是习近平总书记亲自谋划的京津冀协同发展率先突破的三个重点领域之一。"要致富，先修路"，近年来，京津冀三地大力推动交通一体化，加大基础设施建设，京津冀一体化协同发展驶入快车道。本章基于交通一体化发展的内涵，构建了资源覆盖、匹配同步、衔接建设、运输能力、网络互通和信息共享 6 个二级指标，公路网络覆盖程度、路网等级水平、跨市域轨道交通线路里程和铁路客运枢纽规模等 33 个原始指标，得到京津冀交通一体化发展指数体系。然后采用熵值法生成各指标的权重，并依据不同交通方式对京津冀交通一体化发展情况进行综合评价。基于京津冀交通一体化发展指数，探析京津冀交通一体化的发展程度与发展趋势。

结果显示，2013—2021 年间京津冀交通一体化发展水平整体呈上升趋势，交通一体化进程在 2013—2019 年相对较快，2019—2021 年间出现了一定程度的停滞甚至下降。基础设施一体化程度较运输服务一体化程度而言，呈现出起步早、水平高和增长稳的特点，这反映出交通一体化发展水平的提高更多得益于京津冀交通基础设施的改善。就协同类别分指数来看，京津冀地区在 2013—2021 年期间"信息共享"能力一日千里，增幅最大。"资源覆盖""匹配同步""衔接建设"得分较高，说明地区交通基础设施的硬件水平建设、软件水平改善与交通网络互联对京津冀交通一体化指数提高作出了突出贡献。"运输能力"与"网络互通"水平相较于其他类别而言缺乏抵御风险的韧性，2020 年及以后受外部因素影响跌幅较大。就交通方式来看，除水运外各交通方式协同指数均呈现出以 2019 年为分水岭，先稳步增长后受挫下跌的态势，水路运输则在负外部冲击下逆跌。京津冀地区间交通一体化指数发展趋势相似，但京冀间交通一体化程度拥有绝对的增长优势，完成了从落后、追跑、并跑到绝对领先的超越，北京—河北交通一体化发展水平得到了飞速发展。

通过比较三大城市群总指数可知，2013—2021 年间长三角地区交通一体化发展水平大幅高于另外两大城市群，在增幅上，长三角城市群交通一体化发展速度略快于京津冀和珠三角，而京津冀提升速度在三大城市群中最慢，京津冀交通一体化纵深拓展面临一定的"瓶颈"。从三大城市群协同类别分指数来看，京津冀城市群在"资源覆盖"和"匹配同步"方面具有出色优势，而"信息共享"和"运输能力"指数较低，体现了京津冀交通基础设施建设的覆盖范围和发展程度提升速度较为突出，在促进交通资源平等上成效显著，但交通数据平台搭建、共享信息资源、交通运输总量承载力等"软硬件"提升亟待深化。相比之下，长三角城市群仅在"匹配同步"方面的绝对数值落后于其他城市群，其他指标均处于较为领先位置，突出反映了不同城市群在打通城市间交通脉络、完善跨区域立体交通网络、推进高质量综合交通运输体系建设等方面仍存在绝对差距。此外，珠三角和京津冀各项指数的变动趋势反映其在 2020—2021 年疫情期间的交通一体化发展受到一定阻碍，而长三角在此期间恢复情况更好，说明京津冀在交通一体化建设过程中抵御和化解重大外部风险的能力亟待加强。

参考文献

邓焕彬：《珠三角区域一体化下交通协调发展研究》，清华大学 2012 年博士学位论文。

冯蕾：《京津冀交通一体化如何实现》，《光明日报》2015 年 9 月 10 日第 7 版。

甘浪雄等：《基于熵权法的水上交通安全因素》，《中国航海》2021 年第 2 期。

顾海兵、段琪斐：《区域一体化指数的构建与编制——以西宁—海东一体化为例》，《中国人民大学学报》2015 年第 4 期。

刘生龙、胡鞍钢：《交通基础设施与中国区域经济一体化》，《经济研究》2011 年第 3 期。

娄文龙：《京津冀、长三角和珠三角区域经济一体化测量和比较》，《统计与决策》2014 年第 2 期。

王昆、宋海洲：《三种客观权重赋权法的比较分析》，《技术经济与管理研究》2003 年第 6 期。

王中和：《以交通一体化推进京津冀协同发展》，《宏观经济管理》2015 年第 7 期。

杨慧：《基于耦合协调度模型的京津冀 13 市基础设施一体化研究》，《经济与管理》2020 年第 2 期。

曾刚、王丰龙：《长三角区域城市一体化发展能力评价及其提升策略》，《改革》2018 年第 12 期。

邹卫星、周立群：《区域经济一体化进程剖析：长三角、珠三角与环渤海》，《改革》2010 年第 10 期。

第七章

京津冀生态协同指数

王 苒 刘力燔*

京津冀生态协同是京津冀协同发展的重要组成部分，高度协同、高质量的生态环境有助于提升京津冀地区人民的生活水平与地区未来发展潜力。本章以京津冀生态协同的背景与内涵、京津冀生态协同指数的研究设计、京津冀生态协同指数的测算结果分析为主要内容，旨在通过构建京津冀生态文明得分与生态协同指数，综合反映京津冀协同发展战略提出以来的生态协同发展过程。

一 京津冀生态协同的内涵与意义

京津冀生态环境协同发展具有丰富内涵与重要意义，是京津冀协同发展的重要组成部分，关系着区域协调与高质量发展。

(一) 京津冀生态协同的内涵

生态协同是在传统生态系统定义的基础上，不同地区之间因存在密不可分的生态联系，在环境保护、污染防治、生态功能区建设等方面形成的协同演变与发展、各主体共同参与的新模式。京津冀生态协同，一

---

* 王苒，南开大学经济与社会发展研究院讲师，研究方向：气候变化与城镇化、可持续发展。刘力燔，南开大学经济学院博士研究生。

方面是因为三地的地理空间相邻，区域内不同城市共享空气流动、位处江河上下游等自然客观原因形成的共有生态环境基础；另一方面是三地不同主体之间在补齐区域生态环境短板、提升区域生态环境质量等方面的主动协作过程。

京津冀生态协同发展在区域的协调发展进程中具备重要意义。京津冀面临的生态环境问题复杂而严峻，在实现对已有环境污染防治、生态薄弱环节补强的同时，需要为区域内接近1.1亿的人口规模的正常生活、超过10万亿元人民币的地区生产总值的社会经济发展提供切实生态基础与必要生态保障。单独的地理单元难以担负这一重大任务，因此，只有通过生态环境协同发展，才能够明确区域内生态环境的综合发展状态，有效消除信息壁垒，实现高质量、高效率的京津冀生态文明发展。

京津冀生态协同发展，需要以三地有效的协同治理为引导。京津冀生态协同治理的内涵丰富：一方面，是政府、市场与社会的多元主体协同治理体系；另一方面，是区域内政府间横向协调的府际协同治理。①同时，协同治理需要加强京津冀区域生态治理机构建设、实现区域产业升级与鼓励公众参与。②

综合上述分析，京津冀生态协同具有综合性、立体性、覆盖门类多、范围广的特点，需以有效的测度与量化方式，反映京津冀生态环境的协同现状与演变规律，为三地未来的协同治理提供参考。

（二）京津冀生态协同的意义

生态协同对于推进京津冀地区协同发展，促进经济增长与环境保护之间的平衡关系，推动京津冀建立中国式现代化先行区、示范区，完善绿色发展与区域协调理论具有重要意义。

首先，京津冀生态协同是改善环境、推动可持续发展的必经之路。

---

① 王喆、周凌一：《京津冀生态环境协同治理研究——基于体制机制视角探讨》，《经济与管理研究》2015年第7期。

② 王家庭、曹清峰：《京津冀区域生态协同治理：由政府行为与市场机制引申》，《改革》2014年第5期。

京津冀地区一直以来面临严重的环境问题，包括大气污染、水污染、生态破坏等。通过生态协同发展，可以促进整个地区的环境改善，减少污染排放，提高空气质量和水质量，保护生态系统，改善人民生活质量。此外，京津冀地区相对资源匮乏，资源分布不均衡。协同发展可以促进资源的有效利用，避免资源浪费，提高资源利用效率，从而支持可持续发展。

其次，京津冀生态协同是实现高质量发展的重要前提。良好的生态环境造就舒适的人居环境，从而影响公共健康状况；而高质量发展的要求之一即是建设更加宜居和宜业的城市，提高人民生活质量。此外，高质量发展亦要求平衡经济增长与环境保护之间的关系，贯彻落实"绿水青山就是金山银山"理念，把生态环境保护放在与保持经济增长同等重要的地位，实现经济效益和环境效益的双赢。

最后，京津冀生态协同对于完善和深化京津冀协同发展理论具有重要意义。京津冀生态协同为区域协调发展理论提供了生态环保的视角，强调了生态环境保护在协同发展中的重要作用。这一理论的创新有助于提升协同发展理论的系统性和完备性。

二 京津冀生态协同指数的研究设计

本节主要介绍京津冀生态协同指数构造所需数据来源、生态文明得分构建方式，以及生态协同指数、生态环境耦合协调度指数的构建方法。

（一）数据来源

课题组以生态环境水平为主要系统，使用涵盖京津冀三地数据的具体年鉴、数据库与统计公报数据计算具体评价指标，进而构建生态环境水平系统与城市化水平系统。

所有评价指标均为城市层级的面板数据，具体来源为：2014—2021年区间内的《中国城市统计年鉴》《中国城市建设统计年鉴》《中国统计年鉴》《北京统计年鉴》《天津统计年鉴》《河北统计年鉴》、CEIC数据库、CNRDS数据库等年鉴与数据库，以及由《北京市水资源公报》《天津市水资源公报》《河北省水资源公报》与国家环境监测历史数据、碳排放历史数据等经课题组整理与处理后得到的城市面板数据。

（二）指标体系构建与测算方法

课题组通过构建生态环境系统评价指标，并基于指标形式与具体数据，使用熵值法对指标赋权并计算各指标得分，进而得出京津冀生态文明总得分。此外，为实现后续生态环境系统与城市化水平系统的协调量化，本部分采取相同思路构建城市化指标体系并计算得分。

1. 生态环境系统与城市化水平系统指标体系构建

生态环境质量是一个地区生态与环境的性质及发展状态优劣的评价标准，反映生态环境对居民生活与社会经济发展的综合影响。在生态环境系统的评价上，课题组使用生态环境压力、生态环境质量、生态环境响应三个子系统综合反映生态环境质量。生态环境压力反映了地区面临的包括污染排放等在内的不利影响，数值越大表明生态环境优化的阻力越大；生态环境质量包括居民享受的空气、水等自然资源的具体情况，反映一个地区生态环境发展质量；生态环境响应反映的是地区对生态环境的治理现状与治理行为，包括污染治理投资与处理率等指标，数值越大表明对生态环境的治理力度越大。

此外，课题组纳入了城市化水平系统，使用经济增长、社会发展与建设水平三个子系统，对京津冀各城市的城市化水平进行综合测度。

表7-1具体展示了课题组选用的京津冀生态环境系统与城市化系统的子系统、基础评价指标及对应的指标属性与熵值法权重。

表7-1　京津冀城市化与生态环境系统评价指标体系与权重

系统	子系统	评价指标	指标属性	熵值法权重
城市化水平	经济增长	人均GDP	+	0.041
		地方一般公共预算收入	+	0.195

第七章　京津冀生态协同指数

续表

系统	子系统	评价指标	指标属性	熵值法权重
城市化水平	社会发展	第三产业占比	+	0.038
		居民人均可支配收入	+	0.052
		城市人口规模	+	0.067
		人均社会消费品零售总额	+	0.072
	建设水平	人口城镇化率	+	0.073
		人均道路长度	+	0.051
		城市建设用地占比	+	0.098
生态环境水平	生态环境压力	人均工业二氧化硫排放量	−	0.025
		人均工业氮氧化物排放量	−	0.021
		PM2.5年均浓度	−	0.062
		人均二氧化碳排放量	−	0.037
	生态环境质量	人均绿地面积	+	0.172
		建成区绿化覆盖率	+	0.044
		城市空气质量达标天数占比	+	0.054
		人均水资源量	+	0.252
	生态环境响应	污水处理厂集中处理率	+	0.024
		生活垃圾无害化处理率	+	0.007
		环保投资占GDP比重	+	0.185
		人均环保投入	+	0.117

资料来源：作者测算。

表7-1显示，城市化水平系统下，子系统经济增长、社会发展与建设水平分别由3个评价指标支撑；生态环境水平系统下，子系统生态环境压力、生态环境质量及生态环境响应分别由4个评价指标支撑。子系统中的对应评价指标参考了赵琳琳和张贵祥以及陈炳等的生态指标构建方式；[1] 此外，子系统中的"生态环境响应"主要参考了王少剑等关于

---

[1] 赵琳琳、张贵祥：《京津冀生态协同发展评测与福利效应》，《中国人口·资源与环境》2020年第10期；陈炳等：《长三角城市群生态文明建设与城市化耦合协调发展研究》，《长江流域资源与环境》2019年第3期。

城市化与生态环境交互耦合关系定量中的生态环境响应指标的选用,[①]以及吕立刚等关于土地生态环境响应的界定方法。[②] 此外,指标属性说明了指标的正负性,即正向指标的实际值越大,则其对应的子系统得分越高;负向指标的实际值越大,则其对应的子系统得分越低。同时,表7-1展示了用于得分计算的熵值法权重。

2. 生态环境系统与城市化水平系统指标体系赋权与得分说明

课题组使用熵值法,对生态环境与城市化水平两系统进行指标赋权与得分计算。熵值法基于信息论基本原理,根据各项指标对应数值的变异程度,确定指标权重。这是一种客观赋权方法,避免了人为因素带来的偏差影响。熵值法广泛运用于对生态环境的测度研究,包括环境规制[③]、生态安全[④]、城市生态人居环境[⑤]、湿地系统健康[⑥]等方面,是一种成熟的指标量化方式。具体的指标体系赋权与得分计算步骤如下。

首先,采用无量纲化方法,处理不同子系统的正负向指标,具体公式为:

$$r_{ijt}^{fgh} = \frac{x_{ijt}^{fgh} - \min(x^{fgh})}{\max(x^{fgh}) - \min(x^{fgh})} \quad (7-1)$$

以及

$$r_{ijt}^{fgh} = \frac{\max(x^{fgh}) - x_{ijt}^{fgh}}{\max(x^{fgh}) - \min(x^{fgh})} \quad (7-2)$$

其中,f 代表总系统类别(城市化水平系统、生态环境水平系统),g 代表总系统下的子系统类别,h 代表子系统下具体的评价指标,i 代表省

[①] 王少剑等:《京津冀地区城市化与生态环境交互耦合关系定量测度》,《生态学报》2015年第7期。

[②] 吕立刚等:《区域发展过程中土地利用转型及其生态环境响应研究——以江苏省为例》,《地理科学》2013年第12期。

[③] 陶静、胡雪萍:《环境规制对中国经济增长质量的影响研究》,《中国人口·资源与环境》2019年第6期。

[④] 刘海龙等:《山西省生态安全综合评价及时空演化》,《经济地理》2018年第5期。

[⑤] 韩曦等:《移民型城市生态人居环境评价与优化研究》,《中国人口·资源与环境》2009年第5期。

[⑥] 陈子月等:《深圳红树林湿地系统健康评价》,《中国人口·资源与环境》2016年第S1期。

份，j 代表地级市，t 代表具体年份。x_{ijt}^{fgh} 代表评价指标数据原始值，r_{ijt}^{fgh} 代表标准化值，$\max(x^{fgh})$ 与 $\min(x^{fgh})$ 分别代表第 f 总系统的第 g 子系统下的 h 指标的最大值与最小值（涵盖所有年份）。当指标为正向指标时，采用公式（7-1）进行标准化；当指标为负向指标时，采用公式（7-2）进行标准化。经此处理，所有指标值均位于 [0，1] 的区间内。

基于标准化指标，对数据进行归一化处理：

$$y_{ijt}^{fgh} = \frac{r_{ijt}^{fgh}}{\sum_{j=1}^{n}\sum_{t=1}^{T} x_{ijt}^{fgh}} \tag{7-3}$$

由于对应数据为面板数据，因此对某一指标下的样本涵盖城市、时间双维度，单指标对应的样本总量为 $n \cdot T$。

下一步，计算信息熵 e^{fgh} 与信息效用值 d^{fgh}：

$$e^{fgh} = k\sum_{j=1}^{n}\sum_{t=1}^{T} y_{ijt}^{fgh} \cdot \ln y_{ijt}^{fgh}, \quad k = \frac{1}{\ln(n \cdot T)} \tag{7-4}$$

与

$$d^{fgh} = 1 - e^{fgh} \tag{7-5}$$

而后，将信息效用值归一化得到每个指标的权重 w^{fgh}：

$$w^{fgh} = \frac{d^{fgh}}{\sum_{g=1}^{l}\sum_{h=1}^{m} d_{ijt}^{fgh}} \tag{7-6}$$

此即表 7-1 中显示的熵值法权重结果。基于各指标权重，计算生态文明得分，其中：

j 市 t 年的指标 h 得分为：

$$s_{ijt}^{fgh} = w^{fgh} \cdot r_{ijt}^{fgh} \tag{7-7}$$

j 市 t 年的子系统 g 得分为系统下各指标之和：

$$S_{ijt}^{fg} = \sum_{h=1}^{m} s_{ijt}^{fgh} \tag{7-8}$$

j 市 t 年的系统 f 总得分为系统下各指标之和：

$$S_{ijt}^{f} = \sum_{g=1}^{l} S_{ijt}^{fg} \tag{7-9}$$

至此，即完成地级市的系统——子系统——具体指标的得分计算，实现京津冀地区所有城市生态文明得分的系统性测算。

(三) 京津冀生态协同指数构建

1. 京津冀生态协同指数构建

课题组构建的京津冀生态协同指数，是基于由熵值法量化后的得分，使用系统耦合度模型得到的。京津冀生态协同指数共分为三个地理层级，即京津冀整体的区域级生态协同指数、京津冀三地的省级生态协同指数，以及京津冀区域内各城市的市级生态协同指数，具体构建方式如下。

京津冀区域级生态协同指数构建思路为：将区域内共 13 个城市的生态文明总得分分别作为 13 个子系统，则某一年份的各子系统依次为：$S_{j=1}^{Eco}$, $S_{j=2}^{Eco}$, …, $S_{j=13}^{Eco}$（其中 Eco 指生态环境水平总系统）；使用 13 个子系统的系统耦合度规范模型，计算得到京津冀区域级生态协同指数 C_{region}：

$$C_{region} = \frac{13 \cdot \sqrt[13]{S_{j=1}^{Eco} \cdot S_{j=2}^{Eco} \cdot \cdots \cdot S_{j=13}^{Eco}}}{S_{j=1}^{Eco} + S_{j=2}^{Eco} + \cdots + S_{j=13}^{Eco}} \quad (7-10)$$

京津冀三地的省级生态协同指数的构建思路为：使用北京、天津及河北的生态文明总得分构建，其中河北省任一年的总得分 S_{Hebei}^{Eco} 为该年该省内 11 个城市的总得分平均值，而后分别计算京—津、京—冀与津—冀的耦合度，进而以京—津、京—冀耦合度均值作为北京的省级生态协同指数，以京—津、津—冀耦合度均值作为天津的省级生态协同指数，以京—冀、津—冀耦合度均值作为河北的省级生态协同指数，具体算式如下：

北京的省级生态协同指数为：

$$C_{P,Beijing} = \frac{1}{2} \cdot \left(\frac{2 \cdot \sqrt{S_{Beijing}^{Eco} \cdot S_{Tianjin}^{Eco}}}{S_{Beijing}^{Eco} + S_{Tianjin}^{Eco}} + \frac{2 \cdot \sqrt{S_{Beijing}^{Eco} \cdot S_{Hebei}^{Eco}}}{S_{Beijing}^{Eco} + S_{Hebei}^{Eco}} \right) \quad (7-11)$$

天津的省级生态协同指数为：

$$C_{P,Tianjin} = \frac{1}{2} \cdot \left(\frac{2 \cdot \sqrt{S_{Tianjin}^{Eco} \cdot S_{Beijing}^{Eco}}}{S_{Tianjin}^{Eco} + S_{Beijing}^{Eco}} + \frac{2 \cdot \sqrt{S_{Tianjin}^{Eco} \cdot S_{Hebei}^{Eco}}}{S_{Tianjin}^{Eco} + S_{Hebei}^{Eco}} \right) \quad (7-12)$$

河北的省级生态协同指数为：

$$C_{P,\ Hebei} = \frac{1}{2} \cdot \left(\frac{2 \cdot \sqrt{S_{Hebei}^{Eco} \cdot S_{Beijing}^{Eco}}}{S_{Hebei}^{Eco} + S_{Beijing}^{Eco}} + \frac{2 \cdot \sqrt{S_{Hebei}^{Eco} \cdot S_{Tianjin}^{Eco}}}{S_{Hebei}^{Eco} + S_{Tianjin}^{Eco}} \right) \quad (7-13)$$

京津冀地区各城市的市级生态协同指数的构建思路为：区域内某一城市的生态协同度等于该城市与所有其他城市（除去其自身共12个城市）之间两两形成的城市对所得耦合度的均值，表述为公式（14）内容。该式以城市 $j=1$ 为例，所求即与城市 $j=2$，3，…，13 分别形成的耦合度平均值，具体为：

$$C_{city,\ j=1} = \frac{1}{12} \cdot \left(\frac{2 \cdot \sqrt{S_{j=1}^{Eco} \cdot S_{j=2}^{Eco}}}{S_{j=1}^{Eco} + S_{j=2}^{Eco}} + \cdots + \frac{2 \cdot \sqrt{S_{j=1}^{Eco} \cdot S_{j=13}^{Eco}}}{S_{j=1}^{Eco} + S_{j=13}^{Eco}} \right)$$

$$(7-14)$$

依此类推，该式适用于区域内所有城市的实际生态协同指数计算。

2. 京津冀城市化与环境耦合协调度指数构建

基于京津冀生态协同指数构建，课题组进一步构建京津冀城市与环境耦合协调度指数。首先，构建耦合度模型如下：

$$C_{ijt} = \left[\frac{S_{ijt}^{Eco} \cdot S_{ijt}^{Urb}}{\left(\frac{S_{ijt}^{Eco} + S_{ijt}^{Urb}}{2} \right)^2} \right]^{\frac{1}{k}} \quad (7-15)$$

其中，C 为城市化与生态环境系统的耦合度，且 $0 \leq C < 1$，S_{ijt}^{Eco} 表示生态环境系统总得分；S_{ijt}^{Urb} 为城市化系统总得分；k 为调节系数，取值为2。

基于此，继续构建耦合协调度模型如下：

首先构建城市化与生态环境系统综合发展指数：

$$T_{ijt} = \alpha \cdot S_{ijt}^{Eco} + \beta \cdot S_{ijt}^{Urb} \quad (7-16)$$

进而构建协调度：

$$D_{ijt} = \sqrt{C_{ijt} \cdot T_{ijt}} \quad (7-17)$$

在式（7-16）与（7-17）中，T_{ijt} 为城市化与生态环境系统综合发展指数，D_{ijt} 为协调度，α、β 为待定权重，分别作为生态环境与城市化的贡献份额。考虑到生态环境保护与城市化发展同等重要，故取 $\alpha = \beta = 0.5$。根据已构建指数，表7-2显示了耦合协调度的划分标准，以明确界定城市所对应的耦合类别与协调类别。

表7-2　　　　　　　　　耦合协调度划分标准

耦合类别	耦合度	协调类别	协调子类别	耦合协调度
高度耦合	$0.9 \leqslant C < 1$	协调发展	高级协调	$0.8 \leqslant D < 1$
良性耦合	$0.7 \leqslant C < 0.9$		中级协调	$0.5 \leqslant D < 0.8$
中度耦合	$0.5 \leqslant C < 0.7$	转型发展	基本协调	$0.4 \leqslant D < 0.5$
低度耦合	$0.2 \leqslant C < 0.5$		低水平协调	$0.3 \leqslant D < 0.4$
极低耦合	$0 \leqslant C < 0.2$	不协调发展	严重不协调	$0 \leqslant D < 0.3$

资料来源：作者绘制。

上述内容即所有指数构建及划分标准说明，指数的测算结果于本章第三节具体展示。

三　京津冀生态协同指数的测算结果分析

本节共分为三部分。第一部分为京津冀生态文明总指数及子系统的结果分析；第二部分为京津冀区域级、省级与市级的生态协同指数结果分析；第三部分为基于生态环境系统与城市化系统的耦合度与综合发展指数的耦合协调度指数结果分析。

（一）京津冀生态文明评价

本部分着重分析使用熵值法对所选京津冀生态文明指标进行测度的结果，从京津冀各城市的生态文明总得分、子系统生态环境压力得分、子系统生态环境质量得分、子系统生态环境响应得分共四部分进行评价，并结合各部分评价内容，对京津冀的生态环境发展历程进行综合评述。

1. 京津冀生态文明总得分结果评价

表7-3综合反映了京津冀各城市的生态文明总得分情况，城市得分越高，说明该市生态环境文明水平越高。

表7-3　　　　　　　　京津冀生态文明总得分评价

年份	2014	2015	2016	2017	2018	2019	2020	2021
北京	0.295	0.313	0.336	0.353	0.360	0.372	0.384	0.400
天津	0.235	0.289	0.332	0.537	0.348	0.337	0.364	0.405
石家庄	0.173	0.223	0.255	0.274	0.323	0.412	0.357	0.362
保定	0.148	0.190	0.214	0.246	0.255	0.265	0.376	0.413
唐山	0.209	0.241	0.274	0.317	0.300	0.307	0.340	0.404
邯郸	0.154	0.181	0.231	0.232	0.257	0.270	0.308	0.350
廊坊	0.184	0.205	0.229	0.270	0.307	0.327	0.313	0.417
邢台	0.115	0.139	0.183	0.221	0.237	0.266	0.279	0.318
张家口	0.266	0.290	0.316	0.334	0.345	0.410	0.421	0.437
承德	0.317	0.350	0.424	0.470	0.475	0.377	0.411	0.576
沧州	0.162	0.200	0.209	0.230	0.242	0.233	0.293	0.322
秦皇岛	0.332	0.317	0.379	0.362	0.372	0.357	0.356	0.427
衡水	0.110	0.137	0.168	0.212	0.224	0.221	0.281	0.333

资料来源：作者测算。

京津冀协同发展战略提出初期，多数城市的得分处于0.100至0.300区间，并且均在随后年份内实现平稳增长，于2021年实现所有城市得分高于0.300。具体而言，得分增幅最大城市为衡水，区间得分增幅达202.78%；得分增幅最小城市为秦皇岛，区间得分增幅达28.84%。上述事实说明，京津冀协同发展战略提出至今，区域内各城市的生态文明均得到综合提升。如图7.1所示，时间周期视角下，区域内各城市的得分增速在2014—2017年区间处于上升期，其中，2015年，国家发改委发布了《京津冀协同发展生态环境保护规划》，成为京津冀生态文明协同与发展的重大要求；在2017—2019年区间内得分增速趋缓，进入平稳期；而在2018年6月中共中央、国务院发布《关于全面加强生态环境保护坚决打好污染防治攻坚战的意见》后的2019—2021年阶段内，区域内各城市生态环境总得分再次进入快速上升期。得分的两阶段跃升原因于下文具体阐述。

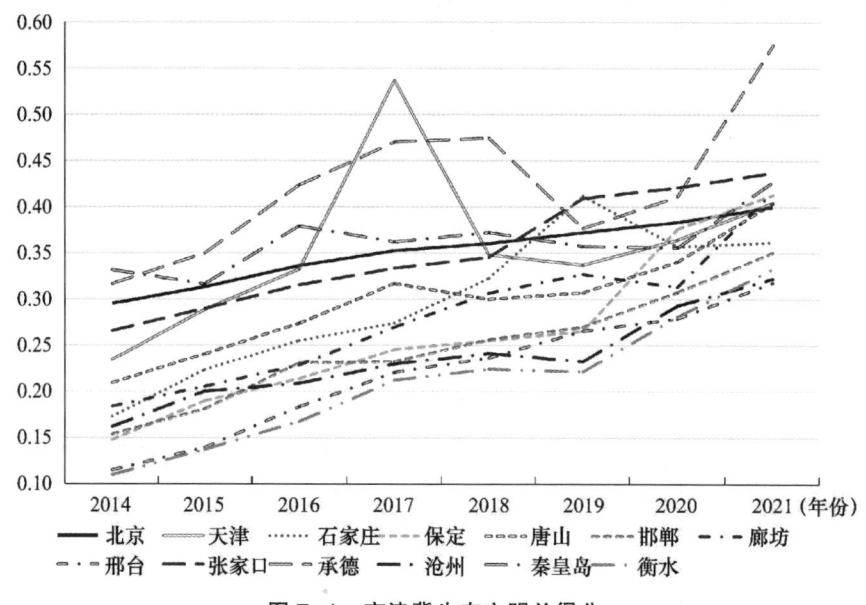

图7-1 京津冀生态文明总得分

资料来源：作者绘制。

2. 京津冀生态环境压力得分结果评价

表7-4显示了京津冀各城市的生态环境压力得分，城市的得分越高，说明该市的生态环境压力纾解效果越好。

表7-4 京津冀生态文明子系统——生态环境压力得分评价

年份	2014	2015	2016	2017	2018	2019	2020	2021
北京	0.074	0.082	0.087	0.092	0.094	0.096	0.093	0.096
天津	0.045	0.066	0.078	0.089	0.096	0.099	0.102	0.109

续表

年份	2014	2015	2016	2017	2018	2019	2020	2021
石家庄	0.053	0.077	0.079	0.098	0.106	0.110	0.113	0.123
保定	0.081	0.096	0.102	0.112	0.119	0.121	0.122	0.127
唐山	0.050	0.067	0.080	0.097	0.106	0.112	0.112	0.119
邯郸	0.066	0.076	0.080	0.100	0.110	0.109	0.113	0.122
廊坊	0.078	0.088	0.097	0.108	0.115	0.118	0.129	0.133
邢台	0.069	0.083	0.089	0.102	0.112	0.111	0.120	0.128
张家口	0.116	0.121	0.129	0.139	0.140	0.142	0.143	0.143
承德	0.115	0.121	0.125	0.136	0.138	0.140	0.138	0.136
沧州	0.085	0.092	0.098	0.109	0.117	0.116	0.124	0.130
秦皇岛	0.099	0.112	0.115	0.125	0.128	0.131	0.134	0.134
衡水	0.075	0.079	0.091	0.104	0.115	0.111	0.121	0.129

资料来源：作者测算。

2014—2021年区间内，所有城市的得分均实现提升，得分区间由2014年的0.040—0.120提升至2021年的0.090—0.150。同时，期初生态环境压力最大三座城市：天津、唐山与石家庄的区间涨幅位居区域前三，依次为140.03%、137.51%与134.46%。此外，图7.2显示，区间内各城市的生态环境压力得分变化具有相同特征，即生态环境压力得分在区间前期（2014—2017年）的增长速度较快，而到后期转向平稳增长。前期的高增速说明，在京津冀协同发展战略提出后，得益于京津冀及大气和水污染防治协作小组推动与具体政策要求，以及蓝天保卫战、水污染与土壤污染防治等行动下，区域内各城市的生态环境压力在前期得到有效纾解；而政策与监管的有效性、连贯性及创新性则赋予各城市后期生态环境压力的平稳增长动力。

3. 京津冀生态环境质量得分结果评价

表7-5显示了京津冀各城市的生态环境质量得分，城市得分越高，说明该市的生态环境质量越高。

下篇 京津冀协同发展的分指数篇

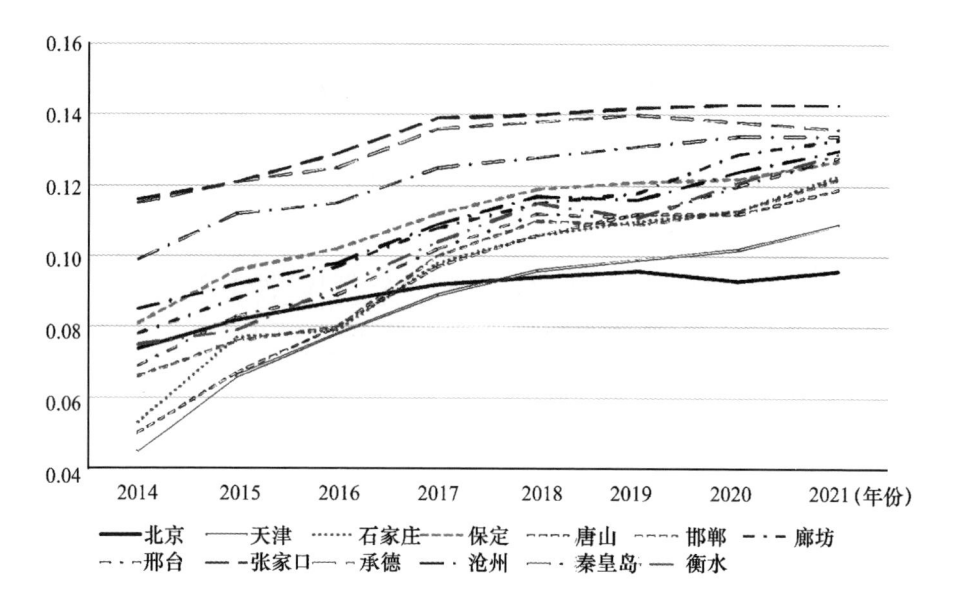

图 7-2 京津冀生态环境压力得分

资料来源：作者绘制。

表 7-5 京津冀生态文明子系统——生态环境质量得分评价

年份	2014	2015	2016	2017	2018	2019	2020	2021
北京	0.185	0.195	0.202	0.209	0.215	0.220	0.242	0.261
天津	0.086	0.100	0.125	0.167	0.185	0.161	0.176	0.210
石家庄	0.057	0.073	0.095	0.078	0.082	0.088	0.106	0.137
保定	0.028	0.051	0.064	0.069	0.077	0.091	0.101	0.123
唐山	0.086	0.094	0.107	0.110	0.119	0.116	0.132	0.181
邯郸	0.041	0.048	0.082	0.048	0.057	0.060	0.086	0.123
廊坊	0.063	0.075	0.087	0.086	0.096	0.084	0.094	0.107
邢台	0.021	0.022	0.045	0.052	0.054	0.053	0.094	0.139
张家口	0.095	0.104	0.115	0.097	0.098	0.100	0.117	0.125
承德	0.124	0.132	0.145	0.176	0.206	0.133	0.154	0.352
沧州	0.035	0.066	0.059	0.061	0.065	0.066	0.097	0.120
秦皇岛	0.169	0.139	0.190	0.146	0.168	0.162	0.158	0.235
衡水	0.025	0.040	0.044	0.057	0.069	0.063	0.098	0.139

资料来源：作者测算。

京津冀协同发展战略提出后,区域内各城市的生态环境质量得分均实现稳步提升,其中期初得分最低的邢台、衡水与保定依次实现了580.24%、447.42%与337.57%的区间增幅;而北京、天津及承德等生态环境质量较高的城市同样实现了质量的较大提升。此外,图7-3显示,各城市得分在2014—2019年间平稳上升,而在2019—2021年间则出现了加速上升,说明各城市的生态环境质量在近期得到加速发展,即近年京津冀人居环境的密集优化提升,以及2018年京津冀地区生态保护红线划定后,区域内生态重点区域得到更为严格的管理与保护的事实相对应。

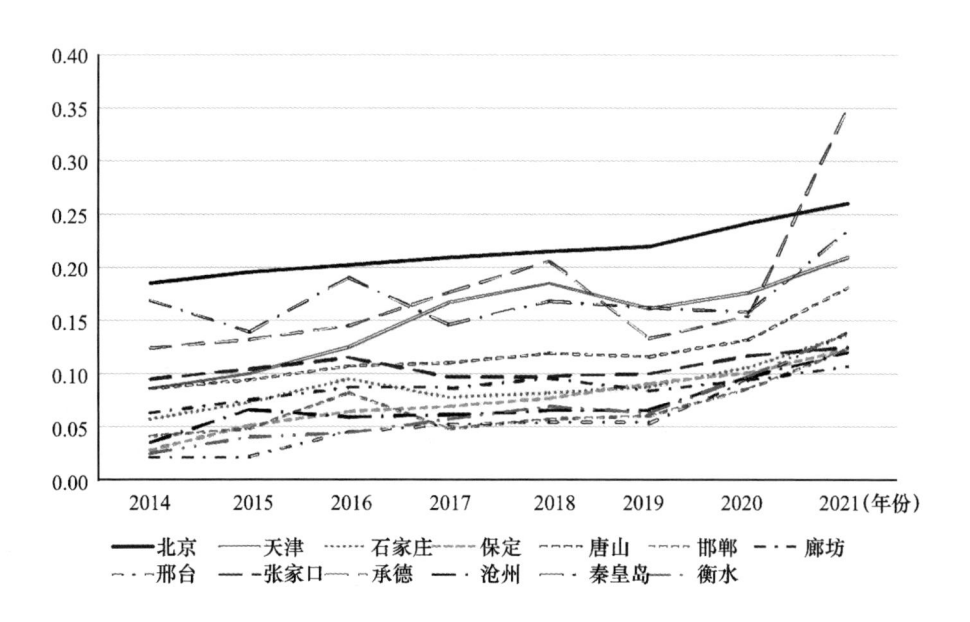

图7-3 京津冀生态环境质量得分

资料来源:作者绘制。

4. 京津冀生态环境响应得分结果评价

表7-6显示了京津冀各城市的生态环境响应得分评价,响应程度越高的城市,对应得分越高。

表 7-6　京津冀生态文明子系统——生态环境响应得分评价

年份	2014	2015	2016	2017	2018	2019	2020	2021
北京	0.036	0.037	0.048	0.052	0.051	0.055	0.049	0.044
天津	0.103	0.123	0.130	0.282	0.066	0.076	0.086	0.086
石家庄	0.063	0.073	0.081	0.098	0.134	0.214	0.138	0.102
保定	0.038	0.043	0.048	0.065	0.059	0.053	0.154	0.162
唐山	0.073	0.079	0.087	0.110	0.076	0.079	0.096	0.104
邯郸	0.047	0.057	0.068	0.084	0.090	0.101	0.109	0.105
廊坊	0.044	0.042	0.044	0.076	0.096	0.125	0.091	0.177
邢台	0.026	0.035	0.050	0.066	0.071	0.101	0.066	0.051
张家口	0.055	0.065	0.072	0.098	0.108	0.167	0.161	0.170
承德	0.078	0.096	0.154	0.158	0.131	0.103	0.118	0.087
沧州	0.041	0.042	0.052	0.060	0.060	0.051	0.072	0.072
秦皇岛	0.063	0.066	0.074	0.091	0.076	0.065	0.064	0.057
衡水	0.010	0.018	0.033	0.052	0.040	0.047	0.062	0.065

资料来源：作者测算。

在2014—2021年区间内，北京与天津两市各自的期末与期初得分差距较小，而河北省内多数城市则具备明显且稳定的得分上升趋势。图7-4进一步显示，不同于生态环境压力与质量的得分结果，区域内各城市的生态环境响应得分存在更强的脉冲性，即存在2017年与2019年这两个峰值年份。这一现象说明，包含生态与污染治理投入在内的生态环境响应具有更强的短时性，即在治理导向下，区域内各城市具备迅速且一致的反应能力，避免因响应时点不同而导致衔接不畅、协同效率降低等问题。

5. 基于子系统的京津冀生态文明得分综合分析

综合2014—2021年京津冀生态环境压力、质量及响应的得分情况，区域内各城市的生态文明均实现较大提升，在发展上呈现出高度的同步性。其中，期初生态环境较为薄弱的城市在区间内均实现了大幅提升，

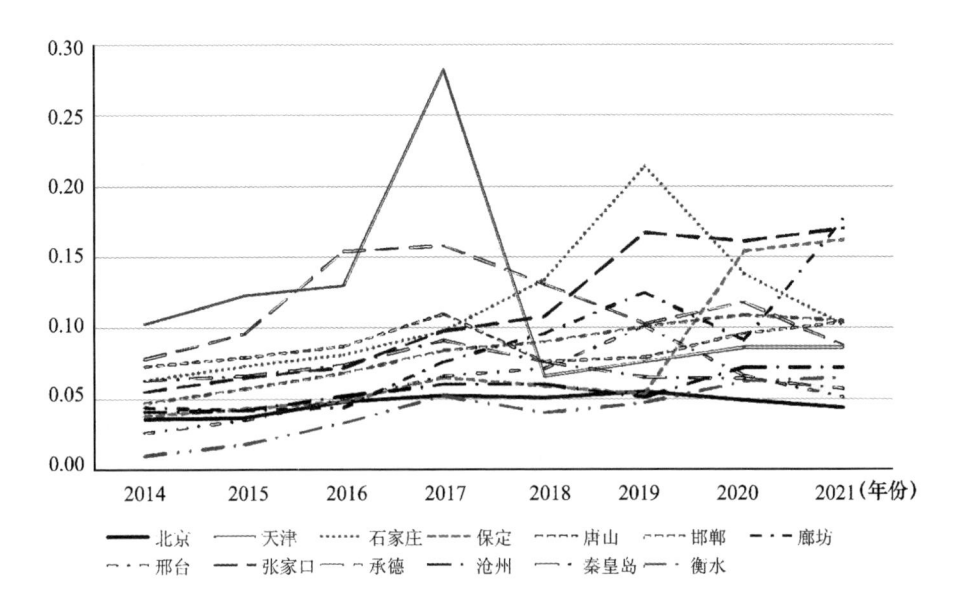

```
                                    0.30
                                    0.25
                                    0.20
                                    0.15
                                    0.10
                                    0.05
                                    0.00
                                         2014   2015   2016   2017   2018   2019   2020   2021(年份)
                                    ——北京  ——天津  ……石家庄 ----保定 ----唐山 ----邯郸 -·-廊坊
                                    -··-邢台 -·-张家口 -··-承德 ——沧州 ——秦皇岛 -·-衡水
```

图 7-4　京津冀生态环境响应得分

资料来源：作者绘制。

期末城市间生态文明水平差距显著缩小。此外，生态文明总得分在 2014—2017 年的第一次大幅提升，以及 2019—2021 年的第二次大幅提升，分别对应于生态环境压力在 2014—2017 年的高增速与生态环境质量在 2019—2021 年的高增速的主要贡献。这一结果说明，2014—2021 年，京津冀各城市的生态文明建设与发展，从早期作为基础的压力纾解逐渐转型为期末的质量提升，亦即从集中解决治理污染排放等生态环境问题，使得生态环境压力得到纾解后，逐渐提升为注重包括绿地绿化建设、水资源蓄养在内的城乡环境基础设施建设，形成以满足人民日益增长的美好生活需要为导向的生态文明高质量发展新模式。

（二）京津冀生态协同评价

本部分根据课题组展示的模型设定，依次对京津冀区域、省、市三级生态协同指数进行评价。

1. 京津冀区域级生态协同指数评价

京津冀区域级生态协同总指数如表7-7所示。

表7-7　　　　　　　京津冀区域级生态协同总指数

年份	2014	2015	2016	2017	2018	2019	2020	2021
总指数	0.9405	0.9590	0.9630	0.9592	0.9777	0.9806	0.9913	0.9879

资料来源：作者测算。

根据表7-7内容，2014—2021年区间内，京津冀区域级生态均处于"高度耦合"（$0.9 \leqslant C < 1$）的发展状态，即说明三地的生态协同发展程度较高。同时，各年份的总指数呈现出较为稳定的上升趋势，说明研究区间内京津冀区域整体的生态发展协同程度不断提升。

2. 京津冀省市级生态协同指数评价

京津冀省市级生态协同总指数如表7-8所示。

表7-8　　　　　　　京津冀省市级生态协同总指数

年份	2014	2015	2016	2017	2018	2019	2020	2021
北京	0.9867	0.9928	0.9961	0.9866	0.9981	0.9975	0.9989	0.9999
天津	0.9948	0.9957	0.9965	0.9658	0.9987	0.9991	0.9995	0.9999
河北	0.9881	0.9893	0.9926	0.9741	0.9970	0.9978	0.9988	0.9999

资料来源：作者测算。

根据表7-8内容，2014—2021年区间内，京津冀省市级生态同样处于"高度耦合"（$0.9 \leqslant C < 1$）的发展状态，即说明三地的生态协同发展程度较高。同时，研究区间期初，天津的省级协同指数高于北京与河北，但三地的协同指数在研究区间内均呈现出稳定的上升趋势，三地间协同指数差距逐渐减小，并于2021年实现高度接近。以上事实同样说明，省级维度上，研究区间内京津冀三地之间的生态协同程度已经提升至新的高水平。

3. 京津冀城市级生态协同指数评价

京津冀城市级生态协同总指数如表7-9所示。

表7-9　　　　　　京津冀城市级生态协同总指数

年份	2014	2015	2016	2017	2018	2019	2020	2021
北京	0.9624	0.9753	0.9821	0.9860	0.9903	0.9908	0.9959	0.9968
天津	0.9793	0.9811	0.9828	0.9465	0.9917	0.9939	0.9971	0.9967
石家庄	0.9817	0.9885	0.9898	0.9886	0.9936	0.9849	0.9974	0.9960
保定	0.9739	0.9843	0.9845	0.9846	0.9901	0.9910	0.9964	0.9965
唐山	0.9829	0.9881	0.9897	0.9890	0.9941	0.9946	0.9976	0.9967
邯郸	0.9764	0.9819	0.9878	0.9815	0.9903	0.9917	0.9961	0.9952
廊坊	0.9831	0.9872	0.9874	0.9882	0.9941	0.9944	0.9966	0.9964
邢台	0.9493	0.9585	0.9734	0.9778	0.9859	0.9910	0.9922	0.9910
张家口	0.9717	0.9809	0.9856	0.9879	0.9919	0.9853	0.9918	0.9953
承德	0.9548	0.9650	0.9611	0.9634	0.9685	0.9902	0.9931	0.9775
沧州	0.9791	0.9864	0.9831	0.9808	0.9872	0.9830	0.9944	0.9917
秦皇岛	0.9493	0.9745	0.9728	0.9847	0.9887	0.9924	0.9974	0.9959
衡水	0.9434	0.9566	0.9642	0.9746	0.9820	0.9788	0.9925	0.9933

资料来源：作者测算。

根据表7-9内容，2014—2021年区间内，京津冀各城市的生态处于"高度耦合"（$0.9 \leqslant C < 1$）的发展状态，说明区域内各城市的生态协同发展程度较高。同时，研究区间期初，各城市的生态协同指数呈现出较大差异，同时差异主要体现于河北省的城市之间：邢台、衡水等生态发展较为落后的城市，以及秦皇岛、承德等生态发展较为领先的城市，均与区域平均水平存在较大偏离。然而，随着京津冀协同发展的提出，区域内各城市不断发展与提升生态文明，各城市的生态协同度不断提升，并于2021年实现高度接近。因此，京津冀城市级生态协同程度与区域级、省市级相一致。

(三) 京津冀城市化系统与生态环境系统耦合协调度评价

本部分使用耦合协调度模型，进一步分析京津冀地区城市的城市化系统与生态环境系统的协同发展程度，共分为耦合度与协调度两部分内容。

1. 京津冀城市化系统与生态环境系统耦合度评价

京津冀城市化系统与生态环境系统耦合度如表7-10所示。

表7-10　　　京津冀城市化系统与生态环境系统耦合度

年份	2014	2015	2016	2017	2018	2019	2020	2021
北京	0.985	0.984	0.986	0.986	0.984	0.982	0.987	0.986
天津	0.998	0.999	0.999	0.944	0.999	0.999	0.997	0.994
石家庄	0.975	0.951	0.941	0.947	0.931	0.868	0.912	0.926
保定	0.982	0.877	0.880	0.872	0.887	0.897	0.815	0.804
唐山	0.936	0.923	0.910	0.902	0.933	0.923	0.912	0.891
邯郸	0.909	0.896	0.848	0.889	0.869	0.852	0.830	0.810
廊坊	0.853	0.866	0.866	0.862	0.843	0.856	0.862	0.810
邢台	0.999	0.995	0.977	0.981	0.970	0.953	0.807	0.785
张家口	0.659	0.671	0.653	0.692	0.711	0.666	0.673	0.686
承德	0.493	0.515	0.508	0.621	0.612	0.659	0.664	0.595
沧州	0.960	0.942	0.946	0.925	0.924	0.929	0.895	0.886
秦皇岛	0.826	0.788	0.762	0.822	0.825	0.817	0.825	0.790
衡水	0.828	0.798	0.771	0.770	0.768	0.786	0.757	0.729

资料来源：作者测算。

表7-10显示了京津冀各城市城市化系统与生态环境系统的生态环境系统耦合度（下文简称为耦合协调度，符号简记为C）评价结果。其中，截至2021年，共有北京、天津、石家庄3座城市处于"高度耦合"（$0.9 \leq C < 1$）的发展状态，其他河北省地级市大多处于"良性耦合"

（0.7≤C<0.9）的发展状态。同时，由于城市化系统与生态环境系统所含子系统与指标类别存在差异，2014—2021年区间内，不同的城市并未体现出明显且相同的变化趋势。因此，课题组进一步选用协调度分析各城市两系统的协同程度。

2. 京津冀城市化系统与生态环境系统协调度评价

京津冀城市化系统与生态环境系统协调度如表7-11所示。

表7-11　　京津冀城市化系统与生态环境系统协调度

年份	2014	2015	2016	2017	2018	2019	2020	2021
北京	0.593	0.613	0.632	0.647	0.657	0.672	0.673	0.689
天津	0.501	0.538	0.565	0.618	0.586	0.581	0.580	0.603
石家庄	0.371	0.403	0.424	0.443	0.469	0.489	0.480	0.493
保定	0.349	0.335	0.357	0.379	0.394	0.406	0.440	0.456
唐山	0.381	0.400	0.420	0.447	0.454	0.452	0.469	0.498
邯郸	0.314	0.335	0.358	0.376	0.386	0.389	0.405	0.423
廊坊	0.321	0.344	0.363	0.393	0.410	0.429	0.424	0.461
邢台	0.331	0.355	0.384	0.426	0.430	0.441	0.377	0.392
张家口	0.316	0.334	0.342	0.366	0.380	0.395	0.404	0.417
承德	0.289	0.312	0.340	0.405	0.403	0.376	0.395	0.436
沧州	0.349	0.376	0.386	0.392	0.402	0.397	0.426	0.442
秦皇岛	0.419	0.393	0.419	0.435	0.443	0.430	0.433	0.458
衡水	0.242	0.261	0.281	0.316	0.324	0.328	0.359	0.380

资料来源：作者测算。

表7-11显示了京津冀各城市城市化系统与生态环境系统的生态环境系统协调度（下文简称为协调度，符号简记为D）评价结果。其中，截至2021年，不存在城市达到"协调发展"的"高级协调"状态（0.8≤D<1）；北京、天津共2座城市达到"协调发展"的"中级协调"状态（0.5≤D<0.8）；唐山、石家庄、廊坊、秦皇岛、保定、沧州、承德、邯

郸、张家口共9座城市处于"转型发展"的"基本协调"状态（$0.4 \leq D < 0.5$）；邢台、衡水共2座城市则尚处于"转型发展"的"低水平协调"状态（$0.3 \leq D < 0.4$）；无城市处于"不协调发展"的"严重不协调"状态（$0 \leq D < 0.3$）。

从京津冀各城市的协调度的时间演化上看，在2014—2021年间，所有城市均实现了协调度在期初、期末之间的大幅提升。排除一些城市在个别年份的协调度轻微下降，区域各城市的协调度均呈现出稳定上升的趋势。其中，北京、天津两市稳定处于前列；除邢台外，期初处于"转型发展"的"低水平协调"状态的所有城市均上升为"基本协调"状态，其中唐山、石家庄两市在2021年的协调度依次为0.498、0.493，高度接近于"协调发展"的"中级协调"状态；承德的区间协调度提升最多，由最初"不协调发展"的"严重不协调"直接跨越"转型发展"的"低水平协调"，提升为"基本协调"；邢台的协调度提升最少，全区间处于"转型发展"的"低水平协调"状态。

综合上述分析，除京津两市处于"中级协调"状态，大部分河北省内城市均实现协调子类别的单级别提升，承德实现两级提升，而邢台未实现提升。此外，在区域内所有城市同步提升的发展过程中，协调度存在明显的城市层级分异，即更高层级的城市具备更高的协调度。具体而言，形成了首都北京—直辖市天津—河北省会城市石家庄与河北中心城市唐山—河北其他城市的四层级结构。

四 本章小结

综合各京津冀地区生态协同内涵与意义，课题组以生态环境水平为总系统，从生态环境压力、生态环境质量与生态环境响应三方面出发进行指标选取，基于熵值法构建京津冀生态文明指标体系，得到京津冀各城市的生态文明总得分与子系统得分测度结果。结果显示，京津冀协同发展战略提出后，京津冀各城市的生态环境总得分呈现出总体上升的趋势，具体包括两次快速上升，其中第一次上升的主要原因是生态环境压力纾解的有效推进，第二次上升的主要原因是生态环境质量的显著提升。同时，课题组基于京津冀生态文明得分结果，使用系统耦合度模型，依次构建京津冀生态协同区域级、省级与市级生态协同指数，并得出京津冀不同地理层级的生态协同在研究区间内处于"高度耦合"发展状态、生态协同程度不断提升、期末省级层面与市级层面的生态协同指数高度接近的结论。最后，课题组引入以经济增长、社会发展与建设水平三方面为子系统的城市化水平系统，并以熵值法计算得到的生态环境系统总得分与城市化系统总得分为基础，构建生态环境系统与城市化系统的耦合协调度模型，进一步说明京津冀生态与经济协同发展状态。研究区间内，京津冀的城市化系统与生态环境系统的耦合度不断提升，在研究期末实现大多数城市耦合度得分处在或高于"良性耦合"得分区间；京津冀的城市化系统与生态环境系统的协调度同样实现大幅提升，所有城市的协调度均高于"不协调发展"的协调度区间。根据本章所有测度结果，京津冀协同发展战略提出后，京津冀生态协同发展取得了重大成效。

参考文献

陈炳等：《长三角城市群生态文明建设与城市化耦合协调发展研究》，《长江流域资源与环境》2019年第3期。

陈子月等：《深圳红树林湿地系统健康评价》，《中国人口·资源与环境》2016年第S1期。

韩曦等：《移民型城市生态人居环境评价与优化研究》，《中国人口·资源与环境》2009年第5期。

刘海龙等：《山西省生态安全综合评价及时空演化》，《经济地理》2018年第5期。

吕立刚等：《区域发展过程中土地利用转型及其生态环境响应研究——以江苏省为例》，《地理科学》2013年第12期。

陶静、胡雪萍：《环境规制对中国经济增长质量的影响研究》，《中国人口·资源与环境》2019年第6期。

王家庭、曹清峰:《京津冀区域生态协同治理:由政府行为与市场机制引申》,《改革》2014年第5期。

王少剑等:《京津冀地区城市化与生态环境交互耦合关系定量测度》,《生态学报》2015年第7期。

王喆、周凌一:《京津冀生态环境协同治理研究——基于体制机制视角探讨》,《经济与管理研究》2015年第7期。

赵琳琳、张贵祥:《京津冀生态协同发展评测与福利效应》,《中国人口·资源与环境》2020年第10期。

第八章

京津冀消费协同指数

王家庭　王浩然[*]

消费协同是京津冀协同发展的关键环节，全面提升京津冀消费协同水平对于加快建设世界级城市群、建设全国统一大市场和打造中国式现代化的先行区、示范区具有重要的现实意义。本章在阐释消费协同发展理论内涵的基础上，尝试构建京津冀消费协同指数，对京津冀消费协同水平及其演化特征进行定量分析，为新时代新征程进一步提升京津冀消费协同水平提出政策建议。

一　京津冀消费协同的内涵与意义

认识京津冀消费协同的意义，厘清消费协同的基本内涵，是深入探析京津冀消费协同水平的基本前提。本章对中国式现代化视域下京津冀消费协同的重要意义和内涵进行系统分析。

（一）京津冀消费协同的内涵

自区域协调发展战略提出以来，已有文献就京津冀协同发展[①]、区

---

[*] 王家庭，南开大学经济与社会发展研究院中国城市与区域经济研究中心教授、博导，中国城市经济学会城市公共经济与政策专业委员会副主任，研究方向：城市与区域经济、土地与房地产经济、中国式现代化与区域协调发展；王浩然，南开大学经济与社会发展研究院硕士研究生。

[①] 孙久文、原倩：《京津冀协同发展战略的比较和演进重点》，《经济社会体制比较》2014年第5期。

域经济协调发展①、区域市场一体化②等展开探究，并对居民消费不平衡进行测度③④。但总体来看，学术界关于消费协同以及京津冀消费协同的研究还比较缺乏，消费协同的概念有待更深入的研究。

目前，多数学者主要聚焦"协调"和"协调发展"的概念界定，虽然没有一致的观点，但相关研究在以下三个方面得出了较为相似的结论：第一，协调发展描述的是一种区域间经济关系的状态或过程；第二，区域间是开放的和相互影响的，从而形成区域经济的空间关联；第三，各区域的经济发展水平不断提高，差距逐渐减小⑤。

作为拉动经济增长的"三驾马车"之一，消费是新发展阶段经济增长的基本动力。经济发展不平衡不充分的一个重要来源就是消费发展的不平衡不充分，区域消费协同是区域经济协调发展的重要组成部分。⑤因此，参考学者对协调和协调发展的定义，本章对消费协同的定义如下：在区域开放条件下，区域之间消费相互促进、联系日益密切，各区域的居民消费水平均持续提升且区域差异逐渐缩小的过程。本章所研究的京津冀消费协同，指的是京津冀各地之间消费相互联系、正向促进，各地居民消费水平逐步提升且地区差距不断缩小的过程。

京津冀消费协同概念的确定为研究"如何评价和分析京津冀消费协同水平"提供了思路。根据定义，本章认为对京津冀消费协同水平进行分析时应重点关注以下四个方面：京津冀各地之间消费市场是否开放？京津冀各地消费市场之间是否存在联系？京津冀消费水平是否呈整体增长？京津冀各地之间消费水平的不平衡程度是否在逐渐缩小？从以上四

---

① 李兰冰、刘秉镰：《"十四五"时期中国区域经济发展的重大问题展望》，《管理世界》2020年第5期。

② 刘志彪、刘俊哲：《区域市场一体化：全国统一大市场建设的重要推进器》，《山东大学学报》（哲学社会科学版）2023年第1期。

③ 周龙飞、张军：《中国城镇家庭消费不平等的演变趋势及地区差异》，《财贸经济》2019年第5期。

④ 李研、洪俊杰：《居民消费不平衡的统计测度及消费潜力分析》，《数量经济技术经济研究》2021年第11期。

⑤ 覃成林、张华、毛超：《区域经济协调发展：概念辨析、判断标准与评价方法》，《经济体制改革》2011年第4期。

个方面出发,选择合适的指标构建京津冀消费协同指数,测度京津冀消费协同水平,便可在一定程度上判断京津冀各地之间消费是否协同,从而为探究京津冀消费协同机制和实现路径提供经验证据。

(二) 京津冀消费协同的意义

党的二十大报告擘画了以中国式现代化全面推进中华民族伟大复兴的宏伟蓝图,明确提出要着力扩大内需,增强消费对经济发展的基础性作用和投资对优化供给结构的关键作用,并将其作为构建高水平社会主义市场经济体制的一项重要任务。京津冀地区作为中国经济最具活力、开放程度最高、创新能力最强、吸纳人口最多的地区之一,肩负着南北均衡与区域内部协调发展的双重使命,在中国式现代化进程中具有举足轻重的地位。中国式现代化与京津冀消费协同之间具有内在联系,主要体现在以下三个方面:

首先,经济现代化是中国式现代化的物质基础。党的二十大报告提出,把实施扩大内需战略同深化供给侧结构性改革有机结合起来。[①] 从扩大内需的战略基点出发,释放居民消费潜力,加快消费升级的步伐,以需求侧的消费升级引领供给侧的产业升级,有助于通过消费和产业"双升级"协同促进中国经济高质量发展。推动区域消费协同发展,有助于以需求来引导供给,提升供给体系对需求变化的适配性,推动供需平衡的内在良性循环,形成需求牵引供给、供给创造需求的更高水平动态平衡,提升国民经济体系整体效能,从而筑牢中国式现代化的经济基础和物质根基。

其次,中国式现代化是全体人民共同富裕的现代化。推动京津冀消费协同,是实现京津冀区域城乡一体现代化的重要途径。一方面,区域发展不平衡是制约京津冀地区高质量发展的首要因素,推动三地消费协同,有助于发挥消费拉动经济增长的基础性作用,缩小京津冀三地发展落差,从而实现区域一体的现代化。另一方面,京津冀地区城乡发展不

---

① 习近平:《高举中国特色社会主义伟大旗帜 为全面建设社会主义现代化国家而团结奋斗》,《人民日报》2022年10月26日第1版。

平衡问题仍然突出，成为制约全体人民共同富裕实现的短板。① 持续提升京津冀消费协同水平，有助于充分发挥消费帮扶在巩固拓展脱贫攻坚成果、全面推进乡村振兴中的重要作用，促进脱贫地区农特产品产销对接，从而实现脱贫地区特色产业提质增效，有效带动农村居民就业增收，实现城乡一体的现代化。

最后，中国式现代化是物质文明和精神文明相协调的现代化。京津冀三地地缘相接、人缘相亲，地域一体、文化一脉，是中国文化资源丰富、历史底蕴深厚、文化发展最具活力的地区之一。提升京津冀消费协同水平有助于充分发挥三地比较优势，整合京津冀三地文化和旅游资源，充分释放京津冀文旅消费活力，从而推动京津冀文旅产业的高质量发展，促进中华优秀传统文化的传承与创新，为中国式现代化提供源源不断的动力支持。

综上所述，促进京津冀消费协同，是发挥三地市场优势、增强微观主体活力、实现高质量发展和共同富裕的必然选择和重要切入点，对于探索区域均衡发展的新机制、新模式和打造中国式现代化的先行区、示范区具有至关重要的作用。

二 京津冀消费协同指数的研究设计

结合数据可得性，本章首先构建了京津冀消费协同综合指数，并将其划分为城镇居民消费协同综合指数和农村居民消费协同综合指数；然后，构建了京津冀消费协同分类指数和京津冀各地区消费协同指数，分别对京津冀三地八大类消费项目和各地区消费水平的协同度进行测算；最后，探索并揭示了京津冀居民消费水平的空间联系。

（一）测算思路

如前文所述，消费协同的实质是区域之间消费相互关联、正向促进，

---

① 李玉姣、王晓洁：《京津冀地区产业结构转型对城乡居民收入差距的影响》，《北京社会科学》2023年第3期。

各区域的居民消费水平均持续提升且不平衡程度逐渐减小的过程。基于此,本章首先按照反映消费协同实质和简明的原则,通过变异系数、泰尔指数、基尼系数和赫芬达尔指数四个指标测度京津冀居民消费不平衡程度。之后,运用平均赋权法将上述四个指标合并成一个反映消费协同水平的综合指标,用于测度消费协同发展达到的状态。最后,利用模糊数学中的隶属度方法,构建一个可作纵向比较的、稳定的京津冀消费协同综合指数。同时,本章根据数据可得性选择合适的研究方法,利用耦合协调度模型构建京津冀消费协同分类指数,通过比值法构建京津冀各地区消费协同指数,分别对京津冀分类消费项目和京津冀各地区消费水平的协同度进行测度,并利用全局莫兰指数和热点分析法深入研究京津冀居民消费水平的空间联系。

(二) 测算方法

根据本章的测算思路,京津冀消费协同指数的测算方法包括京津冀消费协同综合指数的测算方法、京津冀消费协同分类指数的测算方法、京津冀各地区消费协同指数的测算方法和京津冀居民消费水平空间联系的分析方法。

下面详细介绍各项指数的测算方法。

1. 京津冀消费协同综合指数的测算方法

(1) 变异系数

变异系数(Coefficient of Variation) 又称离散系数,是表征数据离散程度的无量纲量。变异系数越大则离散程度越大;反之,变异系数越小则离散程度越小。本章通过变异系数来衡量京津冀居民消费水平的区域差异。京津冀居民消费水平的变异系数是居民人均消费支出数据集的标准差与平均值的比值,[1] 计算公式为:

---

[1] 黄万状、石培基:《河湟地区乡村聚落位序累积规模模型的实证研究》,《地理学报》2021年第6期。

$$CV = \frac{SD}{\bar{x}} = \frac{1}{\bar{x}} \times \sqrt{\frac{\sum_{i=1}^{n}(x_i - \bar{x})^2}{n-1}} \quad (8-1)$$

式中，CV 为某一年份京津冀居民消费水平的变异系数；SD 为对应年份京津冀居民消费水平的标准差；$\bar{x}$ 为对应年份京津冀居民消费水平的平均值；n 为样本个数；x_i 为对应年份 i 城市的居民人均消费支出。CV 数值越大，表示京津冀居民消费水平的协同程度越低；反之，CV 数值越小，表示京津冀居民消费水平的协同程度越高。同理，可以分别计算京津冀农村居民消费水平和城镇居民消费水平的变异系数。

（2）泰尔指数

泰尔指数（Theil index）通常用于衡量区域不平等程度。本章通过泰尔指数来衡量京津冀居民消费水平的空间分异。泰尔指数的计算公式为[①]：

$$T = \frac{1}{n}\sum_{i=1}^{n}\frac{y_i}{\bar{y}}\log\left(\frac{y_i}{\bar{y}}\right) \quad (8-2)$$

式中，T 为某一年份京津冀居民消费水平的泰尔指数；n 为城市总数；y_i 为对应年份城市 i 的居民人均消费支出；$\bar{y}$ 为对应年份居民人均消费支出的平均值。泰尔指数的取值范围为 [0，1]；其绝对值越接近 1，表示京津冀居民消费水平的协同程度越低；反之，其绝对值越接近 0，表示京津冀居民消费水平的协同程度越高。同理，可以分别计算京津冀农村居民消费水平和城镇居民消费水平的泰尔指数。

（3）基尼系数

基尼系数（Gini Coefficient）是国际上通用的、用以衡量一个国家或地区居民收入差距程度的常用指标，同时也被广泛用于衡量各种经济变量之间的不平衡程度。本章通过基尼系数来测度京津冀居民消费水平的

[①] 方恺等：《作为中国区域发展均衡线的佐证分析——以城市温室气体排放为例》，《地理学报》2021 年第 12 期。

不平衡程度。基尼系数的计算公式为①：

$$G = \frac{1}{2n^2\mu_y} \sum_{i=1}^{n} \sum_{j=1}^{n} |y_i - y_j| \qquad (8-3)$$

式中，G 为某一年份京津冀居民消费水平的基尼指数；n 为京津冀地区城市数量；μ_y 为某一年份所有城市居民人均消费支出的均值；y_i、y_j 分别为对应年份 i 城市和 j 城市的居民人均消费支出。G 的数值越大，表示京津冀居民消费水平的协同程度越低；G 的数值越小，表示京津冀居民消费水平的协同程度越高。同理，可以分别计算京津冀农村居民消费水平和城镇居民消费水平的基尼系数。

（4）赫芬达尔指数

赫芬达尔-赫希曼指数（Herfindahl-Hirschman Index，HHI），简称赫芬达尔指数，被广泛应用于产业市场集中度的测量。本章利用赫芬达尔指数来反映京津冀居民消费水平的空间非均衡性。赫芬达尔指数的计算公式为②：

$$HHI = \sum_{i=1}^{n} (X_i/T)^2 \qquad (8-4)$$

式中，HHI 为某一年份京津冀居民消费水平的赫芬达尔指数；X_i 为对应年份城市 i 的居民人均消费支出；n 为京津冀地区城市总数；T 为对应年份京津冀各城市居民人均消费支出的总和。赫芬达尔指数的取值范围为 [0，1]；其数值越趋近于 1，表示京津冀居民消费水平的协同程度越低；其数值越趋近于 0，表示京津冀居民消费水平的协同程度越高。同理，可以分别计算京津冀农村居民消费水平和城镇居民消费水平的赫芬达尔指数。

（5）综合评价指标合成

综合评价指标是指根据一定的计算方法，将已经无量纲化处理的指

---

① 吴爱芝、孙铁山、李国平：《中国纺织服装产业的空间集聚与区域转移》，《地理学报》2013 年第 6 期。
② 王伟、王成金：《中国沿海港口煤炭运输的空间分异格局及演化》，《地理学报》2016 年第 10 期。

标进行综合，构建一个可以综合评价的指标。① 本章通过以下三个步骤将变异系数（CV）、泰尔指数（T）、基尼系数（G）以及赫芬达尔指数（HHI）合成一个综合评价指标：

第一步，参考已有文献的计算方法，② 对指标进行标准化处理。

第二步，上述四个指标对于判断京津冀消费协同程度具有同等的重要性，因此，本章采用平均赋权法，对各指标赋予相同的权重。

第三步，采用加权算术平均法合成综合评价指标，并将其记作 z。

基于上述步骤合成的京津冀消费协同综合评价指标在样本期内取值为 [0, 1]，数值大小可以反映当年京津冀消费协同的状态。

（6）京津冀消费协同综合指数

关于协调发展的评价标准，有学者认为，协调发展是一个不断逼近的理想状态，没有绝对的标准，"协调"总是相对于"不协调"而言。换言之，协调发展只能是相对的而不是绝对的。③ 有鉴于此，本章参考已有研究，④⑤ 采用模糊数学中的隶属度方法，建立京津冀消费协同度函数，公式如下：

$$U = \exp\left\{-\frac{(z-z')^2}{s}\right\} \tag{8-5}$$

式中，U 为某一年份的京津冀消费协同度，即京津冀消费协同综合指数；z 为对应年份京津冀消费协同的实测值；z' 为对应年份京津冀消费协同的期望值；s 为标准差。U 的取值介于 0 到 1 之间；U 值越趋近于 1，表示京津冀消费协同度越高；U 值越趋近于 0，表示京津冀消费协同度越低。

---

① 曾蓼等：《长江经济带商贸流通业协调发展评价》，《改革》2018 年第 8 期。
② 王家庭、王浩然：《中国式超大特大城市现代化水平的多维测度——理论逻辑、时空演绎与提升路径》，《城市问题》2023 年第 5 期。
③ 覃成林、张华、毛超：《区域经济协调发展：概念辨析、判断标准与评价方法》，《经济体制改革》2011 年第 4 期。
④ 覃成林、张华、毛超：《区域经济协调发展：概念辨析、判断标准与评价方法》，《经济体制改革》2011 年第 4 期。
⑤ 吴开军、冯正选：《粤港澳大湾区城市群旅游经济协调发展的空间格局及演化研究》，《地域研究与开发》2021 年第 1 期。

分析评价 2013—2021 年京津冀消费协同度，实质上是比较这 9 年中京津冀居民消费水平的协同程度，因此，本章将这 9 年中的京津冀消费协同实测值 z 的最小值作为 z'。

2. 京津冀各地区消费协同指数

京津冀各地区消费协同指数包括省级消费协同综合指数和市级消费协同综合指数。北京是京津冀地区的中心城市，同时也是京津冀消费市场的增长极，因此，本章将北京居民人均消费支出作为参考值，通过比值法计算京津冀各省（市）居民人均消费支出与参考值的相对差距，作为京津冀各地区消费协同指数。

3. 京津冀消费协同分类指数的测算方法

限于数据可得性，本章利用 2013—2021 年京津冀省级层面的面板数据，利用耦合协同度模型构建京津冀消费协同分类指数，对京津冀分类消费项目的协同水平进行测度。将北京、天津、河北分别看作三地协同的子系统，计算京津冀三地八大类消费项目的耦合协调度。某一类消费项目的耦合度公式如下：

$$C = 3 \times \left[\prod_{i=1}^{3} \Phi_i \Big/ \left(\prod_{i=1}^{3} \Phi_i \right)^3 \right]^{1/3}, \quad i = 1, 2, 3 \quad (8-6)$$

式中，Φ_i（$i=1,2,3$）表示各地该类消费项目支出归一化处理后的值，本章将其压缩在 [0.01, 0.99] 之间。C 代表该类消费项目的耦合度，取值范围为 [0, 1]。

通过耦合协调度来反映京津冀三地在该类消费项目的协同程度，公式如下：

$$D = \sqrt{C \times T}, \quad T = \alpha \Phi_1 + \beta \Phi_2 + \gamma \Phi_3 \quad (8-7)$$

式中，D 为耦合协调度，即京津冀消费协同分类指数；C 为耦合度；T 为三地在该类消费项目的协同程度；α、β、γ 为待定系数。本章认为三地协同发展系统中各地区具有同等重要性，因此赋予相等的权重。

4. 京津冀居民消费水平空间联系的分析方法

为揭示京津冀各地居民消费水平的空间联系状态，本章对京津冀居民消费水平进行空间自相关分析，包括全局空间自相关分析和局部空间自相关分析。

(1) 全局空间自相关

莫兰指数（Moran's I）是研究空间关系的一种相关系数值，通常分为全局莫兰指数（Global Moran's I）和安瑟伦局部莫兰指数（Anselin Local Moran's I）。本章使用全局莫兰指数来刻画京津冀居民消费水平空间联系的总体特征。全局莫兰指数的计算公式为①：

$$I = \frac{n \sum_{i=1}^{n} \sum_{j=1}^{n} W_{ij}(x_i - \bar{x})(x_j - \bar{x})}{\sum_{i=1}^{n} \sum_{j=1}^{n} W_{ij} \sum_{i=1}^{n} (x_i - \bar{x})^2} \tag{8-8}$$

式中，x_i 和 x_j 分别表示某一年份 i 城市和 j 城市的居民人均消费支出；$\bar{x}$ 为对应年份居民人均消费支出的平均值；n 为城市数量；W_{ij} 为 i 城市和 j 城市的空间权重矩阵，此处选择空间邻接矩阵（1 表示 i 城市和 j 城市邻接，0 表示 i 城市和 j 城市不邻接）。全局莫兰指数的数值介于-1 到 1 之间。全局莫兰指数大于 0 表示 i 城市和 j 城市的居民人均消费支出存在空间正相关，即区际消费联系紧密；全局莫兰指数小于 0 表示 i 城市和 j 城市的居民人均消费支出存在空间负相关，即区际消费联系较弱；全局莫兰指数等于 0 表示 i 城市和 j 城市的居民人均消费支出不存在空间相关性。

(2) 局部空间自相关

全局莫兰指数对京津冀居民消费水平的空间自相关性进行综合测度，只能反映京津冀地区各城市与周围城市间居民消费水平空间差异的平均程度，但京津冀居民消费水平的部分空间正相关性与部分空间负相关性有可能同时存在。② 有鉴于此，本章进一步利用局部空间自相关来刻画京津冀地区每个城市与相邻城市之间居民消费水平的空间关联程度。选择热点分析（Getis-Ord G_i^*）来刻画京津冀居民消费水平具有统计显著性

---

① 程叶青等：《中国能源消费碳排放强度及其影响因素的空间计量》，《地理学报》2013年第10期。
② 李美芳、欧金沛、黎夏：《基于地理信息系统的 2009—2013 年甲型 H1N1 流感的时空分析》，《地理研究》2016 年第 11 期。

的高值（热点）和低值（冷点）的空间聚类。G_i^* 的计算公式如下①：

$$G_i^* = \frac{\sum_{j=1}^{n} W_{ij} - \bar{X} \sum_{j=1}^{n} W_{ij}}{S\sqrt{\frac{n\sum_{j=1}^{n} W_{ij} - (\sum_{j=1}^{n} W_{ij})^2}{n-1}}} \quad (8-9)$$

$$\bar{X} = \frac{\sum_{j=1}^{n} X_j}{n} \quad (8-10)$$

$$S = \sqrt{\frac{\sum_{j=1}^{n} X_j^2}{n} - (\bar{X})^2} \quad (8-11)$$

式中，X_j 为要素 j 的属性值；W_{ij} 为空间权重矩阵；n 为要素总数。G_i^* 统计是 z 得分；如果 z 得分为正值且显著，则 i 地区为热点区；反之，则为冷点区。

（三）数据来源与处理

本章中，"京津冀消费协同综合指数""京津冀各地区消费协同指数"和"京津冀消费空间联系分析"部分的研究对象为京津冀地区13个城市，时间跨度为2013—2021年。限于数据可得性，"京津冀分类消费项目协同指数"部分的研究对象为北京、天津、河北三地，时间跨度同样为2013—2021年。数据主要来自 EPS 数据平台的"中国区域研究数据支撑平台"以及国家统计局。少量缺失值从各地统计公报及《政府工作报告》搜集补齐。本章将研究的样本区间限定为2013年及以后的主要原因是国家统计局在2013年调整了居民消费支出及其分类项目的统计口径。具体而言，2013年之前，居民消费包括食品、衣着、居住、家庭设备用品及服务、医疗保健、交通和通信、教育文化娱乐服务、杂项商

---

① 张城铭、翁时秀、保继刚：《1978年改革开放以来中国旅游业发展的地理格局》，《地理学报》2019年第10期。

品和服务；2013年之后，居民消费包括食品烟酒、衣着、居住、生活用品及服务、交通通信、教育文化娱乐、医疗保健、其他用品及服务。

本章对原始数据进行平减处理，将2014—2021年的数据转化为2013年不变价。由于2013—2015年已发布的价格指数仍然为食品、烟酒、家庭设备用品及维修服务、娱乐教育文化用品及服务，没有食品烟酒、生活用品及服务、教育文化和娱乐支出的消费价格指数，因此，参考相关研究的做法，① 本章使用食品和烟酒消费价格指数的平均值来代表食品烟酒消费价格指数，分别用家庭设备用品及维修服务、娱乐教育文化用品及服务的消费价格指数代表生活用品及服务、教育文化和娱乐的消费价格指数。

三　京津冀消费协同指数的测算结果分析

本部分将详细分析京津冀消费协同指数的测算结果，包括京津冀消费协同综合指数、京津冀消费协同分类指数、京津冀各地区消费协同指数以及京津冀居民消费水平的空间联系，以全面剖析京津冀消费协同的总体演进趋势。

（一）京津冀消费协同综合指数的测算结果分析

按照前文所述的测算方法，对京津冀消费协同综合指数进行测算。表8-1展示了2013—2021年京津冀消费协同综合指数。

表8-1　　　　2013—2021年京津冀消费协同综合指数

年份	居民消费（U）	城镇居民消费	农村居民消费
2013	0.0621	0.0458	0.0553
2014	0.1131	0.1460	0.0651

---

① 李研、洪俊杰：《居民消费不平衡的统计测度及消费潜力分析》，《数量经济技术经济研究》2021年第11期。

续表

年份	居民消费（U）	城镇居民消费	农村居民消费
2015	0.1565	0.2432	0.0894
2016	0.3999	0.3340	0.3908
2017	0.5491	0.4742	0.5117
2018	0.6757	0.6002	0.6513
2019	0.7646	0.7427	0.7130
2020	1.0000	0.9794	1.0000
2021	0.9987	1.0000	0.9682

资料来源：作者研究整理。

表8-1显示，2021年京津冀消费协同总体水平较高，U值为0.9987。2013—2021年，京津冀消费协同综合指数的U值由0.0621变为0.9987，保持稳步提升的增长趋势。这一结果表明，自京津冀协同发展提出以来，京津冀地区居民消费水平的差距逐渐缩小，协同程度不断提高。

对比城镇居民消费协同综合指数和农村居民消费协同综合指数，可以看出：

第一，2016年之前，城镇居民消费协同水平远高于农村居民消费协同水平，主要原因在于城市地区有更发达的交通基础设施、现代物流业和旅游业，以及规模更大、体制机制更加完善的消费市场，从而便利了各地之间的消费联系。

第二，2016年及以后，农村居民消费协同水平快速提升，逐渐缩小了与城镇居民消费协同水平的差距，甚至在多数年份反超了城镇居民消费协同水平，主要原因是乡村振兴战略的实施加快了农村交通基础设施的建设、推动了乡村特色产业的蓬勃发展以及农村消费市场的不断完善，从而密切了京津冀各地农村居民消费的联系，使得农村居民消费协同水平保持良好的提升态势。

(二) 京津冀各省份消费协同指数的测算结果分析

为进一步刻画京津冀三地各自消费协同指数的变化趋势，探究京津冀三地在消费协同发展中的差异性表现，本章测算了京津冀三地的消费协同指数，结果如表8-2所示。

从表8-2可以看出，首先，2013—2021年，以北京居民人均消费支出为标尺，天津和河北各自的消费协同指数呈现稳步提升的态势，这意味着天津和河北的居民消费水平与北京的相对差距逐渐缩小，消费协同度持续提高。

其次，从各地区的提升幅度看，河北消费协同指数的提升速度显著快于天津，由2013年的0.373提高到2021年的0.527，上升幅度达到41.42%，体现出明显的"追赶效应"。

上述结论表明京津冀协同发展战略的实施有力推动了相对落后地区居民消费水平的提升，显著改善了京津冀居民消费水平区域发展不平衡的问题。

表8-2　　　　京津冀各省份的消费协同指数

年份	北京	天津	河北
2013	1.000	0.700	0.373
2014	1.000	0.716	0.390
2015	1.000	0.714	0.399
2016	1.000	0.732	0.422
2017	1.000	0.737	0.441
2018	1.000	0.747	0.460
2019	1.000	0.734	0.469
2020	1.000	0.723	0.529
2021	1.000	0.750	0.527

资料来源：作者研究整理。

(三) 京津冀各城市消费协同指数的测算结果分析

为了更全面地探析京津冀消费协同的现实状况和发展方向，本章进一步刻画了京津冀各城市消费协同指数的变化趋势，并分析京津冀各城市在消费协同发展中的差异性表现，结果如表8-3所示。

从表8-3可以看出，首先，2013—2021年，京津冀各城市的消费协同指数总体呈波动上升的演进趋势，其中，石家庄、张家口和沧州的消费协同指数始终保持上升状态，增长趋势稳定。

其次，从增长速度来看，提升幅度排名前三的城市包括张家口、承德和衡水，其中，承德的消费协同指数的提升幅度最大，为63.04%；提升幅度排名后三的城市包括天津、唐山和廊坊，其中，天津的消费协同指数的提升幅度最小，为7.14%。

上述结果再次表明京津冀协同发展战略在消费协同领域取得显著成效，河北各地的消费协同指数呈现显著的"追赶效应"，各地区居民消费水平的相对差距不断缩小，协调程度持续提高。

表8-3　　　　　　　　京津冀各城市的消费协同指数

城市	2013	2014	2015	2016	2017	2018	2019	2020	2021
北京	1.000	1.000	1.000	1.000	1.000	1.000	1.000	1.000	1.000
天津	0.700	0.716	0.714	0.732	0.737	0.747	0.734	0.723	0.750
石家庄	0.388	0.393	0.399	0.405	0.412	0.416	0.418	0.499	0.502
唐山	0.455	0.493	0.511	0.472	0.489	0.501	0.501	0.549	0.554
秦皇岛	0.399	0.401	0.399	0.424	0.439	0.451	0.451	0.502	0.488
邯郸	0.322	0.313	0.323	0.348	0.367	0.399	0.397	0.442	0.470
邢台	0.267	0.261	0.275	0.303	0.312	0.328	0.329	0.389	0.387
保定	0.301	0.299	0.290	0.336	0.345	0.356	0.374	0.435	0.452
张家口	0.284	0.299	0.309	0.338	0.354	0.383	0.406	0.466	0.457
承德	0.257	0.301	0.316	0.330	0.361	0.358	0.367	0.421	0.419

续表

城市	2013	2014	2015	2016	2017	2018	2019	2020	2021
沧州	0.320	0.340	0.349	0.384	0.398	0.408	0.410	0.461	0.454
廊坊	0.470	0.485	0.500	0.500	0.505	0.513	0.514	0.566	0.559
衡水	0.252	0.286	0.292	0.338	0.353	0.367	0.376	0.410	0.395

资料来源：作者研究整理。

（四）京津冀居民消费不平衡的统计分析

本章进一步对京津冀居民消费不平衡程度进行分析。表8-4—表8-6分别展示了样本期内京津冀居民消费、城镇居民消费和农村居民消费的变异系数、泰尔指数、基尼系数以及赫芬达尔指数的计算结果。

表8-4　2013—2021年京津冀居民消费不平衡的统计分析

年份	变异系数	泰尔指数	基尼系数	赫芬达尔指数
2013	0.4939	0.1012	0.2356	0.0957
2014	0.4736	0.0939	0.2260	0.0942
2015	0.4607	0.0893	0.2210	0.0932
2016	0.4208	0.0740	0.1946	0.0905
2017	0.3997	0.0671	0.1849	0.0892
2018	0.3821	0.0617	0.1770	0.0882
2019	0.3705	0.0579	0.1695	0.0875
2020	0.3034	0.0397	0.1415	0.0840
2021	0.3075	0.0410	0.1440	0.0842

资料来源：作者研究整理。

表8-5　2013—2021年京津冀城镇居民消费不平衡的统计分析

年份	变异系数	泰尔指数	基尼系数	赫芬达尔指数
2013	0.3510	0.0540	0.1742	0.0864

续表

年份	变异系数	泰尔指数	基尼系数	赫芬达尔指数
2014	0.3461	0.0528	0.1740	0.0861
2015	0.3380	0.0507	0.1709	0.0857
2016	0.2967	0.0386	0.1425	0.0837
2017	0.2829	0.0354	0.1380	0.0831
2018	0.2696	0.0322	0.1305	0.0825
2019	0.2646	0.0309	0.1259	0.0823
2020	0.2106	0.0200	0.1014	0.0803
2021	0.2276	0.0233	0.1093	0.0809

资料来源：作者研究整理。

表8-6　2013—2021年京津冀农村居民消费不平衡的统计分析

年份	变异系数	泰尔指数	基尼系数	赫芬达尔指数
2013	0.3897	0.0696	0.2065	0.0886
2014	0.3550	0.0580	0.1873	0.0866
2015	0.3382	0.0521	0.1732	0.0857
2016	0.3259	0.0477	0.1635	0.0851
2017	0.3073	0.0424	0.1528	0.0842
2018	0.2889	0.0379	0.1475	0.0833
2019	0.2708	0.0332	0.1370	0.0826
2020	0.2229	0.0228	0.1131	0.0807
2021	0.2044	0.0193	0.1042	0.0801

资料来源：作者研究整理。

根据表8-4—表8-6，可以得出以下结论：

首先，从变异系数来看，样本期内，京津冀居民消费水平、城镇居民消费水平和农村居民消费水平的变异系数均保持稳步下降的变化趋势。其中，居民消费水平的变异系数由0.4939降至0.3075，降幅为38.57%；城镇居民消费水平的变异系数由0.3510降至0.2276，降幅为

40.00%；农村居民消费水平的变异系数由 0.3897 降至 0.2044，降幅为 47.55%。对比城镇居民消费和农村居民消费可以发现，城乡居民消费水平的变异系数整体上较为接近，但农村居民消费水平变异系数的下降速度更快，表明京津冀农村消费协同度的提升要快于城镇消费协同度。

其次，从泰尔指数来看，样本期内，京津冀居民消费水平、城镇居民消费水平和农村居民消费水平的泰尔指数呈现波动下降的演变趋势。其中，居民消费水平的泰尔指数由 0.1012 波动降至 0.0410，降幅为 60.74%；城镇居民消费水平的泰尔指数由 0.0540 波动降至 0.0233，降幅为 62.99%；农村居民消费水平的泰尔指数由 0.0696 持续降至 0.0193，降幅为 72.25%。对比城镇居民消费和农村居民消费可以发现，城镇居民消费水平的泰尔指数整体上低于农村居民消费水平的泰尔指数，但农村居民消费水平的泰尔指数保持着更快的下降速度，逐步缩小与城镇居民消费水平泰尔指数的差距。

再次，从基尼系数来看，其一，相较于泰尔指数，基尼系数有较为系统的分级标准，其中，[0, 0.2) 为绝对平均，[0.2, 0.3) 为比较平均，[0.3, 0.4) 为相对合理，[0.4, 0.5) 为差距较大，[0.5, 1] 为差距悬殊。样本期内，京津冀居民消费水平的基尼系数主要位于 [0, 0.2) 和 [0.2, 0.3) 两个区间，表明京津冀居民消费水平的区际差距整体较小。其二，样本期内，京津冀居民消费水平、城镇居民消费水平和农村居民消费水平的基尼系数总体上呈现下降趋势。其中，居民消费水平的基尼系数由 0.2356 波动降至 0.1440，降幅为 39.94%；城镇居民消费水平的基尼系数由 0.1742 波动降至 0.1093，降幅为 41.79%；农村居民消费水平的基尼系数由 0.2065 持续降至 0.1042，降幅为 49.54%。其三，对比城镇居民消费和农村居民消费可以发现，城镇居民消费水平的基尼系数整体上低于农村居民消费水平的基尼系数，但农村居民消费水平的基尼系数下降速度更快，与城镇居民消费水平基尼系数的差距逐步缩小。

最后，从赫芬达尔指数来看，样本期内，京津冀居民消费水平、城镇居民消费水平和农村居民消费水平的赫芬达尔指数整体呈波动下降。

其中，居民消费水平的赫芬达尔指数由 0.0957 波动降至 0.0842，降幅为 12.21%；城镇居民消费水平的赫芬达尔指数由 0.0864 波动降至 0.0809，降幅为 7.02%；农村居民消费水平的赫芬达尔指数由 0.0886 持续降至 0.0801，降幅为 9.56%。对比城镇居民消费和农村居民消费可以发现，城镇居民消费水平的赫芬达尔指数整体上低于农村居民消费水平的赫芬达尔指数，但农村居民消费水平的赫芬达尔指数下降速度更快，与城镇居民消费水平赫芬达尔指数的差距逐年减小。

（五）京津冀消费协同分类指数的测算结果分析

在分析京津冀分类消费项目的协同水平之前，本章首先将京津冀消费协同分类指数由高到低划分为 5 个类型，如表 8-7 所示。之后，本章进一步将八大类消费项目分为生活型消费和发展享受型消费，分类进行分析。具体而言，生活型消费包括食品烟酒、衣着、居住三类消费；发展享受型消费包括生活用品及服务、交通通信、教育文化娱乐、医疗保健、其他用品及服务五类消费。

表 8-7　　　　　　京津冀消费协同分类指数的等级划分标准

京津冀消费协同分类指数	协同等级	协同类型
(0.0~0.2)	1	初级协同
[0.2~0.4)	2	基本协同
[0.4~0.6)	3	中级协同
[0.6~0.8)	4	良好协同
[0.8~1.0)	5	优质协同

资料来源：作者研究整理。

1. 京津冀生活型消费的协同指数

本章首先对京津冀生活型消费的协同指数进行分析。表 8-8 展示了 2013—2021 年京津冀生活型消费的协同指数。

表 8-8　　　　　　　　京津冀生活型消费协同指数

年份	食品烟酒	衣着	居住
2013	0.157	0.340	0.100
2014	0.638	0.658	0.375
2015	0.710	0.784	0.511
2016	0.708	0.821	0.607
2017	0.733	0.833	0.693
2018	0.844	0.871	0.815
2019	0.856	0.876	0.909
2020	0.366	0.199	0.927
2021	0.908	0.834	0.995

资料来源：作者研究整理。

根据表 8-8，京津冀生活型消费协同指数呈现以下特征：

首先，样本期内，食品烟酒、衣着以及居住消费的协同指数均保持较快的提升态势，这与前文京津冀消费协同综合指数的测度结果相一致，表明京津冀生活型消费的协同程度稳步提升。

其次，从提升幅度来看，样本期内，居住消费的协同指数提升幅度最大，由 0.100 提升至 0.995，协同类型由初级协同变为优质协同；衣着消费的协同指数提升幅度最小，由 0.340 提升至 0.834，协同类型由基本协同变为优质协同；食品烟酒消费的协同指数提升幅度介于以上两者之间，由 0.157 提升至 0.908，协同类型由初级协同变为优质协同。

最后，2020 年，各类型消费项目的协同指数出现明显的下降，主要原因是新冠疫情的冲击，使得京津冀居民消费的市场规模和区际联系受到较大影响。

2. 京津冀发展享受型消费的协同指数

本章进一步对京津冀发展享受型消费的协同指数进行分析。表 8-9 展示了 2013—2021 年京津冀发展享受型消费的协同指数。

表 8-9　　　　　　　京津冀发展享受型消费协同指数

年份	生活用品	交通通信	文教娱乐	医疗保健	其他
2013	0.100	0.100	0.186	0.100	—
2014	0.444	0.377	0.456	0.475	—
2015	0.591	0.608	0.639	0.597	—
2016	0.762	0.800	0.745	0.643	0.594
2017	0.870	0.862	0.822	0.717	0.362
2018	0.890	0.899	0.898	0.792	0.712
2019	0.929	0.946	0.995	0.862	0.995
2020	0.773	0.794	0.341	0.797	0.103
2021	0.986	0.907	0.794	0.995	0.851

注：其他消费项目在2013—2015年无对应的价格指数，因此本章选取2016年及之后的年份进行研究。

资料来源：作者研究整理。

根据表8-9，京津冀发展享受型消费协同指数呈现以下特征：

首先，样本期内，生活用品、交通通信、文教娱乐、医疗保健和其他消费的协同指数呈现出平稳上升的态势。这一结果一方面表明京津冀发展享受型消费的协同程度稳步提升，另一方面也体现出随着居民收入水平的提高和消费领域的不断拓展，京津冀居民消费结构持续优化升级。

其次，从各类型消费项目来看，样本期内，生活用品消费的协同指数由0.100波动上升至0.986，协同类型由初级协同变为优质协同；交通通信消费的协同指数由0.100波动上升至0.907，协同类型由初级协同变为优质协同；文教娱乐消费协同指数的提升速度相对较慢，由0.186提升至0.794，协同类型由初级协同变为良好协同，其原因主要是京津冀地区文化产业和科教资源高度集中于北京和天津，河北各地的文化产业和科教发展水平较之京津存在较大落差，制约了文教娱乐消费协同水平的提高；医疗保健消费的协同指数提升速度最快，由0.100提升至0.995，协同类型由初级协同变为优质协同；其他消费的协同指数由

2016年的0.594提升至2021年的0.851,协同类型由中级协同变为优质协同。

最后,2020年,发展享受型消费中各类型消费项目的协同指数显著降低,主要原因同样是新冠疫情冲击造成的区际消费联系减弱和居民消费支出的相对下降。

(六)京津冀居民消费水平的空间联系

1. 京津冀居民消费水平的全局空间自相关

本章首先通过全局莫兰指数探究了京津冀居民消费水平整体的空间关联状况。2013—2021年京津冀居民消费水平全局莫兰指数的检验结果如表8-10所示。

表8-10　　2013—2021年京津冀居民消费水平的全局莫兰指数

年份	Moran's I	Z值	P值
2013	0.0583	0.9352	0.3497
2014	0.0959	1.1633	0.2447
2015	0.1001	1.1867	0.2354
2016	0.0855	1.1276	0.2595
2017	0.0952	1.1962	0.2316
2018	0.0860	1.1303	0.2583
2019	0.0968	1.2305	0.2185
2020	0.0927	1.2391	0.2153
2021	0.0874	1.1609	0.2457

资料来源:作者研究整理。

从表8-10可以看出,样本期内,京津冀居民消费水平的全局莫兰指数数值较小,并且均未通过10%的显著性检验。这一结果表明,京津冀居民消费的区际联系较弱,其原因主要是,与长三角和珠三角地区相比,京津冀分属三个不同的行政区域,难以进行统一的发展规划,难以建立一个良好的、有效的消费空间联动机制，未来需要进一步深化改革，打破传统的行政分割，打通制约消费协同的各个堵点，促进商品和要素在区域范围内畅通流动。

2. 京津冀居民消费水平的局部空间自相关

本章进一步通过热点分析法探索和揭示京津冀居民消费水平冷热点的空间分布格局。2013—2021年京津冀居民消费水平的热点分析结果如表8-11所示。

表8-11　　2013—2021年京津冀居民消费的热点分析结果

冷热点区域	2013年	2016年	2019年	2021年
冷点区 a	—	—	—	—
冷点区 b	—	—	—	—
冷点区 c	—	—	—	—
热点区 c	北京、廊坊	北京、廊坊、张家口	北京、廊坊、张家口、承德	北京、廊坊、张家口
热点区 b	天津	天津	天津	天津
热点区 a	—	—	—	—

注：a、b、c分别表示在0.01、0.05、0.1水平上显著。
资料来源：作者研究整理。

总的来说，京津冀居民消费水平冷热点的空间分布呈现以下特征：

首先，样本期内，京津冀居民消费不存在冷点区，主要原因在于京津冀地区是中国经济发展水平最高、消费市场体系最完善和总体规模最大的地区之一，居民人均消费支出水平总体较高。

其次，样本期内，京津冀居民消费的热点区面积整体上呈现扩张趋势，逐渐由北京、天津、廊坊向张家口、承德扩展，表明京津冀居民消费水平整体上处于稳步提升的良好态势。

最后，热点区集中分布在京津周边地区，表明超大、特大城市对于周边区域的消费协同水平有较强的溢出效应。

因此，提升京津冀消费协同水平，需要充分发挥北京、天津作为超大、特大城市的枢纽作用和辐射带动作用，深化要素市场化改革，建设高标准市场体系，引领带动京津冀各地深度融入全国统一大市场。

四　本章小结

自2014年京津冀协同发展战略实施以来，京津冀在消费协同方面取得了显著成效，为京津冀携手打造世界级城市群和建设中国式现代化的先行区、示范区提供了重要保障。通过本章的研究，可以发现，京津冀消费协同水平呈现稳步提升的演变趋势，但消费的区际联系仍存在较大提升空间。基于京津冀消费协同的现实状况和具体问题，总结相关经验，可以为进一步提升京津冀消费协同水平，推动京津冀高质量协同发展提出针对性的政策建议。

首先，挖掘消费需求。京津冀地区的消费协同，必须建立在充分挖掘各地消费潜力的基础上。为此，京津冀各地要加快发展新型消费，促进新业态、新模式健康有序发展和空间联动。当前，健康消费、绿色消费、文旅消费、知识付费等层出不穷，居民消费呈现多样化、多层次的特点。因此，京津冀各地要坚持以新业态、新模式带动新型消费，深入挖掘不同领域的消费潜力，全方位提升供给水平，更好满足居民消费需求，让广大居民愿意消费、有地方消费，真正释放消费潜力。与此同时，消费券已成为促进消费的重要手段，京津冀各地可以发放覆盖"食、住、行、游、购、娱"等多场景的消费券，进一步激活居民消费潜力。

其次，满足消费需求。京津冀各地要不断完善消费设施，有效提升和改善消费条件，帮助居民更方便、快捷、舒心地消费和购物。要深入调研各地消费人群消费偏好和消费习惯，为消费人群提供贴合其消费预期的、带有地区特色的产品和服务。京津冀三地可联合设立专门的协作机构，加强各地在交通基础设施建设、旅游产业发展等方面的协同合作，站在消费者角度提升项目便利性、可视性、舒适性、愉悦性，提升文旅公共服务水平，擦亮京津冀文旅消费品牌，持续释放文旅消费活力。此外，京津冀三地地缘相接、人缘相亲，地域一体、文化一脉，拥有丰富的文化资源和深厚的历史底蕴，要充分发挥各地的比较优势，共创文旅项目、共办文旅活动、共育文旅品牌，从而充分释放京津冀文旅消费活力。

最后，留住消费需求。京津冀各地要统筹商业规划布局，优化消费环境，以消费者为中心，系统加强商业基础设施建设和城市更新提升，完善商业服务质量标准体系，持续营造国际一流营商环境，打造近悦远来的消费体验。要加强城市整体营销，找准品牌定位，整合运用各种传播资源和手段，提升城市品牌形象的影响力和城市的竞争力。要建立专业化消费平台，精准针对各地区特色制定需求满足方案，培养壮大以"互联网+"为核心特征的新型消费业态，搭建对接平台，推动实体商业与电商、新媒体等合作，推广社交营销、直播卖货、云逛街等新模式。要鼓励商家不断升级、推陈出新，将数字技术应用于新产品的研发，满足多样化、多层级的消费需求，提升产品竞争力，吸引更多的消费者。

参考文献

程叶青等：《中国能源消费碳排放强度及其影响因素的空间计量》，《地理学报》2013年第10期。

方恺等：《作为中国区域发展均衡线的佐证分析——以城市温室气体排放为例》，《地理学报》2021年第12期。

黄万状、石培基：《河湟地区乡村聚落位序累积规模模型的实证研究》，《地理学报》2021年第6期。

李兰冰、刘秉镰：《"十四五"时期中国区域经济发展的重大问题展望》，《管理世界》2020年第5期。

李美芳、欧金沛、黎夏：《基于地理信息系统的2009—2013年甲型H1N1流感的时空分析》，《地理研究》2016年第11期。

李研、洪俊杰：《居民消费不平衡的统计测度及消费潜力分析》，《数量经济技术经济研究》2021年第11期。

李玉姣、王晓洁：《京津冀地区产业结构转型对城乡居民收入差距的影响》，《北京社会科学》2023年第3期。

刘志彪、刘俊哲：《区域市场一体化：全国统一大市场建设的重要推进器》，《山东大学学报》（哲学社会科学版）2023年第1期。

孙久文、原倩：《京津冀协同发展战略的比较和演进重点》，《经济社会体制比较》2014年第5期。

覃成林、张华、毛超：《区域经济协调发展：概念辨析、判断标准与评价方法》，《经济体制改革》2011年第4期。

王家庭、王浩然：《中国式超大特大城市现代化水平的多维测度——理论逻辑、时空演绎与提升路径》，《城市问题》2023年第5期。

王伟、王成金：《中国沿海港口煤炭运输的空间分异格局及演化》，《地理学报》2016年第10期。

吴爱芝、孙铁山、李国平：《中国纺织服装产业的空间集聚与区域转移》，《地理学报》2013年第6期。

吴开军、冯正选：《粤港澳大湾区城市群旅游经济协调发展的空间格局及演化研究》，《地域研究与开发》2021年第1期。

习近平：《高举中国特色社会主义伟大旗帜　为全面建设社会主义现代化国家而团结奋斗》，《人民日报》2022年10月26日第1版。

曾蓼等：《长江经济带商贸流通业协调发展评价》，《改革》2018年第8期。

张城铭、翁时秀、保继刚：《1978年改革开放以来中国旅游业发展的地理格局》，《地理学报》2019年第10期。

周龙飞、张军：《中国城镇家庭消费不平等的演变趋势及地区差异》，《财贸经济》2019年第5期。

第九章
京津冀市场协同指数

王家庭 姜铭烽[*]

市场协同是京津冀协同发展的重要内容，提升京津冀市场协同水平是推动京津冀协同发展进程的重要举措。本章利用京津冀13个城市7类商品在2014—2022年间的价格指数，采用基于"冰川"成本模型的相对价格法测度、分析京津冀市场协同指数，并为进一步提升京津冀三地市场协同水平提出政策建议。

一 京津冀市场协同的内涵与意义

明确京津冀市场协同的时代背景，厘清市场协同的基本内涵与重大意义，是深入分析京津冀地区市场协同水平的基本前提。

（一）京津冀市场协同的内涵

市场协同是协同学在市场经济领域的应用。协同学由赫尔曼·哈肯创立，他认为系统中诸多子系统的互相协调的、合作的或同步的联合作

---

[*] 王家庭，南开大学经济与社会发展研究院中国城市与区域经济研究中心教授、博导，中国城市经济学会城市公共经济与政策专业委员会副主任，研究方向：城市与区域经济、土地与房地产经济、中国式现代化与区域协调发展；姜铭烽，南开大学经济与社会发展研究院硕士研究生。

用、集体行为就是协同,也就是"整体功能大于部分功能之和"①。在此基础上,学者们将市场协同定义为一种集过程与状态于一体的统一体。②

一方面,过程是指对于各类市场壁垒的消除,从而使得各个次级的区域性市场不断整合为一个更大尺度上的统一市场,在此进程中生产要素不断再配置,资源结构不断优化重组,不同区域间的生产分工与经济结构不断调整,在乘数规模效应和整体效率增强的影响下实现整体大于部分之和的效果。另一方面,状态是指市场协同下对于本地和外地主体的一视同仁(即差别待遇的消失,制度性交易成本趋近于零)、各类经济要素在更大空间范围内的自由流动。

因此,实现京津冀市场协同的核心要义在于突破行政区划界限,实现经济要素的自由流动。新古典经济增长视角下,边际收益递减与知识溢出将使得落后地区相较于发达地区具有更强的增长潜力,从而使得地区间经济增长趋于收敛,实现经济发展水平的总体提升。新经济地理学与演化经济地理学中的观点进一步指出,区域间经济增长收敛的经济机制在于区域协调政策实现了广泛、频繁的要素流动,强化了规模经济。创新性的市场协同机制,有利于缓解传统分权体制引发的地方政府过度竞争、区域发展协调不足,为经济要素流动提供了更加宽松的制度环境,实现经济要素充分流动与有效集聚的统一,提升区域整体经济效率。

(二) 京津冀市场协同的意义

中国式现代化与京津冀市场协同具有内在联系。一方面,以中国式现代化道路为行动指南,推动京津冀协同发展走向纵深,是以史为鉴、活用理论、深化实践的必然选择;另一方面,京津冀地区是以首都为核心的都市圈和城市群,京津冀市场协同的水平关系着区域经济效率的提升,对于充分发挥京津冀地区在中国式现代化中的战略性作用具有深刻

---

① [德]赫尔曼·哈肯:《协同学——大自然构成的奥秘》,凌复华译,上海译文出版社2005年版。
② 魏丽华:《国内两大城市群市场协同的比较与分析——京津冀与沪苏浙》,《软科学》2016年第9期。

意义。

党的二十大报告指出，实现高质量发展是中国式现代化的本质要求之一，必须完整、准确、全面贯彻新发展理念，坚持社会主义市场经济改革方向，坚持高水平对外开放，加快构建以国内大循环为主体、国内国际双循环相互促进的新发展格局。构建新发展格局，关键在于实现经济循环流转和产业关联畅通，着力打通堵点，贯通生产、分配、流通、消费各环节，实现供求动态均衡。"十四五"规划明确指出，以国内大循环为主体、国内国际双循环相互促进是新发展格局的基本内涵。畅通经济循环是新发展格局的关键内涵，实现高水平的自立自强是新发展格局的本质特征。在新发展格局要求下，畅通经济循环包含了内循环与外循环两大部分，两者的关系为：国内大循环是基础，畅通国内大循环必须充分发挥中国超大市场规模的优势，使得国内大循环和国际大循环成为统一体。

经济循环流转与产业关联互通是市场机制完善、区域间市场整合为统一大市场的结果，市场协同对于打造新发展格局，实现高质量发展，以中国式现代化实现中华民族伟大复兴而言至关重要。一方面，京津冀地区在促进区域市场协同方面具有较为优越的经济禀赋。京津冀地区自改革开放以来日益呈现出市场大、产业全的优势特征。区域内核心城市中庞大的中等收入群体产生了巨大的内需潜力，特别是在2008年全球性金融危机的外生冲击下，中国经济逐渐由改革开放初期资源市场两头在外的外向型经济转化为以国内大循环为主体的新发展模式。受益于国际大循环带来的经济发展与城镇化进程加速，该地超大的国内市场规模逐渐形成，庞大的内需潜力亟待释放。另一方面，国际大循环受外部风险干扰较大，难以形成支撑新发展格局的稳定动能。2008年的国际性金融危机导致了外需萎缩，迫使中国经济发展模式发生了显著的变化。[①] 新一轮科技革命的主旋律表明，长期积累的全球化负面影响使得全球价

[①] 赵扶扬、陈斌开、刘守英：《土地供给视角下的宏观调控、地方政府与中国经济发展模式转型》，《社会科学文摘》2021年第11期。

链正不断重构,使得区域对外开放的难度逐步加大。① 以数字技术跨国垄断为例,当前逆全球化潮流下中国面临的"卡脖子"困境,自主可控应当是中国当期经济发展模式的重要追求。② 在上述种种因素的制约下,国内大循环的主体地位得以确立,成为当前驱动京津冀地区乃至全国经济发展的主要着力点。

改革开放至今,中国在社会主义市场经济体制下创造了巨大的经济发展成就,也在经济发展过程中不断完善社会主义市场经济体制本身,使其更加适应于中国经济社会发展的现实要求。

改革开放以来中国社会主义市场经济的发展历程波澜壮阔:1979年,邓小平同志首次提出"社会主义也可以搞市场经济"的论断,拉开了中国向市场经济体制转型的序幕;1981年,党的十一届六中全会通过了《关于建国以来党的若干历史问题的决议》,在其中大胆突破了原有经济方针对市场经济的排斥,形成了"计划经济为主,市场调节为辅"的思想;1984年,党的十二届三中全会通过的《关于经济体制改革的决定》明确提出"社会主义经济是公有制基础上的有计划的商品经济"的论断;1992年,邓小平同志在"南方谈话"中进一步指出"市场经济不等于资本主义",随后召开的十四大将建立社会主义市场经济体制作为中国经济体制改革的目标;2012年,党的十八大明确提出"发挥市场在资源配置中的决定性作用"。目前,中国已在改革开放的巨大成就基础上逐步建立起较为完善的市场经济体制,形成了规模庞大的国内市场,为新时代中国经济的持续稳定发展奠定了基础。

但不容回避的是,中国市场存在诸如大而不强和发展不平衡等现实问题,③ 贸易壁垒(表现为市场分割、地方保护主义、地方政府竞争等)是阻隔国内市场协同发展的重要因素。针对上述现实问题,实施符合中

---

① 吴迪:《全球价值链重构背景下中国实现高水平对外开放的战略选择》,《经济学家》2023年第2期。

② 王金明、斯建华:《数字技术跨国垄断、"卡脖子"困境与统一大市场构建》,《云南社会科学》2023年第3期。

③ 王大树:《建设全国统一大市场的重大意义及重点方向》,《人民论坛》2022年第19期。

国基本国情的市场协同政策，有效提升京津冀市场协同水平，推动全国统一大市场建设进程，是中国区域协同发展的重要目标与政策着力点，也是保障中国式现代化行稳致远的重要战略基点。

二 京津冀市场协同指数的测度方法

如前文所述，市场协同在中国式现代化进程中具有突出的战略价值，商品、要素的自由流动是市场协同的核心要义，而市场中各类商品价格的趋同程度则是反映其自由流动水平的重要指标，因此学者们往往利用基于"冰川"成本模型的价格法，整合市场中的价格趋同程度信息，进而测度市场协同水平。本章将对基于"冰川"成本模型的价格法进行简要介绍，在此基础上介绍测度京津冀市场协同指数所使用的经济指标，并说明其数据来源。

（一）"冰川"成本模型与相对价格法

"冰川"成本模型主要考虑 i 和 j 两地区之间要素市场价格的变动关系，并进一步提出了对于两地之间市场整合协同与否的判断标准。具体而言，i 地区的市场价格 P_i 与 j 地区的市场价格 P_j 均是随时间而变动的量，两者既可以同向变动（即两者同时升高或同时降低），也可以反向变动（即两者一升一降）。对于一个整合协同的市场，不要求 i 地区的市场价格 P_i 与 j 地区的市场价格 P_j 保持同向乃至同幅度的变动，只需要两地市场的相对价格 $\frac{P_i}{P_j}$ 保持在一定的合理区间，就可以认为两地市场处于整合协同的状态。"冰川"成本模型的理论价值在于将市场协同状态精准地概括为"价格信号在空间上分散的市场间均衡地传递"，在此基础上诞生的相对价格法正是通过测度地区间多种产品、要素的价格变动，实现对市场协同水平的测度。

相对价格法的测度过程如下。首先，利用环比价格指数信息计算出地区 i 与地区 j 间相对价格的差分形式，并取绝对值，公式为：

$$|\Delta Q_{ijt}^k| = \left|\ln\left(\frac{P_{it}^k}{P_{jt}^k}\right) - \ln\left(\frac{P_{it-1}^k}{P_{jt-1}^k}\right)\right| = \left|\ln\left(\frac{P_{it}^k}{P_{it-1}^k}\right) - \ln\left(\frac{P_{jt}^k}{P_{jt-1}^k}\right)\right| \quad (9-1)$$

其中，P_{it}^k 代表城市 i 在 t 年度时商品（或要素）k 的价格（在实际研究中以环比价格指数计算①）。在此基础上，使用去均值法剔除 $|\Delta Q_{ijt}^k|$ 中由于商品异质性而导致的不可加效应。对于给定的商品 k，时间 t，将 $|\Delta Q_{ijt}^k|$ 减去其在不同城市组合中的均值 $\overline{|\Delta Q_t^k|}$，得到 q_{ijt}^k，公式为：

$$q_{ijt}^k = |\Delta Q_{ijt}^k| - \overline{|\Delta Q_t^k|} \quad (9-2)$$

最终，对 q_{ijt}^k 求方差，以 $\mathrm{Var}(q_{ijt}^k)$ 衡量不同城市间的市场协同发展水平。$\mathrm{Var}(q_{ijt}^k)$ 即市场分割指数，该指数越低，表明两地间市场协同发展水平越高。

进一步地，将不同城市组合之间的市场分割指数求平均值，即得到整个地区的市场分割指数。②

为了将上述市场分割指数转化为市场协同指数，本章取该指数的相反数，并与研究时段中 $\mathrm{Var}(q_{ijt}^k)$ 的最大值的两倍相加（以免大量出现 0 值），即得到市场协同发展指数。该指数数值越大，表明京津冀市场协同水平越高。为便于展示测度结果，本章将上述指数乘 10^5。

相对价格法的测度过程高度契合"冰川"成本模型对于市场整合协同的判断标准，能较好地整合商品、要素价格趋同程度的有关信息；同时相对价格法以环比价格指数为原始数据，该数据由国家统计局逐年编制，具有较强的可得性和准确性。因此，相对价格法是目前测度市场协同程度的主流方法。

综上所述，本章采用相对价格法测算京津冀三地各类市场的协同发展水平。

---

① 桂琦寒、陈敏、陆铭、陈钊：《中国国内商品市场趋于分割还是整合：基于相对价格法的分析》，《世界经济》2006 年第 2 期。

② 魏丽华：《京津冀地区市场协同发展研究》，《上海经济研究》2016 年第 4 期。

（二）数据来源

地区市场的环比价格指数是利用相对价格法测度市场协同程度的基础。目前，京津冀地区共有13个大中型城市，即北京市、天津市、石家庄市、承德市、张家口市、秦皇岛市、唐山市、廊坊市、保定市、沧州市、衡水市、邢台市和邯郸市。本章对上述13个城市历年发布的国民经济和社会发展统计公报进行手工整理，得到相应年份内多种消费品的环比价格指数，作为测算京津冀地区市场协同指数的基础。

本章以2014—2022年作为京津冀市场协同测度的研究时段。其中，2022年是有统计数据的最新年份。而以2014年作为研究时段的起点，主要由于该年及以后的数据可得性较好，更有利于准确测度京津冀市场协同指数。

综上所述，测度京津冀市场协同指数所使用的有关数据来源于京津冀地区13个城市历年发布的国民经济和社会发展统计公报，对应的数据年份为2014年至2022年。

（三）指标选择

参照现有研究，① 综合考虑在研究时段内数据的可得性与连续性，本章选取7种商品价格指数（食品烟酒、衣着、居住、生活用品、交通和通信、教育文化、医疗保健）测算京津冀市场协同指数。

将上述7种价格指数综合考虑，可以得到京津冀市场协同指数，反映该地区市场协同的总体状况。最终，本章选取了京津冀三地13个城市9年间共7大类商品的价格指数，涉及地点、时间和商品要素三大维度（13×9×7）。

三 京津冀市场协同指数测度结果分析

利用《中国统计年鉴》中的环比价格指数和相对价格法，本章对京

---

① 范欣：《市场分割、创新要素流动与自主创新能力》，《社会科学战线》2021年第8期。

津冀市场协同综合指数展开测度，以反映京津冀地区的市场协同水平。进一步地，本章以行政区划为标准，将上述综合指数分解为"北京—天津市场协同指数""北京—河北市场协同指数"和"天津—河北市场协同指数"，以对京津冀地区的市场协同发展进行较为全面的剖析。此外，本章还测算了京津冀地区城市层面的市场协同指数，以全面反映京津冀地区市场协同水平。

（一）京津冀市场协同综合指数结果分析

2014—2022年间京津冀市场协同指数测度结果如表9-1所示（该指数越高表明京津冀三地市场协同程度越高），其随时间而变动的趋势绘制如图9-1所示。

表9-1　京津冀市场协同综合指数测度结果

年份	京津冀市场协同综合指数
2014	38.459
2015	48.492
2016	39.600
2017	34.816
2018	26.109
2019	28.658
2020	42.042
2021	47.946
2022	52.218

资料来源：作者研究整理。

根据上述测度结果，京津冀三地在2014—2022年间的市场协同水平呈现如下特点。

1. 京津冀地区市场协同程度总体较高

在2014—2022年间，京津冀三地间市场协同指数的最大值为2022

第九章 京津冀市场协同指数

图 9-1 京津冀市场协同综合指数折线图
资料来源：作者研究整理。

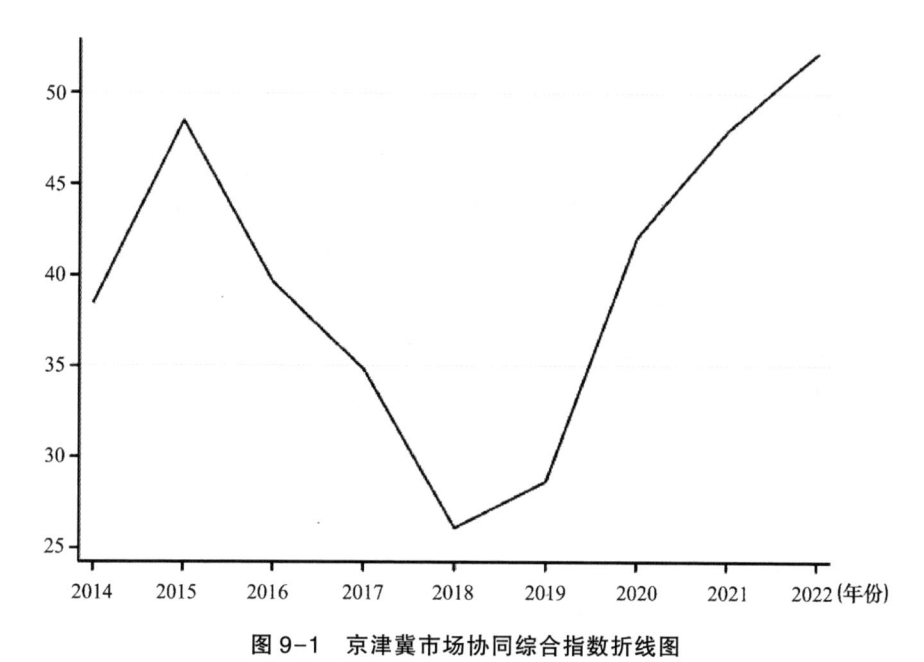

年的 52.218，最小值为 2018 年的 26.109，平均值为 39.816，标准差为 8.429。总体而言，京津冀三地间市场协同指数维持在较高水平，仅在个别年份（如 2018 年）出现明显下跌，但随后又迅速反弹，这反映出研究时间段内京津冀地区市场协同程度总体较高。

京津冀地区较高的市场协同水平有着深厚的现实背景，党中央和国务院为提升区域协调发展水平而不断深化的制度改革是该地区市场协同水平不断提升的重要力量。例如，通过优化商贸流通基础设施布局、第三方物流交付平台建设、打造综合性商品交易平台等举措，推动省级行政区间商品市场的一体化进程；通过知识产权法院跨区域管辖制度、统一产权交易信息发布机制、技术交易市场互联互通等举措推动技术要素市场一体化；通过统一产权信息发布机制、统一动产和权利担保登记、发展供应链金融等举措推动资本要素市场一体化；通过加强劳动者权益保护、推动省际间就业市场对接等举措促进劳动力要素市场一体化；

等等。

上述测度结果综合考虑了多种消费品市场的协同水平，表明京津冀三地间市场协同呈现出高水平、低波动、综合性强的显著特点。

2. 京津冀地区市场协同程度呈现出上升趋势

在2014年，测得京津冀地区间的市场协同指数为38.459。经过近十年的协同发展，2022年三地间的市场协同指数上升至52.218，增长幅度达到35.776%，反映出京津冀协同发展已初见成效并显现出良好趋势。

京津冀地区市场协同程度在整个研究期间内呈现明显的上升趋势，这一长期上升趋势的出现有多方面的原因。

首先，在21世纪初，财政分权体制一方面为中国区域经济发展注入了强劲的动力，实现了对地方经济发展的正向激励，但地方政府的行政垄断等因素催生了省界边际效应，令不同地区间经济往来和协同发展受到阻碍——在本行政区范围内要素可以较为自由地流动，而一旦跨越行政边界，要素流动将立刻受到抑制和阻碍。同时，级行政区之间的制度差异，令区域间合作的深度和广度受到极大制约，最终难以实现要素整合与资源高效率配置。面对上述问题，京津冀地区在推动跨省市场协同方面进行了充分的探索和尝试（如《廊坊共识》、"环渤海经济圈合作与发展高层论坛"达成的"5·21"共识等[1]），并最终取得了良好的效果。

其次，当美国全球性金融危机传导至国内时，面对世界范围内的贸易衰退，国内地方政府采取了以限制性采购政策为代表的贸易保护措施，以降低区域经济合作水平为代价"自保"，从而阻碍了地区市场协同化进程。在此之后，伴随全球性金融危机的平息，外部风险逐渐转弱继而可控，上述区域性保护政策逐步取消，京津冀市场协同水平再次进入上升趋势。

最后，京津冀协同发展战略进一步细化落实、三地经济合作持续深化推进是京津冀市场协同水平在近年来呈现出迅猛提升态势的重要原因。

---

[1] 魏丽华：《京津冀地区市场协同发展研究》，《上海经济研究》2016年第4期。

2018年11月，中共中央、国务院明确要求以疏解北京非首都功能为"牛鼻子"推动京津冀协同发展，调整区域经济结构和空间结构，推动河北雄安新区和北京城市副中心建设，探索超大城市、特大城市等人口经济密集地区有序疏解功能、有效治理"大城市病"的优化开发模式。在上述思路的指引下，京津冀地区围绕疏解北京非首都功能开展更为深入的协同发展，促进三地创新链、产业链、资金链、政策链、服务链、商品链深度融合，京津冀市场协同水平迈上新的台阶。

3. 当前京津冀地区市场协同程度已创新高

经测度，2022年京津冀市场协同指数为52.218，2021年该指数为47.946；相较于以往年份，目前京津冀地区市场协同程度已创新高。这表明政策红利正转化为发展红利，治理能力正转变为治理效能，京津冀地区市场协同正呈现稳中向好的基本态势。

以往京津冀地区市场协同处于探索阶段，一方面缺乏来自中央行政力量的宏观协调，存在地方保护主义与区域协调发展的矛盾；另一方面三地所形成的协同发展成果往往停留于共识、框架阶段，缺乏具体、细致、科学的实施方案。自中共中央政治局审议通过《京津冀协同发展规划纲要》以来，京津冀协同发展的顶层设计基本完成，推动实施这一战略的总体方针已经明确，主要着力点更为明确清晰。京津冀协同发展上升为重大国家战略，北京、天津、河北三地间的市场协同是推动区域协调发展的内生动力和必由之路。在上述政策驱动力下，京津冀市场协同程度在当前创下新高，极大地强化了三地市场一体化。

在以《京津冀协同发展规划纲要》为代表的战略规划作用下，京津冀地区不同省级行政区间市场对接、市场融合的进程不断推进，一体化的市场促进了商品的跨行政区流动，刺激了本区域内消费者对其他地区的产品需求。将来，加快建设统一大市场，极大激活区域内需，持续扩大有效供给，形成需求引导供给、供给创造需求的更高水平动态平衡，是将京津冀消费品市场协同推向更高水平的必由之路。

（二）京津冀省份分类市场协同指数

前文测度了 2014—2022 年间的京津冀市场协同综合指数。进一步地，本章以京津冀地区的不同省级行政区为标准，将京津冀市场协同指数分解为北京—天津市场协同指数、北京—河北市场协同指数和天津—河北市场协同指数，考察京津冀三地两两之间的市场协同水平，相关测度结果如表 9-2 所示。

表 9-2　　京津冀省份分类市场协同指数测度结果

年份	北京—天津 市场协同指数	北京—河北 市场协同指数	天津—河北 市场协同指数
2014	46.523	34.168	38.767
2015	36.616	48.120	55.690
2016	26.384	40.822	46.032
2017	42.167	32.532	38.866
2018	33.759	29.205	28.444
2019	39.475	25.024	36.578
2020	47.457	39.434	45.801
2021	43.705	45.844	52.706
2022	52.768	50.048	56.888

资料来源：作者研究整理。

1. 北京—天津市场协同指数结果分析

2014—2022 年间北京—天津市场协同指数随时间而变动的趋势绘制如图 9-2 所示。

在研究时间段内，两地市场协同指数最高值为 2022 年的 52.768，最低值为 2016 年的 26.384，平均值为 40.984，标准差为 7.505。

北京和天津是京津冀区域协调发展的重要引擎，两地空间距离较为接近，协作历史较为悠久，在研究期间内市场协同指数总体保持在较高

第九章 京津冀市场协同指数

图 9-2 北京—天津市场协同指数折线图

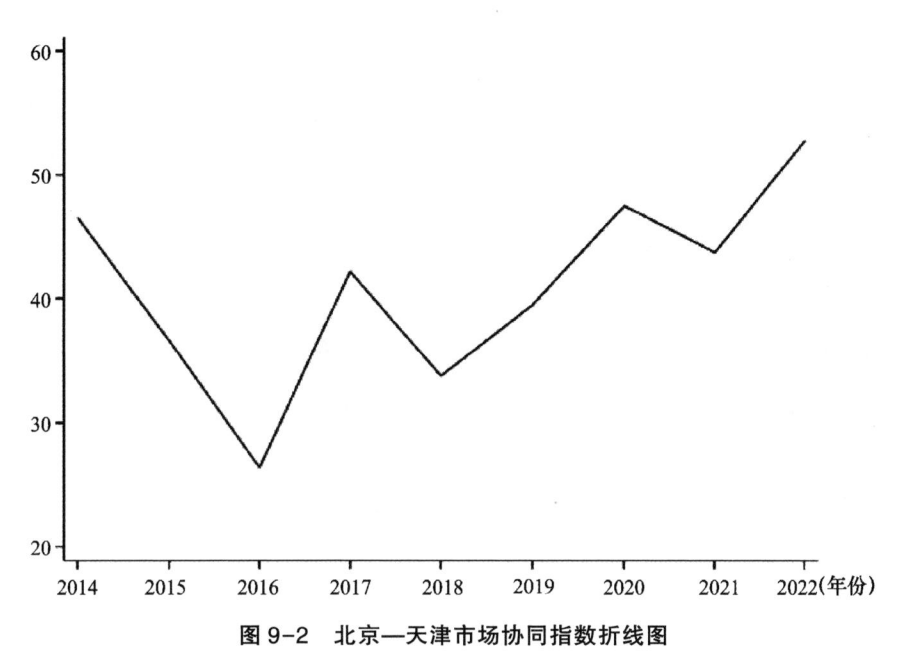

资料来源：作者研究整理。

水平，反映出两地市场协同程度总体较高；北京与天津两地市场协同指数在 2016 年与 2018 年出现了两次较为明显的下降，但总体而言市场协同水平在不断提升；自 2019 年来，两地间的市场协同指数创新高，反映出北京和天津的市场协同水平已经迈上新台阶。

近年来，北京、天津两地通过全方位的资源整合与分工布局促进市场协同水平的提升。例如，以北京中关村为抓手成立天津滨海中关村科技园，推动创新资源市场化整合；通过京津城际铁路等交通基础设施加速各类产品、要素的跨区域流动。在上述努力下，北京、天津已初步开创新时代下协同发展的新局面。

2. 北京—河北市场协同指数结果分析

2014—2022 年间北京—河北市场协同指数随时间而变动的趋势绘制如图 9-3 所示。

在研究时间段内，两地市场协同指数最高值为 2022 年的 50.048，最低值为 2019 年的 25.024，平均值为 38.356，标准差为 8.221。

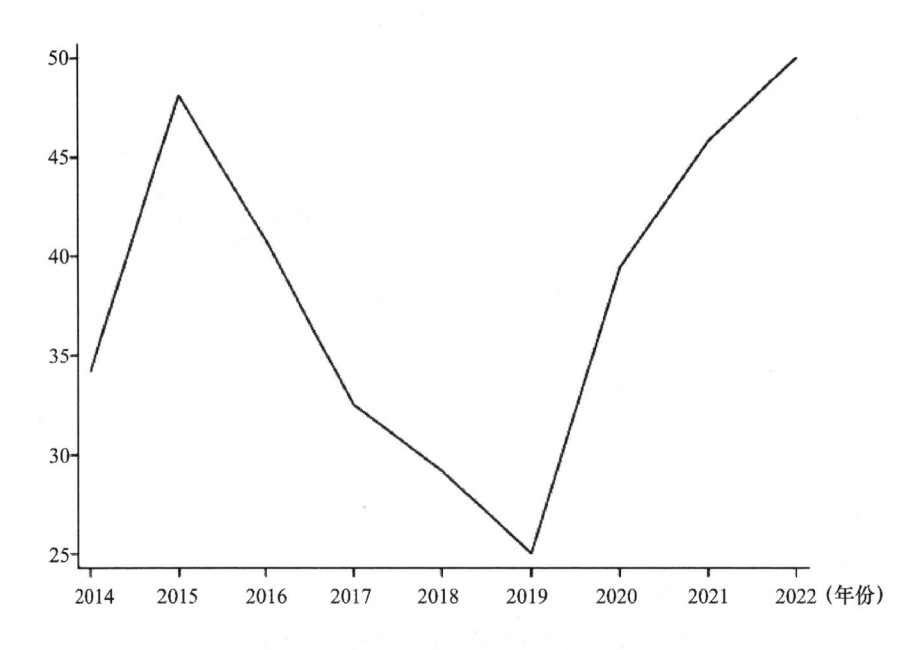

图9-3　北京—河北市场协同指数折线图

资料来源：作者研究整理。

北京与河北两地协作历史悠久，形成了京保石、京唐秦等重要发展轴，近年来市场协同水平总体较高；除2019年出现明显的下降外，市场协同指数总体呈现逐年上升的趋势，反映出两地市场协同水平的持续性提升；与京津冀市场协同指数的变化特征类似，北京与河北两地市场协同指数也在近年来创下新高，市场协同水平显著提升。

自2017年党中央与国务院推动设立雄安新区以来，北京城市副中心与河北雄安新区成为北京、河北两地乃至整个京津冀地区协同发展的"两翼"。当前，以京雄津保1小时交通圈为代表的物流条件改善，以企业信息互通互认为代表的制度性开放，以教育、医疗、养老协同为代表的公共服务共建共享，正有力地拉动商品、投资和劳动力等多个市场的跨省协同，并将在未来推动北京、河北市场协同走向纵深领域和更高水平。

3. 天津—河北市场协同指数结果分析

2014—2022年间天津—河北市场协同指数随时间而变动的趋势绘制如图9-4所示。

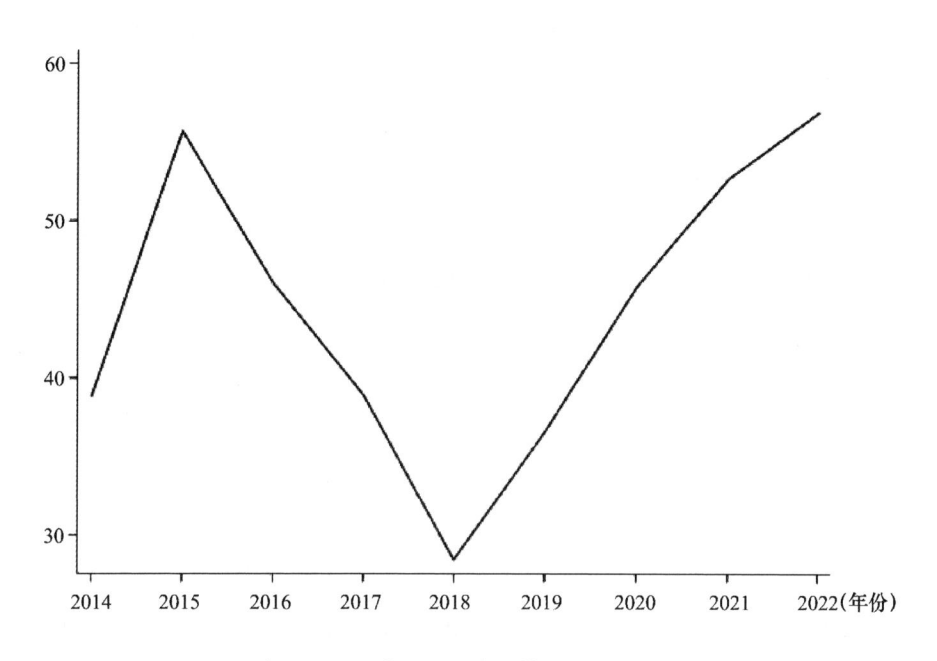

表9-4 天津—河北市场协同指数折线图

资料来源：作者研究整理。

在研究时间段内，两地市场协同指数最高值为2022年的56.888，最低值为2018年的28.444，平均值为44.419，标准差为9.038。

2014—2022年间，天津与河北两地市场协同指数总体维持在较高水平，但2018年两地的市场协同指数出现明显下降，达到研究时间段内的最低值；对比研究时间段首尾的市场协同指数，天津与河北的市场协同指数由38.767上升至56.888，增幅达到46.743%，说明近十年间两地市场协同程度总体呈上升趋势。

天津是京津冀地区重要的中心城市，河北省与天津市构建了津沧唐等重要都市圈，以引导人口、产业等各类要素的充分集聚与合理布局，强化区域辐射带动作用，实现各类产品、要素的充分交换，最终提升两地市场协同水平。

以商品要素的充分流动为媒介，人口、资本等其他经济要素的流动是区域协同发展的重要动力源。例如，2017年4月，中共中央和国务院决定设立河北雄安新区；2018年4月，《河北雄安新区规划纲要》得到批复。依托雄安新区，围绕北京非首都功能疏解，京津冀三地在市场准入、运行和监督机制等方面逐渐完善，这有效降低了跨省域投资活动的行政隔离程度，使得资本可以流动至回报率更高的部门中去，资本要素的流动规模得到扩张，固定资产投资市场协同水平进一步加强；又如，中国劳动力市场具有特殊性，京津冀地区乃至全国劳动力市场协同存在一些普遍困难：作为劳动力的流动人口与城市原住民间形成居住隔离，最终导致其陷入"价值虚空、无所适从"的状态；人力资本积累的外部赋能不足，其就业质量受到极大制约；此外，户籍制度的存在使得流动人口难以享受与城市原住民水平相当的城市公共服务。[1] 上述因素一方面阻碍了劳动力市场协同向纵深发展，另一方面又成为显著提升劳动力市场协同水平的着力点。通过深入实施以"疏解整治促提升"专项行动为代表的优化提升措施，京津冀地区正通过综合性整治方案引导劳动力均衡流动，推动劳动力市场高水平协同发展。[2]

（三）京津冀城市分类市场协同指数

前文测度了2014—2022年间的京津冀市场协同综合指数，并以京津冀地区的不同省级行政区为标准，将京津冀市场协同指数分解为北京—天津市场协同指数、北京—河北市场协同指数和天津—河北市场协同指数。本章进一步测度京津冀地区13个城市的市场协同指数，相关测度结果如表9-3—表9-5所示。

---

[1] 王家庭、姜铭烽：《国家级城市群规划对要素跨省流动的影响研究》，《当代经济科学》2023年第1期。

[2] 张贵、孙晨晨、刘秉镰：《京津冀协同发展的历程、成效与推进策略》，《改革》2023年第5期。

表 9-3　　京津冀城市分类市场协同指数测度结果-1

年份	北京	天津	保定	唐山	廊坊
2014	71.681	105.092	110.584	155.145	35.680
2015	64.995	97.583	112.222	155.981	36.830
2016	60.438	79.956	104.732	136.263	63.830
2017	68.848	94.618	93.434	77.990	61.866
2018	69.033	55.485	93.723	133.720	69.559
2019	41.210	95.864	56.111	134.656	71.360
2020	77.587	103.518	100.660	145.300	74.679
2021	77.892	106.562	105.030	150.889	79.524
2022	82.419	110.970	111.353	155.597	72.589

资料来源：作者研究整理。

表 9-4　　京津冀城市分类市场协同指数测度结果-2

年份	张家口	承德	沧州	石家庄
2014	81.168	78.834	42.646	37.217
2015	70.691	80.127	39.747	31.890
2016	70.296	74.454	30.861	23.081
2017	52.521	67.177	28.720	30.792
2018	40.584	40.064	28.318	19.585
2019	54.550	70.727	21.323	22.329
2020	68.295	57.187	33.748	26.609
2021	71.987	75.878	37.246	35.136
2022	74.228	79.014	39.755	39.170

资料来源：作者研究整理。

表 9-5　　京津冀城市分类市场协同指数测度结果-3

年份	秦皇岛	衡水	邢台	邯郸
2014	67.910	75.651	51.395	49.334

续表

年份	秦皇岛	衡水	邢台	邯郸
2015	60.721	71.627	48.658	45.269
2016	55.039	74.637	41.429	39.732
2017	68.392	71.809	30.983	41.483
2018	34.726	41.315	25.697	39.017
2019	56.048	44.582	32.985	25.814
2020	69.451	62.104	33.199	35.849
2021	63.493	81.561	41.010	48.429
2022	69.024	82.630	47.929	51.628

资料来源：作者研究整理。

京津冀地区 13 个地级以上城市的市场协同指数测度结果表明，2014—2022 年间各城市的市场协同水平基本都呈现出上升趋势，从而为整个京津冀地区市场协同水平的持续提高奠定了基础；北京市、天津市、保定市、唐山市等区域大型城市的市场协同指数显著高于区域平均水平，是京津冀地区市场协同水平不断提升的重要动力源。

四 本章小结

本章在阐述中国式现代化背景下市场协同的战略地位，阐明市场协同基本内涵的基础上，利用基于"冰川"成本模型的相对价格法测度了京津冀地区 2000—2022 年的市场协同指数，并将其按行政区划进行分解，以较为准确、全面地反映该地区的市场协同水平，此外还测算了京津冀地区城市层面的市场协同指数。经研究发现，京津冀市场协同水平总体较高，协同水平的上升趋势较为明显，目前京津冀市场协同水平正处于历史新高。

为在全面建设社会主义现代化国家的新征程中进一步提升京津冀三地协同发展水平，应当充分总结相关经验，为准确、全面贯彻落实京津冀协同发展重大战略提供保障。

首先，积极推动区域间市场一体化，促进京津冀三地市场制度差异的有效协调。提升市场协同水平的关键途径在于促进市场一体化、降低不同市场间的制度差异，因此三地政府间应当加强协作，积极配合京津冀协同发展战略，通过行之有效、实事求是的配套政策，为市场一体化、市场制度差异协调提供便利。

其次，坚持并进一步推动以城市群为重要内容的新型城镇化战略。城市群模式有利于京津冀地区不同规模、各有所长的城市节点通过要素流动的方式开展跨省合作，这种区域合作形态提升了各类经济要素的配置效率，有利于产业优化布局，实现区域协调发展，提高市场协同水平。

最后，坚持以人为本的根本宗旨。人口要素是最为活跃的经济要素之一，是京津冀三地打通市场分割、增强市场协同的"牛鼻子"。应当充分关注人民综合性的实际需求，以增进人民福祉吸引人口流动，以人口流动带动商品流动与其他要素流动，最终实现高水平的市场协同。

参考文献

[德] 赫尔曼·哈肯：《协同学——大自然构成的奥秘》，凌复华译，上海译文出版社2005年版，第33页。

范欣：《市场分割、创新要素流动与自主创新能力》，《社会科学战线》2021年第8期。

桂琦寒、陈敏、陆铭、陈钊：《中国国内商品市场趋于分割还是整合：基于相对价格法的分析》，《世界经济》2006年第2期。

王大树：《建设全国统一大市场的重大意义及重点方向》，《人民论坛》2022年第19期。

王家庭、姜铭烽：《国家级城市群规划对要素跨省流动的影响研究》，《当代经济科学》2023年第1期。

王金明、斯建华：《数字技术跨国垄断、"卡脖子"困境与统一大市场构建》，《云南社会科学》2023年第3期。

魏丽华：《国内两大城市群市场协同的比较与分析——京津冀与沪苏浙》，《软科学》2016年第9期。

魏丽华：《京津冀地区市场协同发展研究》，《上海经济研究》2016年第4期。

吴迪：《全球价值链重构背景下我国实现高水平对外开放的战略选择》，《经济学家》2023年第2期。

张贵、孙晨晨、刘秉镰：《京津冀协同发展的历程、成效与推进策略》，《改革》2023年第5期。

赵扶扬、陈斌开、刘守英：《土地供给视角下的宏观调控、地方政府与中国经济发展模式转型》，《社会科学文摘》2021年第11期。

第十章
京津冀空间协同指数

周玉龙　张珂涵[*]

京津冀作为具有地理空间邻近属性的区域，三省市的空间协同效率与京津冀协同发展整体成效密切相关。有效测度京津冀空间协同发展水平，有助于把握空间协同的发展规律，形成经验总结，深化区域间联系，有效打通各个区域的堵点、卡点。京津冀协同发展应当以空间协同带动其他各类要素协同，确保空间联通、要素畅通。这是落实国内统一大市场的构建与高质量发展格局的关键手段，能够有效助推京津冀建设中国式现代化发展先行区、示范区。

鉴于此，本章将构建京津冀空间协同指数，基于供需两侧视角，总结京津冀空间协同的发展特征，为京津冀协同发展的深入推进提供空间协同维度的经验借鉴，为协同发展政策落实提供有力依据。

一　京津冀空间协同的内涵与意义

京津冀协同发展作为中国式现代化建设进程中的关键一环，在协同发展过程中需要找准功能定位，形成合理有序的空间协同发展格局，避免以邻为壑的发展模式，推动空间协同发展摆脱逐底竞争困境，向协调

---

[*] 周玉龙，南开大学经济与社会发展研究院副教授、硕导，研究方向：区域政策评价、城市经济发展和扶贫开发；张珂涵，南开大学经济与社会发展研究院硕士生。

有序、功能互补迈进。梳理空间协同发展的政策背景,明晰空间协同的基本发展内涵,有助于提纲挈领地把握发展方向,促进空间协同,推动京津冀协同发展向纵深迈进。

(一) 京津冀空间协同的内涵

协同发展概念可以向前追溯到协同学,协同学是研究系统内部子系统通过有机整合而形成有序的结构与规律的学科。协同观点立足整体,重视各子系统的功能作用,以联系的观点看问题,在此基础上,郝寿义和曹清峰做了进一步的总结,将区域协同概括成三个特点:以区域系统形成为特征,以竞争与合作为机制,以空间经济的自组织形式形成为标志。① 而在区域协同的推进过程中,需要以优化调整生产力布局为导向,通过区域深度合作与协同发展,破除行政管理和体制机制障碍,推动要素资源跨区域自由流动。② 在此过程中,空间要素的再整合与空间联系的再统筹对于原有空间边界内部所存在的由于自然禀赋、行政管理一致性所形成的空间阻隔能够在一定程度上形成重组,③ 在缺乏协同政策的前提下,行政垄断、财政分权等成为边界效应加剧的主要诱因,④ 也导致了区域间市场分割较为严重;而在京津冀协同政策实施的大背景下,协同效果是否得到优化,需要对边界效应的削弱效果进行研究。

长期以来,省市交界的边界地带被视作发展洼地,在经济发展与公共品提供方面滞后于省内核心地带。同时,边界区域产业结构趋同、资源破坏严重、协调与合作机制不完善、政策支持有限等问题,⑤ 导致其高质量发展往往面临多重困境,这也造成了发展阴霾与集聚阴影的出现。

---

① 郝寿义、曹清峰:《国家级新区在区域协同发展中的作用——再论国家级新区》,《南开学报》(哲学社会科学版) 2018 年第 2 期。

② 刘秉镰:《雄安新区与京津冀协同开放战略》,《经济学动态》2017 年第 7 期。

③ 黄新飞、舒元、郑华懋:《中国城市边界效应下降了吗?——基于一价定律的研究》,《经济学》(季刊) 2013 年第 4 期。

④ Poncet, S., "Measuring Chinese Domestic and International Integration", *China Economic Review*, 2003.

⑤ 张亮、刘义成:《我国省际边界区域发展问题及对策研究》,《经济纵横》2015 年第 7 期。

但在协同发展政策实施的背景下，边界地带可能出现资源禀赋逆转，一方面，空间协同发展要求以及区位的邻近属性使得交界县成为省市间联系的前哨，成为区域间联系构建的重要枢纽；另一方面，边界地区的开发尚未饱和，存在较大的发展优势与开发潜力，有望成为新的增长动能蓄积地。对于弱省市来说，发展边界能够通过邻近效应享受强省市发展红利；对于强省市而言，发展边界能够拓宽增长空间，推进产业转移，实现腾笼换鸟，有效发挥区域内增长中心的辐射带动作用。这也为进一步研究京津冀空间协同提供了新的切入视角，根据本文对于已有研究成果的总结，本文将空间协同视作边界效应的有效削减、边界地区的充分开发，并以此为内核，进一步对京津冀空间协同发展进程做相应的评估与梳理。

（二）京津冀空间协同的意义

伴随中国经济发展模式逐步向高质量发展转变，通过大规模要素投入驱动经济增长的发展模式难以为继，土地资源作为生产活动进行的空间与载体，面临着功能利用重复、开发效率低下等诸多问题，问题背后隐藏的区域分工与合作矛盾，造成了发展进程中空间协同效率低下。"十四五"规划指出，构建高质量发展的区域经济布局和国土空间支撑体系，需要立足资源环境承载能力，发挥各地区比较优势，促进各类要素合理流动和高效集聚，推动形成主体功能明显、优势互补、高质量发展的国土空间开发保护新格局；这也为高效利用土地资源，通过优化国土空间开发格局，强化区域间分工协作，最终落实于空间协同与高效协作明确了发展方向。长期以来，中国空间协同发展进程面临诸多阻力，区域市场分割构成了要素流动障碍，降低了全要素生产率；地方政府围绕经济增长目标所进行的"逐底竞争"，使得土地招商进程中土地市场机制部分失灵，要素资源配置严重扭曲，阻碍了落后产能的淘汰进程；同时也使得新进入企业存在投资密度小、产业成熟度低以及稳定性较差等诸多问题；与此伴生的还有区域内重复性建设所造成的资源浪费。在此背景下，强化空间协同力度，破除国土空间利用优化提升过程中的阻碍，对于服务区域一体化发展进程，畅通国内大循环堵点，推动构建新发展格局具有重要作用。

京津冀协同发展作为中国区域发展重大战略规划，对于促进区域间融合互动、融通补充具有重要意义。2015年，《京津冀协同发展规划纲要》经审议通过后发布，以解决北京"大城市病"为首要任务，以"功能互补、区域联动、轴向集聚、节点支撑"为布局思路，以"一核、双城、三轴、四区、多节点"为发展骨架的空间发展格局渐趋明晰。强化主体功能区建设，增强京津冀协同发展核心—边缘地带的协调联动，也对在更高水平上优化京津冀国土空间总体布局，强化各主体的空间联系提出了更高要求。总体来看，《纲要》指导下各地区功能定位更加明晰，需要各地积极围绕京津冀空间协同与区域联动推进规划政策。那么，京津冀空间协同的成效如何，又遵循怎样的空间协同演化规律？本部分从供需两侧出发，进一步对京津冀空间协同发展的演化进程进行深入探讨，并对空间协同成效予以评估，以期在更高水平上推动京津冀空间协同向深水区迈进，有效矫正空间协同发展过程中存在的部分问题。

二 京津冀空间协同指数的研究设计

(一) 数据说明

2006年国土资源部发布《招标拍卖挂牌出让国有土地使用权规范（试行）》要求市县级政府将宗地交易信息以及地块详细内容在中国土地市场网[①]加以公布，观测样本中包含地块经纬度地址、所在区县、面积、土地来源、合同签订日期等丰富的特征数据。本部分通过搜集2008—2022年京津冀三省市的宗地交易数据，共得到161155条交易记录，在此基础上进一步对重复性样本和信息缺失严重以及存在异常值的样本进行了剔除，最终得到154789条交易数据作为基础数据集。进一步地，以上述所得数据为基准，按照"土地所有权人"字段进行匹配，得

---

① 网址为：http://www.landchina.com。

到 131372 个匹配结果。

(二) 测算方法

现有研究成果多采用指标体系构建对京津冀协同发展状况进行评估,[①②] 亦有学者关注到京津冀区域间产业分工与联系,通过专业化指数以及投入产出关系反映区域协同水平,[③④] 上述研究对剖析京津冀协同发展的演进各具贡献,但却缺乏从微观视角出发,对三地空间协同政策下,协同水平演化过程的进一步分析;而京津冀协同发展需要持续探索区域均衡发展的新模式,不断优化内部空间布局,疏通空间协同的堵点,在这一过程中伴随着政府与市场主体的行为互动,因此,本章利用微观土地交易数据,从供给和需求两端对京津冀协同发展指标进行构建。

1. 供给侧空间协同指标构建

本章通过计算京津冀边界县政府供给的交易地块向三地交界线移动的平均距离反映供给侧的空间协同水平。首先使用 R 包利用内外部交界县域进行空间重叠,从而识别出京津冀三地各自的边界线;进一步将土地交易数据的经纬度解析数据导入,并剔除河北与非京津省份交界县域,进一步计算出三地交界县交易地块距离边界线的最近直线距离,该数值越小,供应土地向三省边界移动的趋势越明显,供给侧的空间协同水平越高。

参考 Baker 等使用新闻测算经济政策不确定性的方法,[⑤] 对京津冀三地的供给侧空间协同指标进行构建:将供给的土地移动距离定义为 x_{it}^a ,

---

① 贺三维、邵玺:《京津冀地区人口—土地—经济城镇化空间集聚及耦合协调发展研究》,《经济地理》2018 年第 1 期。
② 张杨、王德起:《基于复合系统协同度的京津冀协同发展定量测度》,《经济与管理研究》2017 年第 12 期。
③ 孙久文、姚鹏:《京津冀产业空间转移、地区专业化与协同发展——基于新经济地理学的分析框架》,《南开学报》(哲学社会科学版) 2015 年第 1 期。
④ 刘冲、李皓宇:《基于投入产出表的京津冀产业协同发展水平测度》,《北京社会科学》2023 年第 6 期。
⑤ Baker S. R., Bloom N., Davis S. J., "Measuring economic policy uncertainty", The Quarterly Journal of Economics, Vol. 131, No. 4, 2016.

进一步计算各个城市 x_{it}^a 的标准差 σ_i^a，将 x_{it} 除以 σ_i^a 得到 y_{it}^a，对 y_{it}^a 求均值得到 z_i^a，从而计算出供给侧协同发展指标：$scoll_{it} = z_i^a / y_{it}^a$，所得指标越大，$i$ 地市的供给侧空间协同水平越高。

2. 需求侧空间协同指标构建

依据土地交易总数对京津冀三地的需求侧空间协同指标进行构建：首先，使用每个城市各年份的边界土地交易总数除以该城市的年度土地交易总数，得到 x_{it}^b，进一步计算各个城市 x_{it}^b 的标准差 σ_i^b，将 x_{it}^b 除以 σ_i^b 得到 y_{it}^b，对 y_{it}^b 求均值得到 z_i^b，从而计算出需求侧协同发展指标：$dcoll_{it} = y_{it}^b \times 100 / z_i^b$，所得指标越大，$i$ 地市的需求侧空间协同水平越高。

为进一步验证京津冀协同发展战略对于国土空间开发以及三地空间协同发展进程的影响，本章从政府供地（供给侧）和企业购地（需求侧）维度出发，进一步通过数据分析探究京津冀空间协同发展的演进过程，并从区域异质性以及行业异质性视角对空间协同发展的质量与成效加以评估。

三　京津冀空间协同总指数的测算结果分析

在对供给侧和需求侧空间协同指数予以测度后，本部分首先对两项指数进行综合，使用熵值法将供给侧空间协同发展水平与需求侧空间发展水平纳入统一量纲体系中进行衡量，并计算出最终的京津冀整体空间协同发展态势（见表10-1）。从总体指数发展水平来看，京津冀空间协同发展在2014年政策颁布后经历了短期的下降态势，这与前文所介绍的政府主导下的空间协同密切相关，由于边界地区前期基建、配套措施等存在短板，也对空间协同的进一步推进形成了阻碍，而在政策实施三年后，这种状况有所改善。分地区来看，北京在空间协同过程中的引领作用日趋显著，中心辐射能力趋于扩大，河北有效吸收了发展红利，成为空间协同过程的积极参与者，而天津则存在一定的"失位"现象。

表 10-1　　　　　　　京津冀空间协同综合指数测度结果

年份	总指数	北京	天津	河北
2008	0.390	0.479	0.509	0.183
2009	0.451	0.420	0.582	0.351
2010	0.499	0.507	0.528	0.462
2011	0.510	0.387	0.547	0.596
2012	0.548	0.358	0.578	0.623
2013	0.541	0.448	0.532	0.643
2014	0.402	0.430	0.366	0.410
2015	0.326	0.231	0.381	0.368
2016	0.286	0.205	0.334	0.319
2017	0.282	0.270	0.329	0.247
2018	0.282	0.394	0.268	0.185
2019	0.324	0.359	0.217	0.397
2020	0.336	0.384	0.235	0.391
2021	0.483	0.530	0.396	0.524
2022	0.445	0.604	0.311	0.419

资料来源：作者研究整理。

四　京津冀供给侧空间协同指数的测算结果分析

(一) 供给侧空间协同指数总览

从三地供给侧协同发展指数测度结果来看（见表10-2），2014年之前，三地空间协同呈现下降趋势，而在空间协同政策公布后，三地的供给侧空间协同水平均有所回升，这反映了中央政策引导下各地政府通过国土空间布局调整，推动区域间空间协作的趋势。为了进一步分析各地的供给侧空间协同态势，本部分将对各省市供地移动距离进行深入探讨。

表 10-2　京津冀供给侧空间协同发展水平

年份	北京	天津	河北
2008	0.992779	1.134860	0.928611
2009	0.975575	1.114483	0.994327
2010	1.030013	1.046178	1.03350
2011	0.998944	1.029025	1.047238
2012	1.076679	0.991260	1.079895
2013	1.035379	0.994821	1.055945
2014	0.971146	0.951018	0.981520
2015	0.956649	0.950674	0.965759
2016	0.974960	0.951813	1.015485
2017	0.994705	0.964624	0.990889
2018	1.020656	0.940619	0.966788
2019	1.002273	0.956394	0.993350
2020	0.999694	1.011947	0.994773
2021	0.978894	1.079536	1.041112
2022	1.004254	0.979556	0.992012

资料来源：作者研究整理。

（二）京津冀边界土地移动的整体趋势

1. 整体移动趋势

本部分计算了京津冀各自的边界县市到三省交界县的距离移动趋势，并将结果绘制在图 10-1 之中。移动距离的整体趋势大体上可以划分为两个阶段，以 2014 年"京津冀协同发展战略"的提出为分水岭。第一个阶段为 2008—2013 年，受到应对金融危机的"四万亿救市计划"影响，宽松的货币政策刺激了土地交易的扩张，①而土地交易的扩张推动了城市的蔓延，使得土地向边界移动，这也反映在2008年至2011年北京市和河北省边界土地所呈现的下降趋势上，这一趋势在2012年国土资源部发布了《关于大力推进节约集约用地制度的建设意见》后得到缓解，而天津市在此时期由于滨海新区建设的核心地段距离天津与其他两省交界线较远，土地移动趋势逐渐远离边界。第二个阶段为2014—2022年，2014年，"京津冀协同发展"上升为国家战略，开启了京津冀三地协作的新格局，空间协同水平得到有效提升。计划实施后三年，三地边界县土地移动的聚拢趋势显著增强，北京市交界县供应土地距边界均值从2014年的20.05千米下降至2017年的19.57千米，降幅达到2.42%，作为京津冀核心城市的辐射作用得到凸显，天津、河北的距离降幅分别为1.43%、0.95%，空间协同水平亦有所提升。截至统计期末，三地土地供应距边界距离较之2014年"京津冀协同发展"战略提出均有所下降，国土空间分布格局得到一定优化，发挥了支撑京津冀一体化的空间载体作用。

2. 区分边界的土地移动趋势

由于北京、天津、河北三省市的经济发展水平、产业结构分工、功能角色定位存在一定的差别，可能会对政府在不同边界的土地供应策略产生影响，所供应的土地接近发达地区，使用土地的企业可享受到发达地区辐射效应所带来的增长红利，从而提升供应土地的经济效益。为考察京津冀供应土地向其他两省市不同的移动趋势，本部分进一步区分三省市边界进行深入讨论。

（1）北京边界

北京作为京津冀城市群内的政治文化中心、经济中心以及科创中心，对天津、河北两省市始终保持着高吸引力。分省市来看（见图10-2）：河北省自2008年以来，边界县交易土地始终保持向北京市趋

---

① 黄振雄、罗能生：《土地财政对土地利用效率的影响》，《中国土地科学》2019年第9期。

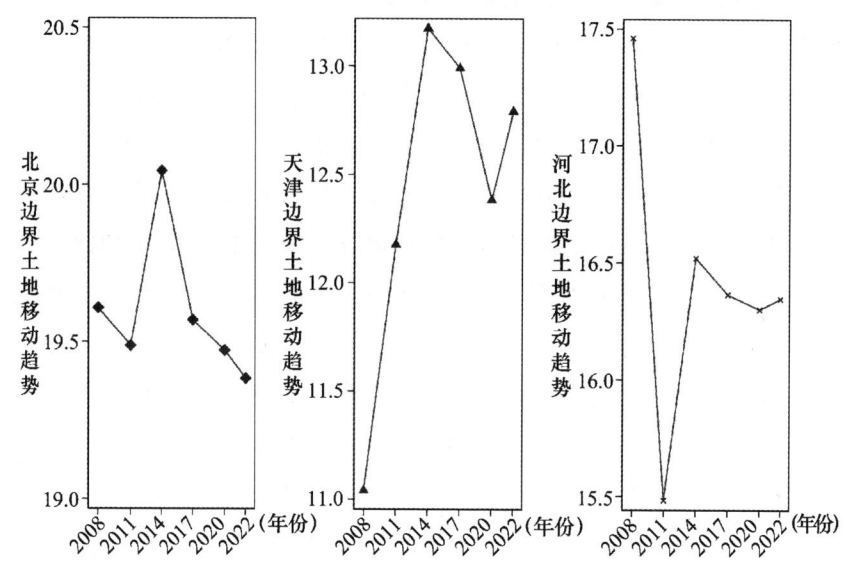

图 10-1 三省市边界土地距离移动趋势

近的趋势，河北省以制造业为主的产业结构以及劳动力成本优势在承接北京市"非首都功能疏解"的过程中具有显著优势，在此过程中，河北省与北京市的空间联系渐趋密切，2022 年，该省份交界县供应土地距离北京边界均值为 14.046 千米，相较 2014 年下降了约 17%；不同于河北省明显的连续接近趋势，天津市交界县供应土地距北京边界距离下降虽有波动但下降趋势也较为明显，一方面，天津市重点规划布局建设滨海新区，2017 年 12 月，滨海新区进行了深入整合，临港区与保税区合并，临海经济增长的动力引擎作用更加凸显，这也有效解释了天津市 2017—2020 年边界县供应土地距北京边界有所上升的现象，该现象也与李昱等所观测到的 2017 年以来滨海新区灯光亮度明显提升相照应；① 另一方面，天津作为京津冀城市群内第二大城市，高技术产业也相对较为发达，地理区位上的邻近性使得政府供应土地时需

---

① 李昱、陈蜜、付迎春：《基于 NPP-VIIRS 夜光遥感数据的京津冀城市群空间结构变化分析》，《测绘通报》2022 年第 2 期。

要充分考虑北京所释放的"虹吸效应"导致本市优质产业发生转移，截至2022年，天津交界县土地供应距离相较于京津冀协同发展战略实施初期接近了约13%。

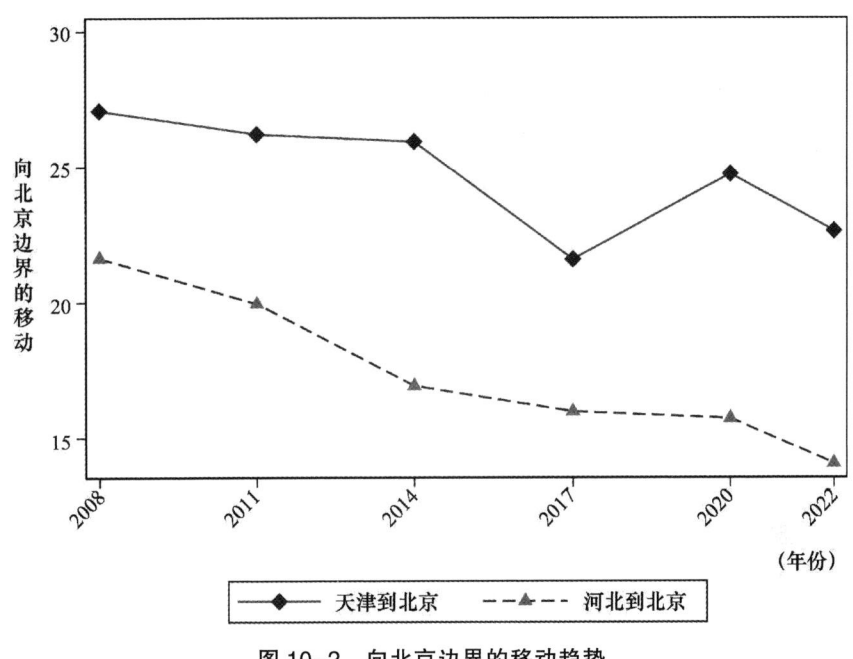

图 10-2 向北京边界的移动趋势

（2）天津边界

围绕京津冀协同发展空间布局的"一核"与"双城"导向，北京市需要对非首都功能进行疏解，从而缓解"大城市病"，通过京津协作驱动同城化发展，从而形成高端引领作用，政策空间布局的导向在土地供给端的空间协同上得到了具体体现（见图10-3）：北京市交界县供应土地向天津边界的移动趋势十分显著，平均距离从2014年的20.51千米下降到2022年的16.98千米，降幅达17%。相较于2014年河北省边界县供应土地向北京边界移动的趋势，供地向天津边界的移动趋势则相对平缓，天津与河北存在一定的产业同构现象，两地围绕港口建设以及在承接北京产业转移的过程中存在一定的竞争，影响了两地的协同发展进程,① 自 2014 年京津冀协同发展政策出台至 2022 年,供地距边界距离由 17.45 千米变为 17.32 千米,下降幅度仅为 0.7%。

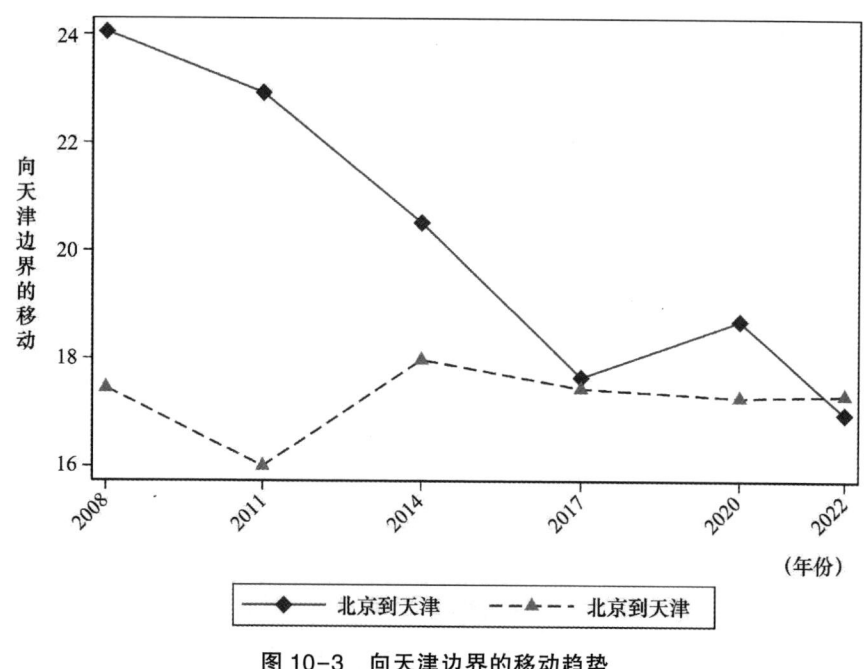

图 10-3　向天津边界的移动趋势

（3）河北边界

相较于北京与天津两地,河北省在城镇化规模、经济发展水平、科技创新能力上存在较大差距,同时,以黑色金属冶炼等重工业为支撑的发展模式存在产业转型压力;② 但同时河北省的劳动力成本优势以及良好的工业发展基础为承接京津产业转移提供了良好条件。依托京津、京保石、京唐秦三大轴线,京津两地的辐射带动作用在交界县供地移动趋

---

① 马海龙：《京津冀区域协调发展的制约因素及利益协调机制构建》,《中共天津市委党校学报》2013 年第 3 期。

② 刘李红、高辰颖、王文超等：《京津冀高质量协同发展：演化历程、动力机理与未来展望》,《北京行政学院学报》2023 年第 5 期。

势中有所体现（见图10-4），2014年至2022年，北京和天津的交界县供地距河北边界距离分别缩短约1.22千米和0.72千米，通过用地邻近形式强化区域间产业联系，推动京津冀空间协同的深入推进，有效发挥京津作为城市群核心增长极的辐射带动作用。

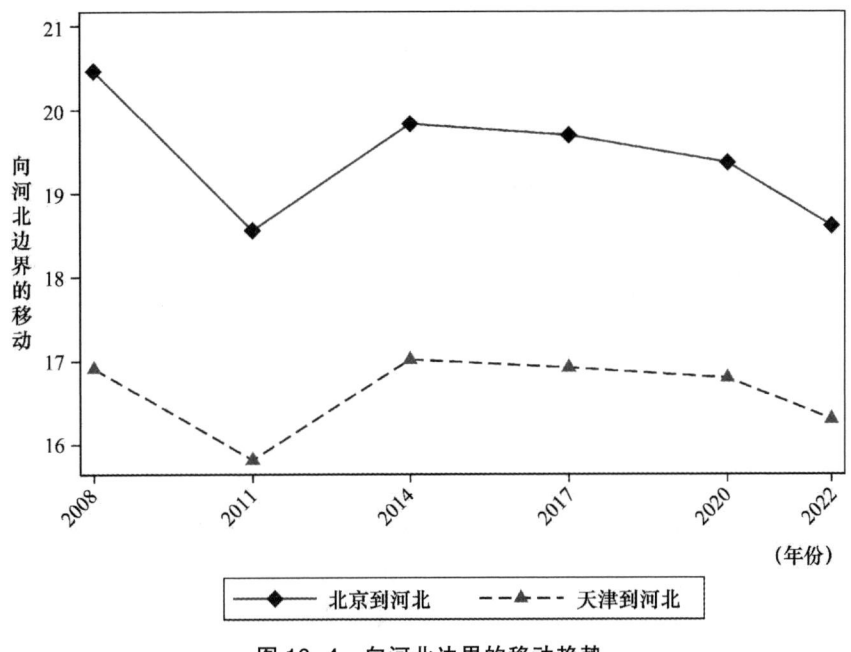

图10-4 向河北边界的移动趋势

通过总结供给侧空间协同的发展态势，本报告发现，京津冀空间协同成效整体良好，各地通过优化国土空间布局借助邻近效应参与到了京津冀一体化的发展进程之中，但也存在协同发展的矛盾，如津冀之间的空间协同趋势有待进一步提升。为了进一步评估各地区供地策略对空间协同发展成效带来的影响，本报告依据土地使用者信息对土地用途做进一步的分析讨论。

3. 分用途边界县供地类型比重演变

不同用途的土地出让会带来相异的空间协同与区域增长效果，本报告重点考察了高技术制造业和公共服务两类用地的比重变化趋势。

高技术制造业用地能够反映城市产业升级，当交界县中高技术制造业用地比重增加时，能够在一定程度上反映所在地政府寻求技术交流与合作的趋势，[①] 其比重提升能够反映区域间空间协同的质量提升；公共服务用地可以视作政府部门公共服务的供给，往往由政府主导，[②] 而由于行政边界的约束，在交界县增加公共服务的外部性较弱，难以产生空间溢出效应，如若交界县供地大多属于公共服务属性，则对于空间协同的质量提升作用有限。在明确两类用地比重变动经济含义的基础上，本报告根据《土地利用现状分类》（GB/T 21010—2017）在边界县土地交易数据中筛选出工业用地和公共服务用地，进一步根据《高技术产业（制造业）分类（2017）》，筛选出工业用地中用于高技术制造业的土地，并计算出两类土地与供地交易总量的比值，最终得到京津冀分用途边界县供地比重的演变趋势，即高技术制造业用地与公共服务用地比重呈现明显的背离趋势。2014年以后，公共服务用地比重快速攀升，从京津冀协同发展政策提出时的10%左右上升至25%，而高技术制造业用地比重则逐步从10%下降至4%（见图10-5）。这也在一定程度上反映了地方政府在推进区域协同时的政策扭曲，即通过增加供应外部性较弱的公共服务用地比重，以及对本地高技术制造业予以保护和限制来进一步增加本地区福利，然而，这种举措长期来看会降低土地利用的整体效率，并影响空间协同的整体发展质量。

4. 分用途和区域的边界供地移动趋势

在对供地用途比重进行讨论的基础上，本部分进一步依据区域划分，对京津冀三省市不同用途供地的移动趋势进行刻画，所得结果如图10-6所示。分省市来看：北京市高技术制造业用地在2014年后逐渐远离边界，而普通制造业用地和公共服务用地虽然在2019年后出现波动，但整

[①] 周玉龙、杨继东、姚鹏：《从微观数据看我国土地供应的时空演变——兼论微观宗地交易数据的使用》，《城市问题》2022年第9期。

[②] 卢婷婷、李志远：《居住空间分异对城市公共服务供给的因果效应研究——以上海市为例》，《地理科学进展》2023年第9期。

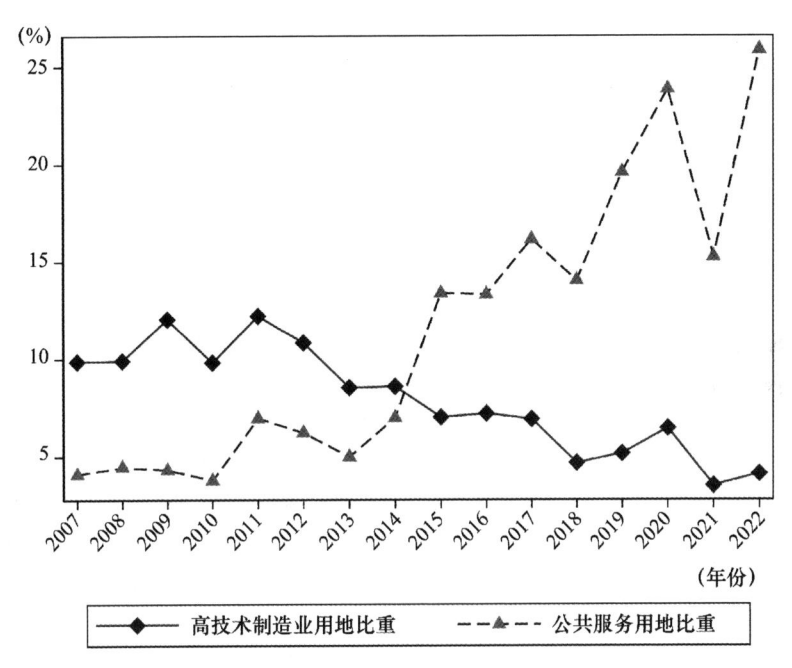

图 10-5　京津冀分用途边界县供地比重演变

体较2014年供地距边界平均距离有所靠近。该结果反映了北京围绕京津冀协同发展战略所进行的"非首都核心功能"疏解，通过产业转移升级以及公共服务均等化推动其核心功能升级。

天津市高技术制造业用地移动趋势所呈现的显著上升与普通制造业、公共服务用地到边界距离的显著下降则呈现出了鲜明差异，天津作为"全国先进制造业"的功能地位得到强化，但同时，高技术制造业向城市内部聚集也对三省市空间协同过程中的技术扩散存在一定的不利影响；天津普通制造业的外移过程也反映了产业转移与供地特征相适配的过程，而公共服务用地向边界移动更多是服务于本市，所产生的空间协同效应较为有限。

▶▶▶ 下篇　京津冀协同发展的分指数篇

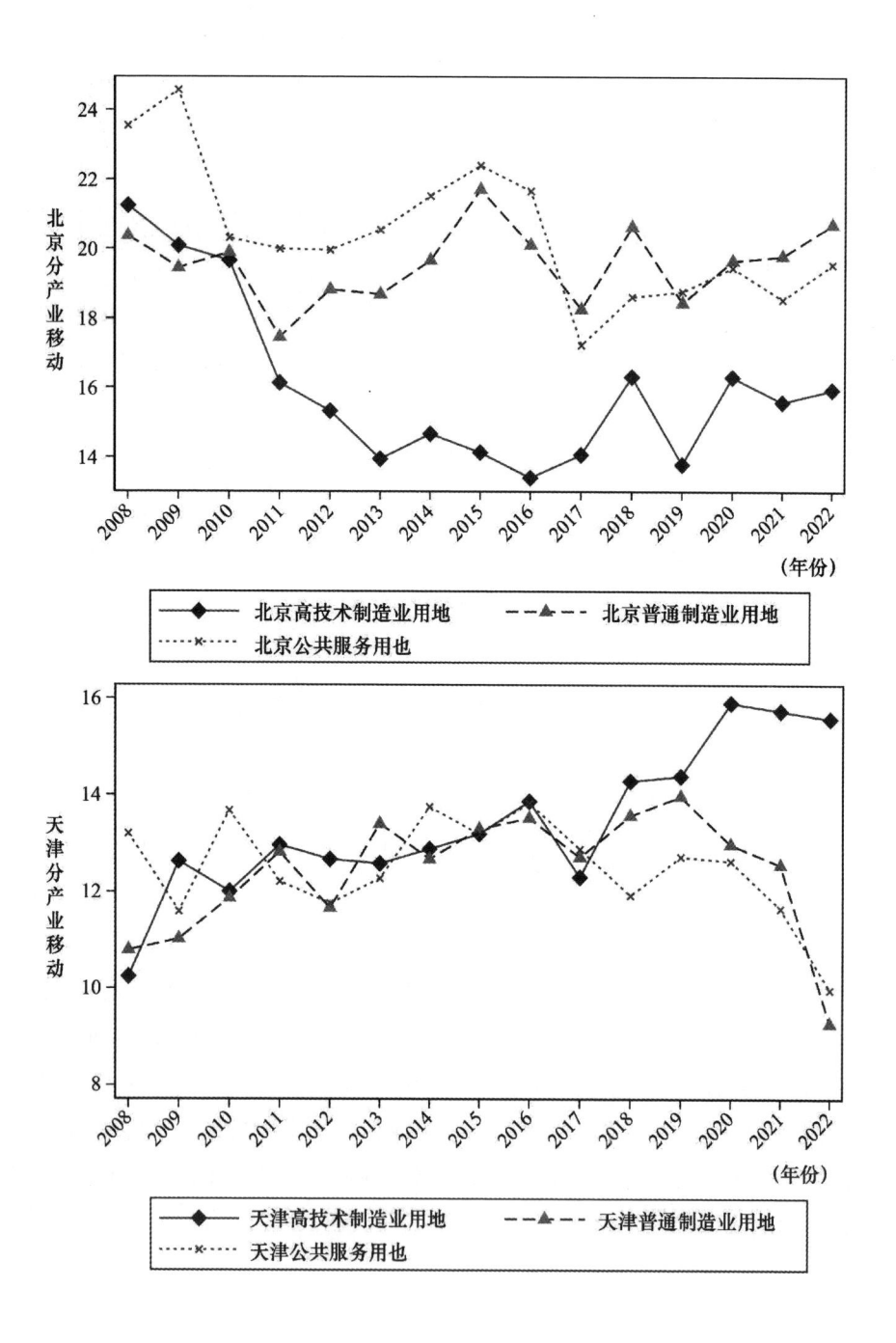

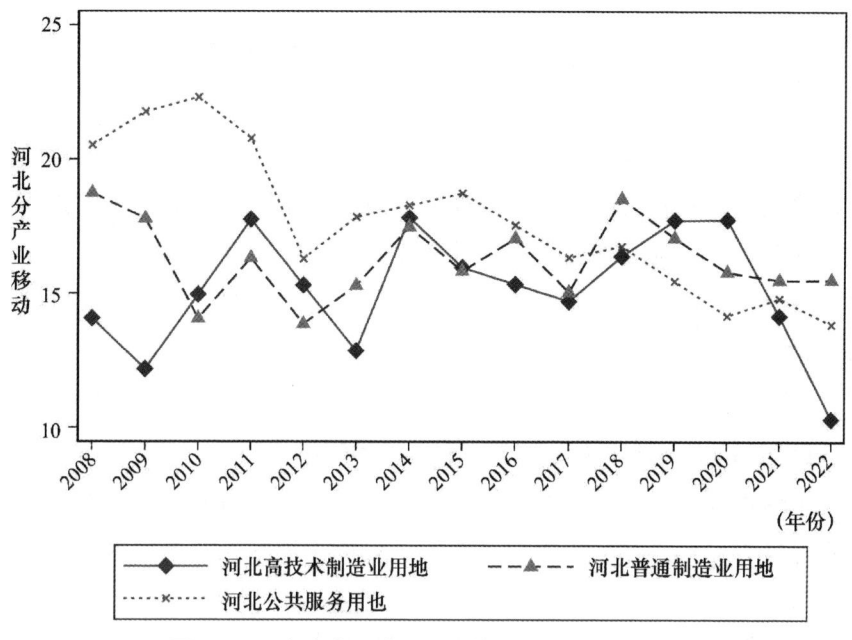

图 10-6　京津冀三地分用途的边界供地移动趋势

与京津两地不同，河北省三种类型用地均呈现向边界移动的趋势，河北省在京津冀产业分工体系中处于相对弱势地位，采用用地邻近能够使得河北省边界县市更容易通过借用规模享受大城市的集聚经济红利，通过技术交流与产业合作促进自身发展，同时也能够提升自身与京津两地的空间协同紧密度。

京津冀供给侧空间协同水平总体上呈现平稳提升态势，国土空间及其所体现的产业分布的变化趋势均在一定程度上反映了京津冀协同发展战略的总体布局，但是也存在省市间的发展矛盾，如天津河北之间由于产业分工和港口贸易功能存在重叠导致的合作冲突；空间协同质量有待提高，如大量在边界县供应公共服务用地、转移高技术制造业用地，使得所产生的正外部性有限，弱化了区域间的产业联系。

五 京津冀需求侧空间协同指数的测算结果分析

政府边界县供地的移动趋势以及比重变化反映了政府主体在供给侧对京津冀协同发展战略的响应与推进，而企业主体在购地过程中是否受到京津冀协同发展战略影响，又对京津冀国土资源开发与利用产生了怎样的效果？本报告进一步从需求侧着手，对需求侧的空间协同发展状况进行讨论。

（一）需求侧视角下各地市的空间协同情况

本报告首先对京津冀各地市的需求侧空间协同指数进行了测度，根据地理区位特征以及空间协同指数变化趋势，将测度结果划分为四个组别进行汇报：

核心城市组别中，北京市的需求侧空间协同指数在2014年后呈现波动上升的趋势，地区企业的边界县购地比重提升，反映了该地企业对于"非首都圈核心功能"疏解的积极响应，在向外疏散的过程中，北京企业对于三地边界的辐射影响力度也有所提升，需求侧空间协同水平相应提高；而天津的需求侧空间协同水平则有所下降，也从侧面折射出其所处的发展困境：向北京边界加大投资力度则可能面临技术竞争，而投资转向河北边界则可能面临配套设施不完善、市场规模有限等问题。

北京北部的三个邻接地市在京津冀协同发展战略提出后，需求侧空间协同水平均有所提升，企业积极向与京津交界地带投资以获取大城市发展的红利，与京津两地的联系趋于紧密；而北京南部邻接地市在2016—2017年前后出现需求侧空间协同水平的下降，这与2017年雄安新区的设立有关；河北省非边界邻接城市的需求侧空间协同发展指数的规律性则相对较弱，与其在京津冀三省边界地带购地数量较少、波动较大有关（见表10-3）。

表 10-3　　　　　　　需求侧空间协同指数测度结果

年份	核心城市		北京北部邻接			北京南部邻接			非边界邻接城市				
	北京	天津	唐山	张家口	承德	保定	沧州	廊坊	石家庄	秦皇岛	邯郸	邢台	衡水
2008	114.5	66.4	85.5	42.9	73.9	53.4	133.4	55.8	55.8	75.0	224.6	269.3	412.6
2009	129.7	105.5	93.8	61.3	66.2	71.1	191.0	177.9	177.9	133.1	113.6	184.7	244.3
2010	94.1	105.2	66.1	69.1	77.4	91.8	183.9	102.1	102.1	57.3	124.8	197.4	196.3
2011	88.3	113.7	97.0	114.1	92.4	108.9	94.5	87.8	87.8	146.5	137.6	119.5	205.6
2012	60.2	132.8	99.4	91.4	78.3	101.5	162.1	55.1	55.1	110.2	85.8	124.1	177.1
2013	84.9	124.0	83.7	84.3	97.8	144.5	120.6	110.5	110.5	214.8	181.5	75.5	118.1
2014	89.7	117.4	84.4	118.1	99.1	123.9	60.1	197.9	197.9	104.5	68.0	84.1	139.5
2015	81.5	117.6	79.3	131.0	86.1	124.7	66.6	132.5	132.5	113.9	83.5	87.5	166.7
2016	72.5	109.4	82.0	128.5	108.0	82.6	64.4	137.4	200.7	23.5	78.2	59.2	119.4
2017	74.5	103.8	94.8	97.6	120.5	112.0	66.0	79.1	79.1	48.6	66.4	91.0	143.8
2018	82.6	102.9	113.2	94.4	124.5	90.1	52.2	75.2	75.2	34.1	133.0	49.6	136.0
2019	83.8	90.8	134.9	98.7	119.5	94.7	103.7	51.7	36.8	14.1	37.8	28.4	100.1
2020	87.8	56.3	129.4	126.8	90.5	73.3	55.1	43.1	28.9	25.1	65.6	31.8	120.9
2021	136.9	73.5	120.6	112.3	107.2	90.8	84.0	71.4	32.6	38.7	45.1	52.9	96.0
2022	120.1	95.4	118.2	114.3	111.3	73.1	62.4	138.4	138.4	20.0	54.6	45.0	100.0

资料来源：作者研究整理。

（二）京津冀异地购地比重变化趋势

京津冀协同发展是对区域内功能与要素的重新整合，以此为基础形成跨区域投入共担、利益共享的协调机制，从而能够增进城市间的互动，① 通过资源的区域内部调配使得供需适配，增强京津冀在国内统

---

① 刘秉镰、汪旭：《中国式现代化与京津冀协同发展再认识》，《南开学报》（哲学社会科学版）2023 年第 2 期。

一大市场内的吸引力与竞争力，有效减少企业"蛙跳"式异地转移所造成的优质资源流向其他区域。本报告将北京、天津、河北三地在非京津冀地区的购地行为视为异地购地，将异地购地总量与省市土地交易总量做比值计算京津冀异地购地的比重变化趋势（见图10-7）。北京、河北的异地购地比重在2014年后均呈现波动下降态势，北京的"一核"地位本身就具备较强的吸引力，在落后产能的汰换过程中，河北省的功能定位与发展禀赋又能够对北京企业形成有效承接，形成了功能互补，从而有效削减了"蛙跳效应"；而河北省土地资源较为丰富，能够在产业协作中对北京形成"补链"并实现自身产业链的强化，参与京津冀协同发展并进行本地投资的优势明显，本地购地的吸引力更强；而天津企业向北京购地面临着限购政策约束，河北的禀赋条件较天津更为弱势，使得天津企业参与京津冀空间协同面临一定的选择困境，这也导致了天津异地购地比重呈现出较大的波动，在需求侧空间协同过程中表现不佳。

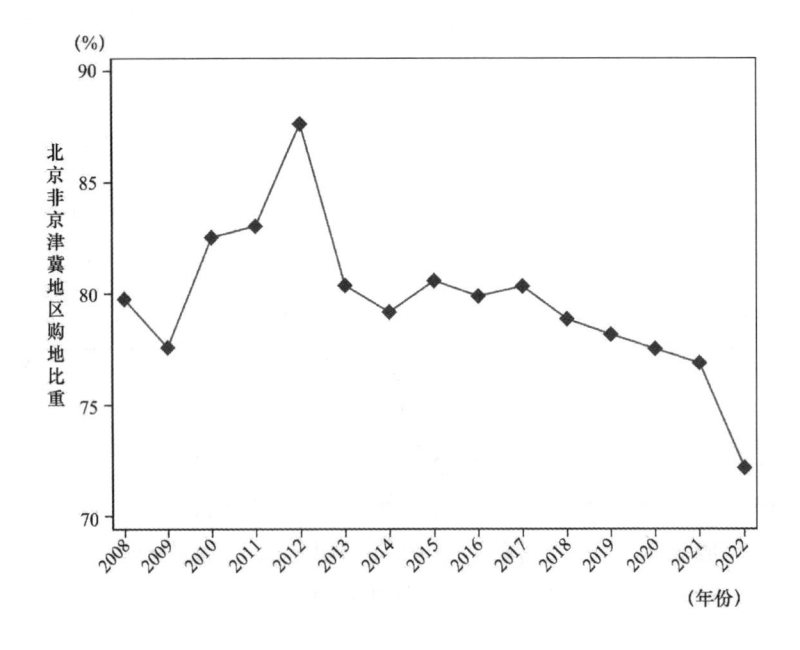

第十章 京津冀空间协同指数

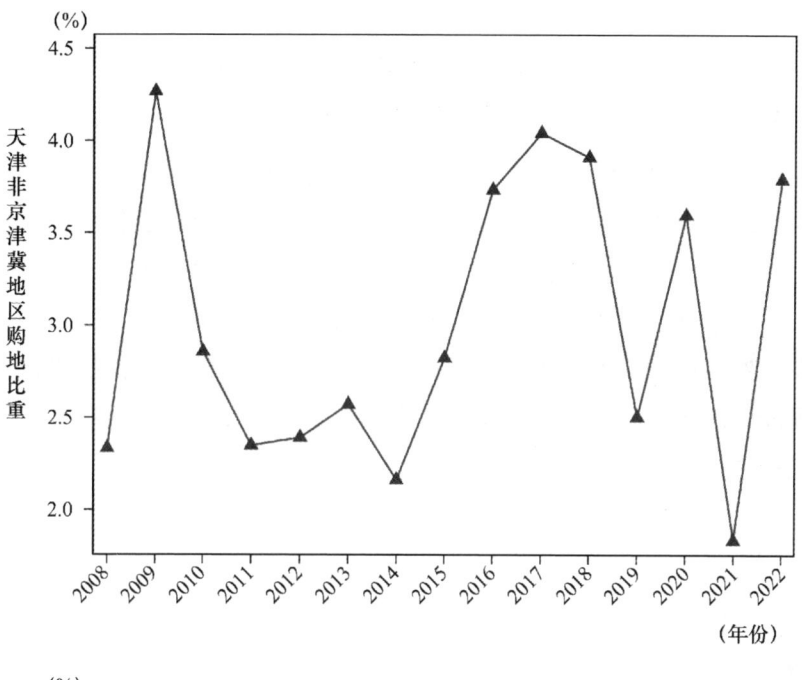

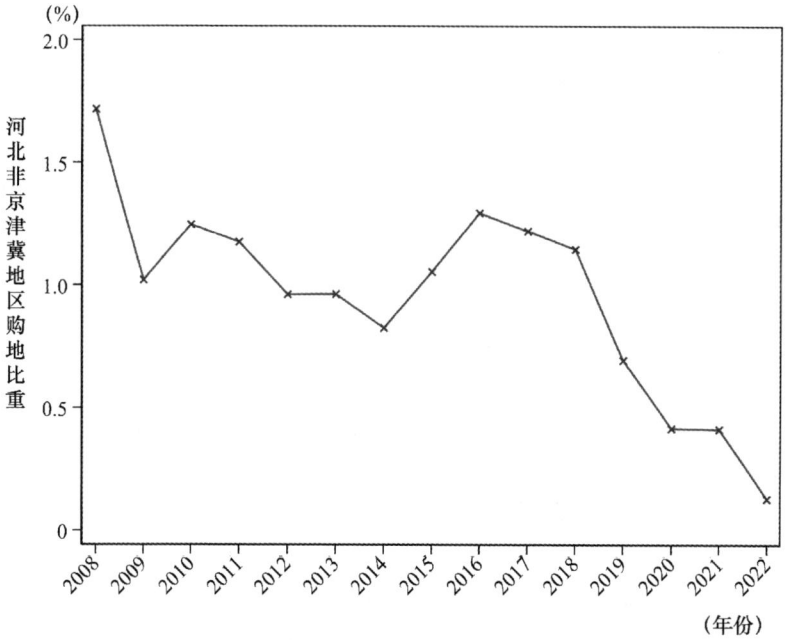

图 10-7 非京津冀地区购地比重变化

(三) 区分行业类别与性质的购地比重变化趋势

本章对不同行业类别与性质加以区分，进一步基于需求侧视角探讨边界县购地的结构性变化。首先，根据《国民经济行业分类》(GB/T 4754—2017)对产业类型进行划分，由图10-8的变动趋势可知，京津冀边界县购地以第三产业为主，2014年京津冀协同发展政策出台后，第三产业用地出现短期上升，反映了需求侧商住用地的增加，而后，两种产业边界县购地比重均回归往年水平；特别地，本部分对高技术产业在边界地区购地比重进行了统计，高技术产业购地在协同发展政策出台后小幅提升，随后整体比重保持平稳。

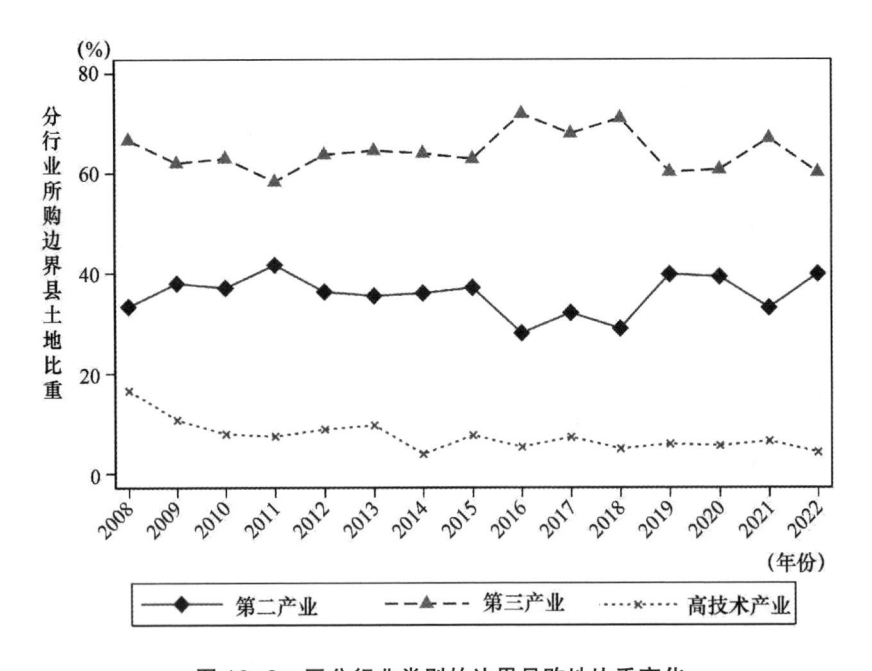

图10-8 区分行业类别的边界县购地比重变化

对于购地企业所有权性质比重的统计中，国有以及国有控股企业的边界购地比重在京津冀协同发展战略提出后便出现了上升，反映出国有企业在推动区域一体化过程中的关键作用；而协同政策过程中的政府强

第十章　京津冀空间协同指数

主导特征也存在一定弊端，① 由于边界县存在"边界洼地"效应的基础设施、供应链完善程度存在短板，在协同政策推行之初往往会出现供给快速扩张，而此时的区位禀赋不足，造成供地增多而需求不旺，这一特征在私营企业和外资企业边界县购地比重变化中得到了充分体现，私营企业和外资企业的购地比重在京津冀协同发展战略提出后均出现了一定程度的下降，在协同发展政策配套措施逐步落地后，两类企业的购地比重才相应回升。

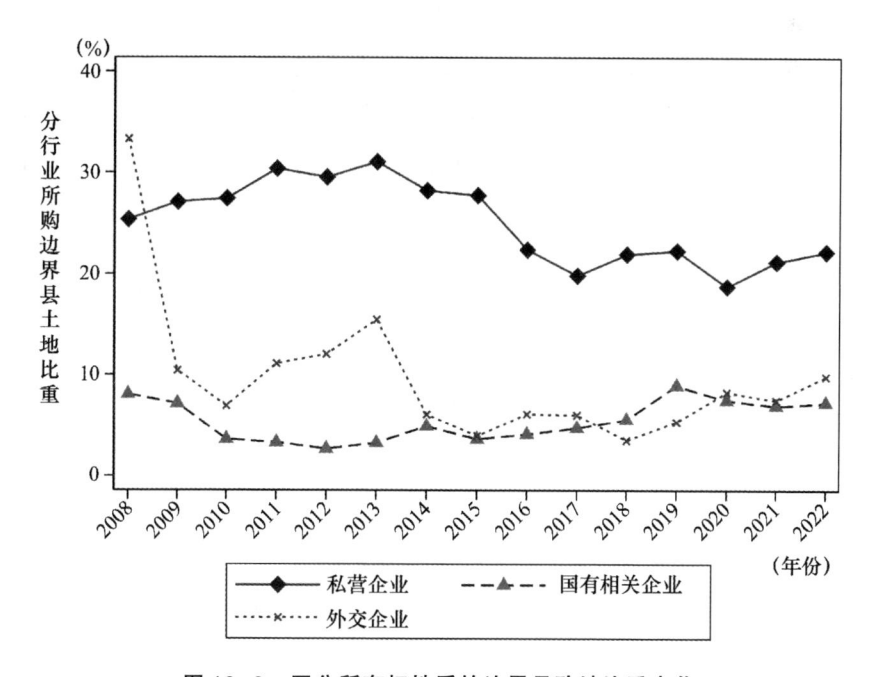

图 10-9　区分所有权性质的边界县购地比重变化

综合来看，京津冀需求侧空间协同发展呈现出了明显的地区差异，分地市来看，京津交界城市的空间协同联系更加紧密，而非交界地带的整体协同水平有待提升；分省市来看，北京市与河北省由于功能互补，需求侧空间协同趋势更为明显，而天津市则存在一定的"失位"现象，

---

① 肖周燕、张亚飞、李慧慧：《中国三大城市群高质量发展及影响因素研究——基于人口、经济与环境耦合协调视角》，《经济问题探索》2023 年第 9 期。

需要进一步在明确功能定位的基础上强化自身优势，使得与京冀两地的需求侧空间协同深入推进；在需求侧空间协同过程中，国有企业扮演了"先行者"角色，但政府主导的协同政策推进也需要私营和外资企业的深入参与，逐步过渡为"市场主导、政府引导"下更高水准的京津冀协同发展。

六 本章小结

京津冀供给侧空间协同水平总体上呈现平稳提升态势，国土空间及其所体现的产业分布的变化趋势均在一定程度上反映了京津冀协同发展战略的总体布局，但是也存在省市间的发展矛盾，如天津、河北之间由于产业分工和港口贸易功能存在重叠导致的合作冲突；空间协同质量有待提高，如大量在边界县供应公共服务用地、转移高技术制造业用地，使得所产生的正外部性有限，弱化了区域间的产业联系。

京津冀需求侧空间协同发展则呈现出了明显的地区差异，分地市来看，京津交界城市的空间协同联系更加紧密，而非交界地带的整体协同水平有待提升；分省市来看，北京市与河北省由于功能互补，需求侧空间协同趋势更为明显，而天津市则存在一定的"失位"现象，需要进一步在明确功能定位的基础上强化自身优势，使得与京冀两地的需求侧空间协同深入推进；在需求侧空间协同过程中，国有企业扮演了"先行者"角色，但政府主导的协同政策推进也需要私营和外资企业的深入参与，逐步过渡为"市场主导、政府引导"下更高水准的京津冀协同发展。

参考文献

Baker S. R., Bloom N., Davis S. J., "Measuring economic policy uncertainty", *The Quarterly Journal of Economics*, Vol. 131, No. 4, 2016.

Poncet, S., "Measuring Chinese Domestic and International Integration",

China Economic Review, 2003.

郝寿义、曹清峰:《国家级新区在区域协同发展中的作用——再论国家级新区》,《南开学报》(哲学社会科学版) 2018 年第 2 期。

贺三维、邵玺:《京津冀地区人口—土地—经济城镇化空间集聚及耦合协调发展研究》,《经济地理》2018 年第 1 期。

黄新飞、舒元、郑华懋:《中国城市边界效应下降了吗?——基于一价定律的研究》,《经济学》(季刊) 2013 年第 4 期。

黄振雄、罗能生:《土地财政对土地利用效率的影响》,《中国土地科学》2019 年第 9 期。

李昱、陈蜜、付迎春:《基于 NPP-VIIRS 夜光遥感数据的京津冀城市群空间结构变化分析》,《测绘通报》2022 年第 2 期。

刘秉镰、汪旭:《中国式现代化与京津冀协同发展再认识》,《南开学报》(哲学社会科学版) 2023 年第 2 期。

刘秉镰:《雄安新区与京津冀协同开放战略》,《经济学动态》2017 年第 7 期。

刘冲、李皓宇:《基于投入产出表的京津冀产业协同发展水平测度》,《北京社会科学》2023 年第 6 期。

刘李红、高辰颖、王文超等:《京津冀高质量协同发展:演化历程、动力机理与未来展望》,《北京行政学院学报》2023 年第 5 期。

卢婷婷、李志远:《居住空间分异对城市公共服务供给的因果效应研究——以上海市为例》,《地理科学进展》2023 年第 9 期。

马海龙:《京津冀区域协调发展的制约因素及利益协调机制构建》,《中共天津市委党校学报》2013 年第 3 期。

孙久文、姚鹏:《京津冀产业空间转移、地区专业化与协同发展——基于新经济地理学的分析框架》,《南开学报》(哲学社会科学版) 2015 年第 1 期。

肖周燕、张亚飞、李慧慧:《中国三大城市群高质量发展及影响因素研究——基于人口、经济与环境耦合协调视角》,《经济问题探索》2023 年第 9 期。

张亮、刘义成：《我国省际边界区域发展问题及对策研究》，《经济纵横》2015年第7期。

张杨、王德起：《基于复合系统协同度的京津冀协同发展定量测度》，《经济与管理研究》2017年第12期。

周玉龙、杨继东、姚鹏：《从微观数据看我国土地供应的时空演变——兼论微观宗地交易数据的使用》，《城市问题》2022年第9期。

第十一章
京津冀政策协同指数

周 密 张伟静 胡清元[*]

京津冀政策协同是京津冀协同发展的重要内容,定期监测京津冀政策协同程度,可以更好地把握协同方向,科学制定京津冀协同发展的顶层设计,认识协同发展规律,推进京津冀协同发展的重点任务落实,总结协同经验,增强京津冀协同发展的示范引领作用。本章将构建京津冀政策协同指数,总结京津冀政策协同的特征化事实,为推进京津冀协同发展提供决策基础和政策保障。

一 京津冀政策协同的内涵与意义

面向中国式现代化推进京津冀协同发展,不仅要推动"有效市场"和"有为政府"有机结合,而且要加强不同地方政府之间的"协调统一",避免"各自为政"。厘清政策协同的内涵,认识京津冀政策协同的意义,有助于加强地方政府合作,促进京津冀协同发展。

(一) 京津冀政策协同的内涵

政策协同(Policy Synergy)概念最早由经济合作与发展组织

---

[*] 周密,南开大学经济与社会发展研究院教授、博导,南开大学中国城市与区域经济研究中心主任,入选南开大学百名青年学科带头人计划,研究方向:区域经济理论与政策;张伟静,河北经贸大学商学院讲师,研究方向:区域经济学;胡清元,南开大学经济学院博士研究生。

（OECD）提出，是指不同政府及政府部门通过沟通对话使公共政策相互兼容、协调、支持以解决复杂性问题和实现共同目标的方式。随着当代国家治理体系的日益复杂，社会治理开始横跨多部门、多地区，日益成为跨界问题，受到国内外学者的广泛关注。

政策协同产生的原因是社会治理环境的复杂，在复杂的治理环境下，社会问题呈现模糊边界的特性，需要多政府主体实现跨领域、跨地区出台政策，形成部门联合体效应，进而产生政策协同力。① 政策协同的目的是通过一致性的政策产出，使政策可以在多个机构中转换为连贯的行动，进而发挥政策组合优势，避免政策间的外部性，降低政策运行的交易成本，来提高跨界治理效能和解决复杂问题的效率。②

政策协同具有多元主体的特性，政策过程中涉及的权威主体之间相互联系，通过政策整合形成网络共同参与治理。多元主体之间通过政策协同，可以加强政策主体之间的信息流动和共享，降低政策冲突与抵消的可能性，提高政策协调程度，创造更为有效与合法的社会问题解决方案。③④

本报告所研究的京津冀政策协同，指的是京津冀各地政府部门在政策过程中相互联系，解决跨区域、跨领域问题，实现政策联合效应。

（二）京津冀政策协同的意义

政策协同对于推进京津冀协同发展，促使京津冀成为中国式现代化建设先行区、示范区，丰富完善区域协调理论都具有重要意义。

首先，京津冀政策协同是推动京津冀协同发展迈上新台阶的现实要求。京津冀协同发展超越了单政府、单部门的职责范围，需要加强政策

---

① 陈晨、李平、王宏伟：《国家创新型政策协同效应研究》，《财经研究》2022年第5期。
② 赵晶、迟旭、孙泽君：《"协调统一"还是"各自为政"：政策协同对企业自主创新的影响》，《中国工业经济》2022年第8期。
③ 周莹、刘华：《知识产权公共政策的协同运行模式研究》，《科学学研究》2010年第3期。
④ Y. Hou and G. A. Brewer, "Substitution and Supplementation Between Co-Functional Policy Instruments: Evidence from State Budget Stabilization Practices", *International Journal of Entrepreneurial Behaviour & Research*, Vol. 70, No. 6, 2010.

协同以提供保障。通过加强政策协同,有助于统一政策目标,协调京津冀各方参与政策过程,提高跨界治理效能,引领京津冀协同发展迈上新台阶。

其次,京津冀政策协同是发挥政策合力效应、缩小地区差距的关键举措。长期以来,京津冀地区存在较大的发展差距,河北与北京、天津之间存在一定差距,加强河北与北京、天津之间的政策协同,有助于避免合作治理中的政策洼地与协作短板,加快资源转移与对接,形成合力效应,从而缩小地区之间的发展差距。

最后,京津冀政策协同将为中国区域协调发展的理论和实践提供新思路、新经验、新方法。随着中国区域协调发展的推进,各个政府部门针对特定目标的协调交互愈发频繁,加强政策协同研究具有重要的理论意义和研究价值。中国对于政策协同的研究较为初级,并且多围绕跨部门协同和单一领域,本报告以京津冀为例,基于海量政策文本扩展跨区域和多领域政策协同的研究。

二 京津冀政策基本面分析

本部分将借助文本挖掘分析方法,基于"政策主体—政策目标—政策实施"的分析框架,对京津冀颁布政策的基本面进行分析,以明确三地的政策特点。

(一) 政策主体多元化

政策主体指政策颁布与实施的政府部门,能够反映政府间的分工与合作。首先,从政策效力级别看,中央政策主题为京津冀协同发展的政策类别主要为"部门规章";京津冀三地颁布政策的主要类别为"地方规范性文件"和"地方工作文件",属于行政机关履行职能的公文,说明此类政策是促进京津冀协同发展的基础性政策文件。其次,从政策主体来看,中央颁布的京津冀协同类政策的政策主体包括"国家发展和改革委员会""国务院""国务院财政部""国家税务总局""工业和信息化部""交通运输部"等国务院及其相关机构,表明中央向纵深推进京津冀协同发展。同时,京津冀三地的政策主体具有全面性、多元化的特征。分别对京津冀地区政策文本的政策主体进行提取,得到北京、天津、河北的政策主体分别为43个、39个、32个。表11-1展示了京津冀三地发文数量排名前五的政策主体。

表11-1　　　　　　　　京津冀主要政策发文主体

北京		天津		河北	
政策主体	发文数量	政策主体	发文数量	政策主体	发文数量
北京市人民政府	6209	天津市财政局	3812	河北省发改委	3591
北京市教委	2017	天津市民政局	2286	河北省财政局	3211
北京市财政局	1757	天津市人民政府	2055	河北省民政局	1733
北京市人社局	1274	天津市教委	1733	河北省人民政府	1527
北京市发改委	1238	天津市交委	1339	河北省工信厅	1163

资料来源:作者统计。

从表11-1中可以看到,北京政策的主要发文机构为"北京市人民政府"(约占27.0%)、"北京市教育委员会"(约占8.6%)。天津政策的主要发文机构为"天津市财政局"(约占18.7%)、"天津市民政局"(约占11.2%)、"天津市人民政府"(约占10.1%)。河北政策的主要发文机构为"河北省发展和改革委员会"(约占15.1%)、"河北省财政局"(约占13.5%)、"河北省民政局"(约占7.3%)。京津冀三地的主要政策主体差异体现出:(1)人民政府是各地区政策制定和执行的核心机构,负责领导和协调各部门的工作。(2)相较于天津、河北两地,北京更加重视教育领域、社会保障和人才引进等方面的政策,包括教育资源配置、教育质量提升、学校建设和人口老龄化等方面。(3)天津更加注重财政在资源配置方面发挥作用,特别是在基础设施建设、公共服务领域的财政支持;同时,天津市交通委员会是排名靠前的政策主体,说明天津政策更关注交通运输、城市交通规划等领域的内容。(4)河北更关注制定和推动地方经济发展规划、产业结构调整、项目规划等方面的政策；河北省工业和信息化厅作为排名靠前的政策主体，反映出河北更关注工业和信息化领域的政策，特别是支持产业升级、科技创新等方面。

从政策主体协同看，京津冀协同发展是具有交互性特征的公共事务，需要多地区、多部门间的协调配合。跨政府协同情况看，各地区部门联合发文的政策约占政策总量的21%，说明政府部门间形成较为稳定的合作关系，展现出多元主体间良好的府际关系。跨地区政府协同情况看，京津冀三地政府颁布政策内容中同时提及另外两地区的部门或机构，相互形成联动关系，共同推进协同发展。以产业协同为例，三地政府通过联合发文的形式，巩固和深化产业协同，包括联合发布《京津冀产业转移指南》《关于加强京津冀产业转移承接重点平台建设的意见》，签署创新共同体建设、创新券、产业链引资战略等相关领域的合作框架协议、发展备忘录等，构筑横向政策协同网络。

（二）三级政策目标体系

政策目标是政策要素的核心，强调政策实施终端的预期成果，不仅指导政策制定和实施的方向，还在很大程度上影响政策实施的成效。按照三级目标体系，政策目标可分为一般目标、正式目标和具体目标三类。其中，政策的一般目标是指支配政策的基本想法，具有高度抽象的特点；政策的正式目标指实施政策的目的是什么，强调项目操作；政策的具体目标强调落实政策实施的具体要求，具有精细化的特点。以京津冀协同发展政策为例，协同发展十年以来，京津冀协同发展政策已基本形成指导性、可操作性强，目标明确的政策体系（见表11-2）。京津冀三地均基本形成将京津冀打造为中国式现代化建设的先行区、示范区为一般目标；以实现京津冀优势互补、促进环渤海经济区发展、带动北方腹地发展为正式目标；以明确三地功能定位，完成近期、中期、远期三阶段发展目标，优化空间布局结构，有序疏解北京非首都功能为具体目标的三级政策目标体系。

表11-2　　　　　　　　京津冀协同政策目标的分类

类型	一般目标	正式目标	具体目标
特点	高度抽象,强调按照怎样的想法支配政策	项目操作,强调政策目的是什么	具体实施,强调政策具体实施的要求是什么
京津冀协同政策目标	推进京津冀协同发展这一重大国家战略	实现京津冀优势互补、促进环渤海经济区发展、带动北方腹地发展	明确三地功能定位、完成发展目标、优化空间布局、实现非首都功能疏解

资料来源：作者整理。

以三级政策目标为导向，京津冀三地颁布的协同发展类政策呈现出以根政策、干政策和枝政策协同分布的政策层级，具体举例见表11-3。其中根政策指的是京津冀联合颁布的协同发展政策，表现为发展规划、规划纲要和战略意见等，在整个政策群中层级最高、全局性最强，对整个政策群具有指导性、规范性作用。干政策是各省市基于地区现状对战略规划的具体目标部署，表现为实施意见、实施方案等，是各地区对当地实现京津冀协同发展的统一部署与规划，规范约束性与指标性相对较强。枝政策是对干政策的延续与进一步具体化，表现为地区各部门的任务分解、实施细则等，具有较强的可操作性。

表11-3　　　　　　　　京津冀协同政策层级

类型	根政策	干政策	枝政策
具体政策举例	《京津冀协同发展规划纲要》 《"十三五"时期京津冀国民经济和社会发展规划》 《京津冀协同发展产业升级转移规划》 《京津冀协同发展交通一体化规划》 《京津冀协同发展生态环境保护规划》 ……	《中共北京市委北京市人民政府关于贯彻〈京津冀协同发展规划纲要〉的意见》 《天津市贯彻落实〈京津冀协同发展规划纲要〉实施方案》 《中共河北省委、河北省人民政府关于贯彻落实〈京津冀协同发展规划纲要〉的实施意见》 ……	《天津市市场和质量监督管理委员会关于贯彻京津冀协同发展规划的实施意见》 《石家庄市落实省京津冀协同发展重点工作责任分解表》 ……

资料来源：作者整理。

三地枝政策的落实程度存在差异。与北京、河北相比，天津枝政策的目标阐述不够清晰。例如，《石家庄市2018年京津冀协同发展重点工作任务安排》分别从承接平台建设、深入推进六个协同、对接服务雄安新区规划建设、促进新型城镇化建设和城乡统筹以及加强保障等方面对具体工作事项、年度目标任务、时间进度和责任单位进行了部署。而《天津滨海新区全面落实京津冀协同发展战略近期重点任务与责任分工表（2017）》从协同发展合作平台、承接非首都功能、加强各领域对接合作、体制机制创新四个方面对相关事项和责任单位进行部署，且与北京、河北相比缺乏相关年度目标任务与时间进度的对表，"提升航运能力、加大和京冀两地对接力度"等表述较为宽泛，未能提供明确的、可操作性强的政策目标指引。

（三）政策响应分层级

1. 政策实施情况

京津冀协同发展政策内容基本围绕着区域"交通一体化—生态环境—产业协同—协同创新—社会保障体制—文化交流"六大领域展开。政策实施主要分为三个具体阶段：（1）第一阶段为明确京津冀协同发展的规划纲要，加强顶层设计。2015年，《京津冀协同发展规划纲要》出台，明确了京津冀城市群的功能定位、发展目标、发展阶段、重点领域等内容，为京津冀协同发展奠定基础。（2）第二阶段为制定相应的专项规划、框架协议等，进一步明确三地的合作机制和政策实施方案。在该阶段，三地相继对交通、环保、产业、创新、社会保障、文化等领域达成共识，围绕不同领域提出具体的政策目标要求、形成具体的合作协议，为政策的深入实施奠定基础。（3）第三阶段为政策落地阶段，是政策实施的关键阶段。在前两个阶段的基础上，京津冀三地全面推动政策措施的落地实施，包括颁布具体的实施方案、工作方案、行动表等。同时，也会根据实际情况进行政策的调整与优化，以保障政策能够产生最大的实效。通过三个阶段的有序推进，京津冀协同发展政策重点打造轨道上的京津冀，加强生态环保联防联控和污染综合治理，落实产业转移承接协同和转型升级,建设协同创新共同体,实现人才养老医疗等社会保障一体化以及加强文化保护传承和合作交流。

表11-4 京津冀协同发展的政策内容实施情况

具体层面	第一阶段:规划纲要	第二阶段:专项规划	第三阶段:政策落地	政策实施重点
交通基础设施	《京津冀协同发展规划纲要》(2015)	《京津冀协同发展交通一体化规划》	《京津冀协同发展规划纲要交通一体化实施方案》	打造"轨道上的京津冀"
生态环境		《京津冀区域环境保护率先突破合作框架协议》	《京津冀地区生态环境保护整体方案》	1. 雾霾治理:实施大气污染综合治理攻坚行动方案;2. 水污染治理:推进永定河、白洋淀和衡水湖等的综合治理;3. 生态建设:实施"三北"防护林等生态工程
产业发展		《京津冀协同发展产业升级转移规划》	《京津冀协同发展产业转移对接企业税收收入分享办法》《关于加强京津冀产业转移承接重点平台建设的意见》《京津冀产业转移指南》	1. 产业转型升级:设立京津冀产业协同发展投资基金和京津冀产业结构调整引导基金;2. 载体平台建设:明确"2+4+46"承接平台
科技创新		《共同推动京津冀国际科技合作框架协议》	《关于建设京津冀协同创新共同体的工作方案》	1. 创新载体平台:武清京津产业新城、曹妃甸循环经济示范区等15个协同创新重点平台;2. 科技合作:中关村企业在津冀设立分支机构
社会民生		《京津冀协同推进民族教育工作战略合作框架协议》《京津冀药品医用耗材集中采购合作框架协议》等	《北京市支持河北雄安新区"交钥匙"项目实施暂行办法》	1. 教育合作;2. 医疗卫生协作:实施区域医疗机构临床检验结果互认、医学影像检查资料共享、医疗保险移接续和异地就医服务试点

资料来源:作者整理。

2. 政策内容分析

根据政策文本内容分析，梳理出京津冀协同发展政策交通一体化、环保协同、产业协同、科技创新、社会保障、文化交流六大领域的政策重点内容，具体见表11-5。

表 11-5　　　　　　京津冀协同发展政策相关内容

政策内容	联合发布	北京	天津	河北	其他省市
交通一体化	推进交通重点项目；推进区域运输一体化；交通信息化；津冀港口协同发展	缓解城市交通拥堵；交通综合治理	现代综合交通运输体系；北方国际航运核心区；城市轨道交通建设	交通提质增效提升供给服务能力；交通物流融合发展；综合交通运输体系	全国高速公路联网；交通物流融合发展；公路省际通道建设
环保协同	循环经济；环境保护；环保执法监督；大气污染综合治理	国家生态文明先行示范区建设；城市副中心园林绿化生态环境建设	生态环境保护；生态保护补偿机制；生态环境监测	节能环保产业发展；环保监测整改	京津冀周边地区节能环保先进技术对接；大气污染防治
产业协同	京津冀协同发展产业升级转移规划；京津冀产业转移指南	疏解非首都功能产业	空港经济区产业园；高新技术产业化；战略性新兴产业发展；产业技术研究院建设	产业结构调整；旅游产业化；产业技术创新；补齐产业短板，加快产业发展	产业合作对接
科技创新	京津冀系统推进全面创新改革试验方案；共同推进京津冀基础研究合作协议；京津冀协同创新共同体建设	科技创新中心建设；创新引领发展；服务贸易创新发展试点	中小企业创新转型；自贸区创新发展；金融创新	现代服务业创新；制造业创新；物流产业创新；创新转型；创新能力提升	创新招商引资
社会保障（人才就业）	京津冀人才一体化发展规划	深化首都人才发展体制机制；首都技能人才建设	人才引进；百万技能人才培训	人才发展；人才队伍建设	人才引进；人才交流

· 267 ·

续表

政策内容	联合发布	北京	天津	河北	其他省市
社会保障（养老医疗）	京津冀区域养老服务协同发展实施方案；京津冀检验检疫一体化	金融支持养老服务业；医疗卫生与养老服务相结合；开放养老服务市场	老龄事业发展；养老体系建设；商业养老保险；完善医疗保险制度	开放养老市场；提升养老服务质量；医疗联合体建设	发展养老服务业；跨省异地就医结算
文化交流	文化带建设；文物保护机制；公共文化服务走廊	新时代繁荣兴盛首都文化；文化遗产保护	文化遗产保护；文化合作交流；文化产业示范基地	文化遗产保护；扩大旅游文化消费	合作交流；文化保护传承

资料来源：作者整理。

对于交通一体化领域，三地联合发布的政策以交通重大项目为抓手，推进区域运输一体化、综合交通枢纽建设、港口协同发展等。京津冀三地颁布的交通领域政策则各有侧重，其中，北京更注重缓解城市交通拥堵，进行交通综合治理；天津注重建设现代化综合交通运输体系，打造北方国际航运核心区；河北注重提效增质提升供给服务能力，关注交通物流的融合发展；其他涉及京津冀协同发展的省市则注重融入路网建设。

对于生态环保领域，三地联合发布的政策强调"蓝天保卫战""碧水保卫战""净土保卫战"，综合治理污染，统筹推进循环经济建设和区域结构调整。京津冀三地在生态环保领域的政策各有侧重，其中，北京强调国家生态文明先行示范区建设，落实首都城市战略定位、建设国际一流的和谐宜居之都；天津侧重建立生态保护补偿机制，加强生态环境监测；河北注重环保监测整改，促进节能环保产业发展；其他省市则注重京津冀周边地区节能环保先进技术对接，协同进行污染防治。

对于产业协同领域，三地联合发布的政策强调产业结构优化升级、优化产业生产力布局等。京津冀三地在产业协同领域的政策基于各自的功能定位具有不同的特点，其中，北京强调经济转型、数字化转型，产业协同围绕高精尖产业体系，紧密契合国家政治中心、文化中心和科技创新中心的定位；天津产业协同政策紧密契合先进制造研发基地的功能定位，重点关注智能科技产业为引领的现代化产业体系建设；河北产业协同政策关注经济多元化、可持续、高质量发展，关注特色产业集群和特色产业提质升级，加快产业结构优化调整；其他省市则强调建立与京津冀的产业合作对接。

对于社会保障领域，重点关注人才就业和养老医疗两个方面。首先，在人才就业方面，三地联合发布的政策侧重京津冀人才一体化的发展规划，强调健全人才服务保障体系，充分发挥三地人才资源优势，实现人才的高效流动和共享。京津冀三地相关政策均聚焦人才引进、人才培训和人才交流，完善学科建设、人才培养、成果转化等方面的合作机制。其次，在养老医疗方面，三地着力深化医疗保障基本公共服务共建共享，完善跨省异地就医结算、京津冀检验结果互认和医学影像结果共享等。三地联合颁布《京津冀区域养老服务协同发展实施方案》《京津冀检验检疫一体化实施方案》等政策。北京养老医疗政策更关注金融支持养老服务、医疗卫生与养老服务相结合；天津关注老龄事业发展，促进养老体系建设和完善医疗保险制度；河北注重开放养老市场，建立医疗联合体，提升养老服务质量；其他省市则进一步完善跨省异地就医结算的覆盖面。

对于文化交流领域，三地联合发布的政策强调文化带建设，构建公共文化服务走廊，建立文物保护机制等。北京的文化交流类政策强调新时代繁荣兴盛首都文化，加强文化遗产保护；天津的文化交流类政策强调文化产业示范基地建设、加强文化交流活动；河北的文化交流类政策关注促进文旅消费、加强文化产业发展；其他省市则强调与京津冀建立文化合作交流，加强文化保护传承等。

3. 政策主题演进分析

政策文本作为半结构化数据，具有语义丰富、内容复杂多样的特点，需要结合自然语言处理等机器学习方法，从中抽取出全面、有效的主题信息。LDA主题模型作为一种适应性强的主题模型，在构建分词工具获取文档词语的基础上，对文档中的主题词进行主题聚类，得到政策文本的主题分布，进而揭示政策的潜在语义、关键元素等，有助于理解政策的主题和趋势。

本部分基于 gensim 库训练 LDA 模型得到关键词数为 10 个的主题—词语分布矩阵；并将主题一致性得分作为模型的评价指标，以确定最优的政策主题数目。考虑到政策文本的复杂性和专业性，现有的中文分词方法可能难以有效识别重要的专业名词（如非首都功能疏解、首都城市战略等）。为解决这一问题，本部分在利用结巴库（jieba）对政策文本进行分词处理时，扩建包括政策专业词汇的自定义词典，并在广泛应用的哈工大停用词表基础上，增加自建政策特征停用词。对不同阶段下京津冀三地政策文本进行 LDA 主题模型检验，进一步通过特征词，使用人工识别的方法对每个主题进行标记。

根据《京津冀协同发展规划纲要》的发展目标，将京津冀协同发展划分为三个发展阶段：前期率先突破阶段（2014—2017 年）；中期统筹推进阶段（2018—2020 年）；远期纵深发展阶段（2021 年以后）。表 11-6 展示了京津冀政策热门主题的演化，表中的每一列代表一个发展阶段，每一行是该阶段的热门主题，分别对每阶段排名前三的热门主题进行展示。

表 11-6　　京津冀政策热门主题特征词和相关度

	率先突破阶段（2014—2017 年）		统筹推进阶段（2018—2020 年）		纵深发展阶段（2021 年以后）	
	特征词	相关度	特征词	相关度	特征词	相关度
热门主题1	协同创新		政府治理		政府治理	
	创新	0.052	管理	0.043	监管	0.031
	文化	0.032	检查	0.033	机制	0.026
	科技	0.020	制度	0.029	管理	0.024
	融合	0.013	监管	0.029	制度	0.024
	引领	0.010	依法	0.018	治理	0.016

续表

	率先突破阶段 （2014—2017年）		统筹推进阶段 （2018—2020年）		纵深发展阶段 （2021年以后）	
	特征词	相关度	特征词	相关度	特征词	相关度
热门主题2	绿色制造		医疗卫生		应急措施	
	绿色	0.079	医疗	0.078	应急	0.029
	制造	0.045	医疗机构	0.056	监测	0.029
	低碳	0.029	医院	0.048	处置	0.014
	技术	0.015	救助	0.023	管理	0.014
	清洁	0.013	档案	0.015	协调	0.013
热门主题3	智能制造		环境保护		城市建设	
	智能	0.022	环境保护	0.050	城市	0.031
	技术	0.020	环保	0.046	绿色	0.031
	制造	0.015	检验	0.028	工程	0.030
	产品	0.014	验收	0.027	改造	0.018
	研发	0.013	设备	0.024	家	0.017
	人工智能	0.012	机动车	0.015	示范	0.015

资料来源：作者整理。

表11-6展示了不同阶段下京津冀政策热门主题特征词和相关度，通过阅读特征词，采用人工判定的方法对每个主题进行标记，选取合适的标题。在率先突破阶段，热门主题为协同创新、绿色制造、智能制造，意味着在该阶段，京津冀地区注重通过协同创新、绿色制造和智能制造加速产业结构的升级，推动传统产业向高端、智能化方向发展，提高产业竞争力。协同创新主题意味着各地将加强科技创新的合作，共同攻克关键技术，推动产业升级和转型。绿色制造主题凸显了对环保、可持续发展的高度重视。这意味着京津冀地区将以绿色发展理念为导向，通过技术创新和产业升级，实现生产方式的绿色转型，降低环境负担。智能制造主题强调了对数字化、智能化生产方式的推动。这意味着京津冀地区将注重发展先进制造技术，推动工业自动化、智能化水平的提升，提高生产效率和品质。

在统筹推进阶段，热门主题为政府治理、医疗卫生、环境保护，意味着在该阶段，京津冀地区注重政府能力提升、社会民生保障，确保人民群众的健康和生活质量。政府治理主题强调了京津冀地区在提升政府能力和服务水平方面的努力。这意味着各地将加强政府职能建设，提高政府的决策能力、执行力和服务水平，推动更高效、透明、负责的政府治理。医疗卫生主题凸显了三地对人民群众健康的重视，意味着京津冀地区将优先保障人民群众的健康权益，提升医疗服务水平，加强基层医疗卫生机构建设，推动医疗卫生事业的发展。环境保护主题意味着京津冀地区采取系列政策措施，加强大气、水、土壤等环境治理，提高环保标准和执法力度，推动生态文明建设。

在纵深发展阶段，热门主题为政府治理、应急措施、城市建设，意味着在该阶段京津冀更加重视提升区域治理能力，促进城市群整体发展。政府治理主题更强调体制机制建设，说明三地持续加强政府的职能建设。应急措施主题凸显了对突发事件和疫情应对的高度重视，意味着京津冀地区建立健全应急响应机制，提升突发事件的应对能力，保障区域的稳定和安全。城市建设主题强调了京津冀地区在城市规划、基础设施建设、环境保护等方面的持续投入和努力。这意味着三地加强城市规划与建设，提升城市的宜居性、环境质量和公共服务水平，为居民提供更好的生活条件。京津冀三地将通过政府治理、应急措施和城市建设方面的纵深发展，推动整个城市群的全面协同发展，实现经济社会的高质量发展。

三 京津冀政策协同指数的研究设计

京津冀地区包含了北京、天津2个直辖市，河北1个省份以及11个设区市，政策领域也涉及多个方面。因此，综合考虑实际情况，本报告构建了三级两类的京津冀政策协同指数：三级是京津冀—省—市各级的政策协同指数，两类是综合指数和分类指数。总的来说，本报告分别测算了京津冀政策协同综合指数、京津冀政策协同分类指数、省级政策协同综合指数、省级政策协同分类指数、市级政策协同综合指数、市级政策协同分类指数。

（一）测算思路

从关系主义角度来看，协同发展是区域主体间在经济上关联依赖、在发展上相互促进并日益加深的互动过程。① 因此，从不同区域之间的关系角度出发，可以根据京津冀在政策上的互动关系来测算京津冀政策协同程度。当京津冀地区在政策过程中产生互动，即可视为政策协同发展。

按照上述逻辑，测算京津冀政策协同的关键是如何界定政策过程中的互动，这也是本章测算京津冀政策协同指数的重难点。传统政策分析多为定性分析，缺乏科学合理的测算方法。即使部分研究尝试进行定量分析，也基本依靠人工搜集整理政策，数据量较小，一般为几百条。随着大数据技术的崛起，文本挖掘和分析技术得到发展，为从海量政策文本中发现政策互动提供解决思路。

本报告将基于京津冀海量政策文本数据，使用文本分析方法，挖掘京津冀政策过程中的互动，从而测算京津冀政策协同指数，提高政策协同分析的精准度。

（二）测算方法

文本分析方法是文本挖掘、信息检索的一个基本问题，通过从文本中抽取特征词进行量化，在经济学领域有很多应用。通过文本分析方法，可以挖掘京津冀政策文本中的互动信息，从而构建京津冀政策协同指数。

使用文本分析方法量化政策协同的过程如下：

首先，语料收集。语料是一定数量和规模的文本资源集合。利用文本分析方法测算京津冀政策协同指数的基础条件是收集京津冀的政策文本。

---

① 周密、张心贝：《城市群引领区域协调发展的实现路径与治理机制——基于周期协调度的视角》，《财经科学》2023年第7期。

其次，词典构建。在文本分析方法中，词典是预先定义的词汇列表，通过判断本文中是否包含词典中的词汇列表，可以对文本进行定性。本报告认为，当某地政策文本中包含其他地区时，两个地区便在政策上产生互动关系，可以视为政策协同。以此为依据，本报告分别构建了京津冀各地区的政策协同词典。

最后，文本量化。根据构建的政策协同词典，本报告逐一对京津冀的政策文本进行了分析。当某地某条政策文本中出现词典中的相关词汇，该条政策即可视为协同政策。根据协同政策占总政策的比例，可以构建政策协同指数。

（三）指数构建

根据文本分析方法，本报告逐一对京津冀的政策文本进行了分析，进而构建了三级两类的京津冀政策协同指数，三级指的是京津冀—省—市各级的政府协同指数，两类指的是综合指数和分类指数，具体包括京津冀政策协同综合指数、京津冀政策协同分类指数、省级政策协同综合指数、省级政策协同分类指数、市级政策协同综合指数、市级政策协同分类指数。

下面分别详细介绍综合指数和分类指数的测算过程。

1. 综合指数

综合指数包括京津冀政策协同综合指数、省级政策协同综合指数、市级政策协同综合指数，其中省级政策协同综合指数和市级政策协同综合指数的测算过程一致，京津冀政策协同综合指数是在省级协同综合指数的基础上加权平均得到。

（1）各地政策协同综合指数

第一步，协同政策文本分析。使用文本分析法分析各地政策文本。当某地某条政策本文中包含协同词典中的词汇时，[①] 该条政策视为协同

[①] 各词典由团队成员根据代表性政策全文、所有政策高频词、相关文献及网络资料整理而来。

政策。协同词典详见附表1。

第二步，加权政策数量和协同政策数量。根据效力级别，加权汇总各地各年度的政策总数和协同政策总数。地方政策效力级别分为地方性法规、地方政府规章、地方规范性文件、地方司法文件、地方工作文件，依次赋值5、4、3、2、1。①

第三步，计算各地协同政策比例。每个地区每年协同政策总数除以该地该年度政策总数，得到各地协同政策指数。

（2）京津冀政策协同综合指数

对京津冀三省市的政策协同综合指数进行加权平均，即可得到京津冀政策协同综合指数。

2. 分类指数

京津冀政策协同分类指数涵盖生态、交通、产业、创新、市场、开放、公共服务、消费、投资等不同领域，如图11-1所示。

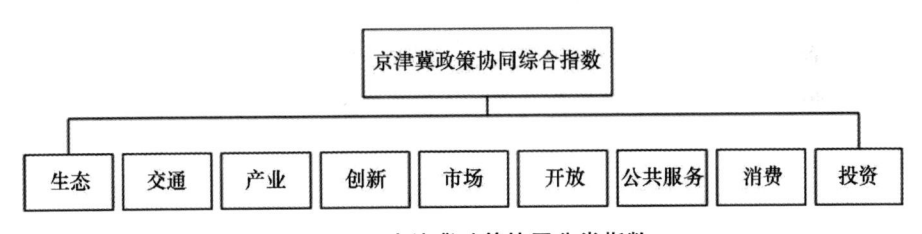

图11-1 京津冀政策协同分类指数

资料来源：作者绘制。

与综合指数一样，分类指数包括京津冀政策协同分类指数、省级政策协同分类指数、市级政策协同分类指数，其中省级政策协同分类指数和市级政策协同分类指数的测算过程一致，京津冀政策协同分类指数是在省级协同分类指数的基础上加权平均得到。

与综合指数不一样的是，京津冀政策协同综合指数依赖于协同词典，

---

① 根据《中华人民共和国立法法》，地方性法规的效力高于本级和下级地方政府规章。地方规范性文件、地方司法文件、地方工作文件虽然不属于法律法规，但作为行政机关履行职能的公文，受法律保护，具有一定的法律效力，并且法律效力依次递减。

而京津冀政策协同分类指数依赖于协同词典和分类协同词典，协同词典详见附表1，分类协同词典详见附表3。当某地某条政策本文中同时包含协同词典和分类协同词典中的词汇时，该条政策视为该类别的协同政策。

（1）各地政策协同分类指数

第一步，政策文本分析。使用文本分析法分析各省政策文本。当某地某条政策文本中同时包含协同词典和分类协同词典中的词汇时，该条政策视为该类别的协同政策。各省市政策协同词典详见附表1、附表2，分类词典详见附表3。

第二步，加权政策数量和分类协同政策数量。根据效力级别，加权汇总各个地区各年度的协同政策总数和分类协同政策总数。效力级别赋权方法同上，不再赘述。

第三步，测算各地分类指数。每个地区每年分类协同政策总数除以该地区该年度协同政策总数，得到各地政策协同分类指数。

值得注意的是，与各地政策协同指数不同，计算分类指数除以的是协同政策总数而非政策总数，这是为了更好比较不同类别政策协同在协同政策的相对重要程度。

（2）京津冀政策协同分类指数

对京津冀三省市的政策协同分类指数进行加权平均，即可得到京津冀政策协同分类指数。

3. 各地政策协同指数

各地政策协同指数包括省级政策协同综合指数、省级政策协同分类指数、市级政策协同综合指数、市级政策协同分类指数，省级和市级测算方法一致。

（四）数据来源

本报告使用的政策文本数据来自北大法宝网站，网址 https://www.pkulaw.com/law。样本时间为2014—2023年，包含北京、天津、河北三省市以及张家口、承德、秦皇岛、唐山、沧州、衡水、廊坊、保定、石家庄、邢台、邯郸11个设区市。数据经过爬取、筛选、清洗三轮处理。

第一轮，数据爬取。基于北大法宝网站，本报告采集了1950年以来地方发布的地方性法规、地方政府规章、地方司法文件、地方规范性文件、地方工作文件、行政许可批复等政策文件，数据量约为300万条。数据采集时间截至2023年7月20日，由于本报告使用比例数据测算政策协同指数，假设政策发布月份随机，那么2023年后半年缺失的政策对政策协同指数的影响可忽略不计。

第二轮，数据筛选。首先，本报告对所有地方政策文件进行筛选，确定每条政策的发布年份和发布地区。① 发布年份缺失的使用发文字号中的年份替代，并进行人工矫正。发布地区根据发布部门确定，逐一将发布部门匹配到所在省份或者地级市。然后，进一步筛选出2014年以来京津冀地区的政策文件，包括京津冀三省市和河北11个设区市。

第三轮，数据清洗。首先，对筛选出来的政策文件进行清洗，删除行政许可批复文件，只保留有法律效力的地方性法规、地方政府规章、地方规范性文件、地方司法文件、地方工作文件等五类政策文件。然后，根据相关关键词，删除废除文件、考试比赛、人事任免、荣誉表彰等11类无关政策，详见附表4。清洗后的京津冀政策总量为82488条，其中北京市23257条、天津市20388条、河北省23736条、河北省11个设区市15067条。

三 京津冀政策协同指数的测算结果分析

本部分将详细分析京津冀政策协同指数的测算结果，包括京津冀政策协同综合指数和京津冀政策协同分类指数，以全面剖析京津冀政策协同的总体趋势。

---

① 考虑到安慰剂效应，本报告采用政策发布年份而非政策实施年份。一般而言，政策发布时间和实施时间一致。据统计，京津冀所有政策文件中98%的政策发布年份与实施年份相同。

(一) 京津冀政策协同综合指数的测算结果分析

2014—2023年京津冀政策协同综合指数测算结果如表11-7所示。数值大小表明当年协同政策占总政策的比重，指数越大，政策协同程度越高。例如，2023年京津冀政策协同综合指数为25.81，表明2023年京津冀地区平均有25.81%的政策属于协同政策。

表 11-7　　京津冀政策协同综合指数测算结果

年份	京津冀政策协同综合指数	年份	京津冀政策综合协同指数
2014	5.69	2019	22.25
2015	9.28	2020	22.32
2016	10.61	2021	23.66
2017	14.55	2022	23.71
2018	16.36	2023	25.81

资料来源：作者测算。

为了进一步观测京津冀政策协同综合指数的变化趋势，本报告还绘制了图11-2，发现2014—2023年间京津冀政策协同综合指数呈现以下特征：

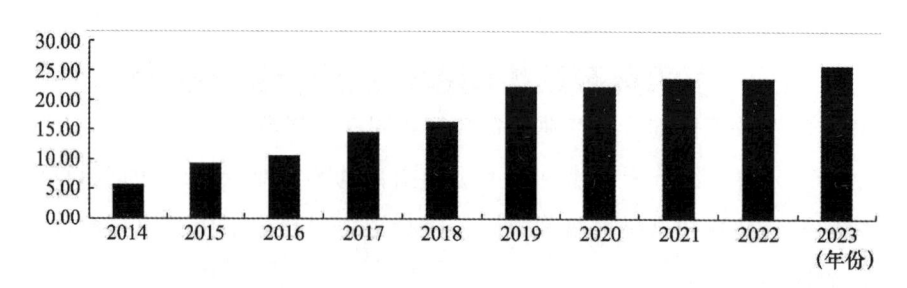

图 11-2　京津冀政策协同综合指数变化趋势

资料来源：作者绘制。

1. 京津冀政策协同程度不断提升

根据图11-2，可以看出自2014年实施京津冀协同发展战略以来，京津冀政策协同综合指数呈现明显增长态势，2023年京津冀政策协同综合指数达到峰值25.81。总的来说，京津冀政策协同综合指数由2014年的5.69上升到2023年的25.81，增幅454%。

2. 京津冀政策协同早期增幅显著

分阶段来看，在2014—2018年间，京津冀政策协同的增长趋势十分显著，从5.69增长到16.36，增幅286%。在2019—2023年间，京津冀政策协同的增长趋势较为平缓，从22.25增长到25.81，增幅116%。

从历年京津冀政策协同指数的具体大小来看，2018年京津冀政策协同指数较低，表明这些年份涉及京津冀协同政策较少，京津冀政策协同程度较低。不难看出，这些年份主要是在京津冀协同发展战略实施的早期阶段，随着京津冀协同发展的推进，京津冀政策协同指数不断上升，在近几年协同水平迈上新的台阶。

（二）京津冀政策协同分类指数的测算结果分析

2014—2023年京津冀政策协同分类指数测算结果如表11-8所示。数值大小表明该类协同政策占协同总体政策的比重，指数越大，政策协同程度越高。例如，2023年京津冀生态政策协同指数为75.37，表明2023年京津冀地区有75.37%的协同政策涉及生态领域。①

本报告测算的京津冀政策协同分类指数包括京津冀生态政策协同、京津冀交通政策协同、京津冀产业政策协同、京津冀创新政策协同、京津冀市场政策协同、京津冀开放政策协同、京津冀公共服务政策协同、京津冀消费政策协同、京津冀投资政策协同9个指数。

表11-8　　　**京津冀政策协同分类指数测算结果**

分类指数	2014	2015	2016	2017	2018	2019	2020	2021	2022	2023
生态	73.35	79.64	76.72	83.02	79.06	72.35	70.34	69.63	67.75	75.37

---

① 计算分类政策协同指数的综合指数的乘积，可以进一步得到不同领域的协同政策占总政策的比重。

续表

分类指数	2014	2015	2016	2017	2018	2019	2020	2021	2022	2023
交通	78.21	80.43	76.82	80.18	70.69	68.45	67.39	70.38	71.28	72.18
产业	86.81	91.75	91.86	90.93	89.59	85.83	86.20	84.77	83.47	92.26
创新	82.79	89.97	89.44	91.82	88.73	89.10	86.41	84.69	83.81	89.34
市场	81.69	85.12	85.65	86.59	84.58	82.54	81.68	81.18	79.17	83.97
开放	44.25	48.42	53.32	52.23	44.04	39.43	41.31	41.88	41.96	49.76
公共服务	97.19	98.35	97.50	98.98	98.57	98.04	97.76	94.62	91.50	99.09
消费	89.05	86.27	89.75	89.34	86.13	86.89	87.14	86.43	82.93	90.80
投资	75.63	76.75	72.45	75.78	66.57	66.92	62.34	63.55	61.87	54.49

资料来源：作者测算。

从表11-8来看，京津冀政策协同分类指数呈现以下特征：

1. 政策协同涉及多个领域

除开放政策协同指数以外，生态、交通、产业、创新、市场、公共服务、消费、投资等领域的政策协同指数基本都超过50，表明京津冀地区有一半以上的协同政策隶属于这些领域，由此可见京津冀政策协同涉及多个领域。

2. 政策协同主要集中在产业、创新、市场、公共服务、行政、消费等领域

从各类政策协同指数的具体大小来看，产业、创新、市场、公共服务、消费等协同指数基本超过80，生态、交通、投资等协同指数位于50—80区间，开放政策协同指数低于50，表明京津冀政策协同主要集中在产业、创新、市场、公共服务、消费等领域，开放政策协同有待加强。

四 京津冀政策协同指数的省级比较

本部分将详细分析各省政策协同指数的测算结果，包括三地政策协同综合指数和政策协同分类指数，以全面剖析三地政策协同的总体趋势。

（一）京津冀政策协同综合指数的省级比较

2014—2023 年省级政策协同综合指数测算结果如表 11-9 所示。

表 11-9　　　　　省级政策协同综合指数测算结果

年份	北京	天津	河北
2014	4.50	5.72	6.85
2015	8.86	8.04	10.95
2016	11.47	7.76	12.60
2017	12.55	13.29	17.80
2018	8.95	9.87	30.26
2019	8.64	11.83	46.27
2020	6.94	11.33	48.71
2021	7.27	13.77	49.95
2022	9.09	12.48	49.57
2023	9.94	14.77	52.71

资料来源：作者测算。

总的来说，三地政策协同综合指数呈现以下特征：

1. 三地政策协同呈现梯度差

图 11-3 进一步绘制了 2014—2023 年北京、天津、河北政策协同综合指数的变化趋势。从总体趋势来看，三地政策协同综合指数在样本期内均呈上升态势，与京津冀政策协同综合指数保持一致，表明京津冀三地政策协同不断加深。从各地情况来看，河北政策协同综合指数由 2014 年的 6.85 上升到 2023 年的 52.71，并且在 2014—2019 年期间增幅明显，2019 年以后增速平稳，表明自京津冀协同发展以来，河北主动加强与北京、天津的政策协同，尤其是在 2014—2019 年期间取得明显进展。北京、天津政策协同指数较为接近，分别由 2014 年的 4.50、5.72 上升到 2023 年的 9.94、14.77，增长速度较为平缓。

对比三地政策综合协同指数可以发现，三地政策协同呈现"河北—天津—北京"的梯度差，河北政策协同指数明显高于北京、天津。长期以来，河北与北京、天津两地在经济发展方面存在一定差距，内部发展并不平衡。为了缩小与北京、天津之间的差距，河北强化政策协同，积极主动对接北京、天津两地资源，围绕产业、交通、生态等多个领域强化政策保障，表现出与北京、天津两地较高的政策协同。

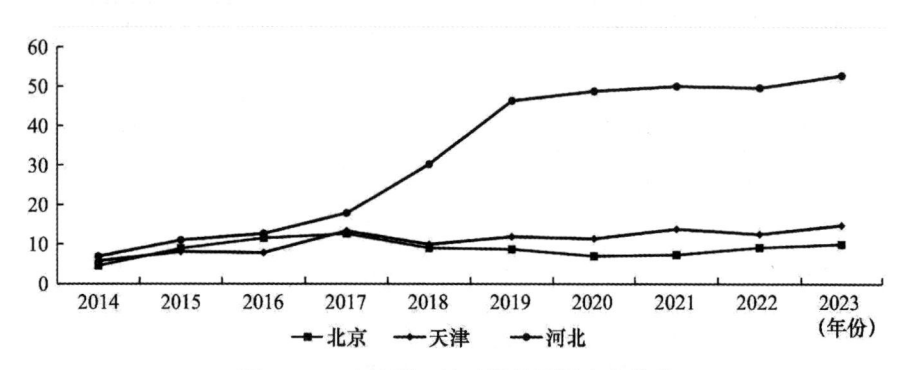

图 11-3 京津冀三地政策协同的变化趋势

资料来源：作者绘制。

2. 京冀政策协同更为紧密

为了进一步探究京津冀各地区的政策协同对象，本报告还对三地政策协同综合指数进行分解，以分析不同地区之间的政策协同。分解方法是将地区对之间的协同政策数量除以协同政策数量，进而乘以100，定义地区对政策协同的词典详见附表1。

基于上述分解思路，将北京政策协同指数分解为京津政策协同和京冀政策协同，天津政策协同指数分解为津京政策协同和津冀政策协同，河北政策协同指数分解为冀京政策协同和冀津政策协同。值得说明的是，地区对政策协同指数具有方向性，京津政策协同不同于津京政策协同，京津政策协同表示北京主动与天津的政策协同，而津京政策协同表示天津主动与北京的政策协同。

北京主动与天津、河北两地政策协同的变化趋势如图11-4所示。可以看出，京冀政策协同明显高于京津政策协同，在2014—2017年间尤为

第十一章 京津冀政策协同指数

明显。京津冀协同发展的出发点和落脚点，就是解决北京"大城市病"问题，有力有序有效疏解北京非首都功能。在疏解北京非首都功能的过程中，河北具有广阔空间和腹地，是承接北京一般性制造业以及其他机构的重要主体，因此具有较高的政策协同。

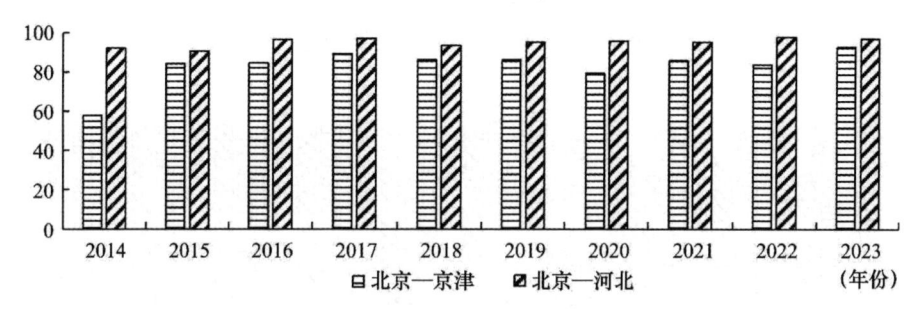

图 11-4　北京主动与天津、河北两地政策协同的变化趋势

资料来源：作者绘制。

天津主动与北京、河北两地政策协同的变化趋势如图 11-5 所示。结果表明，2018 年以前，津京政策协同高于津冀政策协同，而自 2019 年开始津冀政策协同基本与津京政策协同持平，部分年份甚至超过津京政策协同。这表明京津冀协同发展战略实施的前期，天津主要以北京为政策协同对象，随着京津冀协同发展的深入实施，天津开始关注与河北的政策协同，津冀政策协同开始加强。

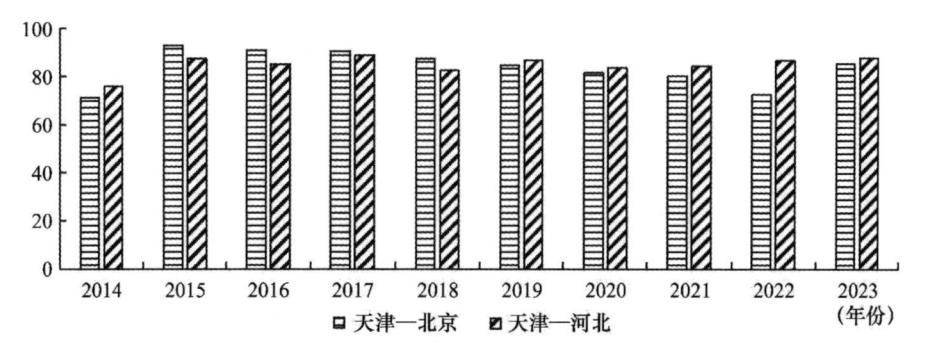

图 11-5　天津主动与北京、河北两地政策协同的变化趋势

资料来源：作者绘制。

河北主动与北京、天津两地政策协同的变化趋势如图 11-6 所示。一方面，冀京政策协同高于冀津政策协同，表明河北政策协同的主要对象是北京，积极主动承接非首都功能疏解，加强与北京的政策协同。另一方面，冀津政策协同指数相较于冀京政策协同指数，增长变化更为明显，2019 年以后基本与冀京政策协同指数持平，表明近年来河北对天津的政策关注度逐渐提高，不断加强与天津的政策协同。

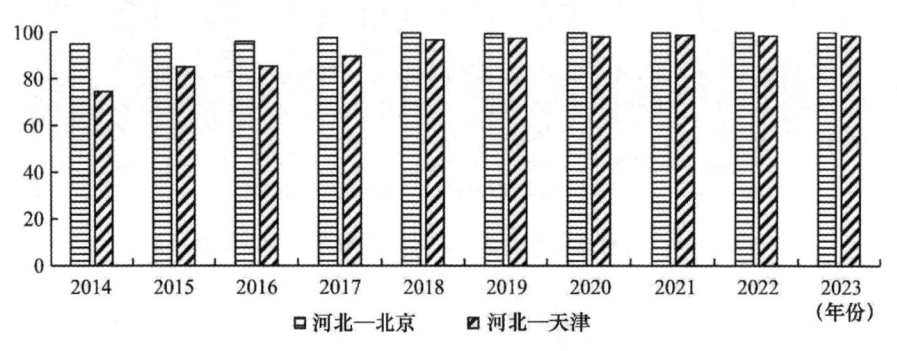

图 11-6　河北主动与北京、天津两地政策协同的变化趋势

资料来源：作者绘制。

（二）京津冀政策协同分类指数的省级比较

本报告测算了各省的政策协同分类指数，分别展示每个省的测算结果，省级政策协同分类指数的测算结果分别如表 11-10—表 11-12 所示。

表 11-10　　　　　北京政策协同分类指数测算结果

年份	2014	2015	2016	2017	2018	2019	2020	2021	2022	2023
生态	70.41	78.24	80.90	87.78	89.41	88.17	84.55	90.40	84.83	94.12
交通	73.47	76.94	77.60	84.13	79.80	82.82	83.18	82.35	83.79	79.41
产业	82.14	91.19	93.06	94.44	94.83	93.52	92.73	97.21	96.55	97.06
创新	84.18	86.79	91.49	95.24	91.38	96.62	93.64	94.74	95.86	95.59
市场	80.61	81.09	84.72	89.37	90.64	91.27	88.18	91.02	88.28	80.88
开放	34.18	39.90	55.38	53.65	52.22	56.62	61.36	62.23	64.14	50.00

续表

年份	2014	2015	2016	2017	2018	2019	2020	2021	2022	2023
公共服务	95.41	98.96	97.57	97.94	99.01	99.15	98.18	100.00	99.66	100.00
消费	89.29	87.56	89.41	95.24	97.04	96.90	95.23	97.52	96.21	97.06
投资	72.45	75.13	71.18	76.19	75.37	77.75	75.91	79.26	78.62	66.18

资料来源：作者绘制。

表 11-11　　天津政策协同分类指数测算结果

年份	2014	2015	2016	2017	2018	2019	2020	2021	2022	2023
生态	66.67	79.35	67.38	84.16	81.66	70.97	72.58	65.33	63.69	72.29
交通	80.30	83.70	73.26	82.21	74.50	72.26	68.01	74.16	82.33	75.90
产业	86.36	95.11	90.91	91.32	93.12	86.02	89.63	78.33	77.48	97.59
创新	76.52	93.48	85.03	93.49	92.84	90.54	88.40	81.54	78.06	89.16
市场	81.06	85.33	85.03	83.95	80.23	80.22	79.96	72.55	69.51	91.57
开放	53.03	64.13	51.34	57.70	50.43	44.09	40.60	39.00	40.39	72.29
公共服务	100.00	98.37	97.33	97.40	97.13	95.70	94.02	85.23	79.81	98.80
消费	93.18	89.67	90.91	87.20	84.24	85.38	85.94	78.81	76.12	93.98
投资	79.55	83.70	70.59	75.92	63.04	69.46	63.44	61.00	56.89	42.17

资料来源：作者绘制。

表 11-12　　河北政策协同分类指数测算结果

年份	2014	2015	2016	2017	2018	2019	2020	2021	2022	2023
生态	82.98	81.34	81.87	77.11	66.10	57.92	53.90	53.16	54.73	59.70
交通	80.85	80.65	79.58	74.20	57.76	50.28	50.96	54.63	47.71	61.22
产业	91.91	88.94	91.60	87.03	80.83	77.94	76.25	78.78	76.39	82.13
创新	87.66	89.63	91.79	86.73	81.99	80.15	77.19	77.78	77.52	83.27
市场	83.40	88.94	87.21	86.44	82.87	76.13	76.89	79.98	79.71	79.47
开放	45.53	41.24	53.24	45.34	29.46	17.59	21.96	24.41	21.35	27.00
公共服务	96.17	92.86	95.42	95.34	96.01	96.78	97.61	96.55	92.30	98.48

续表

年份	2014	2015	2016	2017	2018	2019	2020	2021	2022	2023
消费	84.68	81.57	88.93	85.57	77.11	78.39	80.26	82.96	76.46	81.37
投资	74.89	71.43	75.57	75.22	61.31	53.56	47.68	50.39	50.09	55.13

资料来源：作者绘制。

观察各省政策协同分类指数可以发现，各项分类指数基本都大于50，表明各地至少一半的协同政策都涉及生态、交通、产业、创新、市场、开放、公共服务、消费、投资等领域，表明各地政策协同领域多元全面。个别分类指数甚至等于100，表明该地当年的每条协同政策都涉及该领域。

五　京津冀政策协同指数的市级比较

本部分将详细分析各市政策协同指数的测算结果，包括各市政策协同综合指数和政策协同分类指数，以全面剖析各市政策协同的总体趋势。

（一）京津冀政策协同综合指数的市级比较

2014—2023年市级政策协同综合指数测算结果如表11-13所示。

表11-13　　市级政策协同综合指数测算结果

年份	2014	2015	2016	2017	2018	2019	2020	2021	2022
北京	4.50	8.86	11.47	12.55	8.95	8.64	6.94	7.27	9.09
天津	5.72	8.04	7.76	13.29	9.87	11.83	11.33	13.77	12.48
石家庄	5.33	16.03	13.35	16.69	15.17	10.57	10.82	9.15	7.49
保定	13.41	18.52	23.40	22.43	27.16	36.00	12.21	14.04	22.86
唐山	5.06	8.84	13.23	9.41	9.05	12.47	8.76	6.36	18.46
邯郸	6.95	11.25	14.62	13.85	15.14	10.85	8.67	5.99	10.42
廊坊	23.60	26.75	29.44	36.17	20.37	37.04	6.82	22.32	40.00

续表

年份	2014	2015	2016	2017	2018	2019	2020	2021	2022
邢台	1.11	14.29	26.19	29.74	22.27	18.18	12.21	12.16	31.65
张家口	4.35	20.03	35.71	29.76	25.35	16.92	2.29	20.83	26.67
承德	14.61	6.25	24.78	19.39	16.67	21.14	18.10	22.58	17.07
沧州	86.08	87.93	87.44	86.51	58.23	70.75	61.49	68.10	81.56
秦皇岛	18.12	12.51	6.90	11.95	10.23	14.10	9.33	17.98	10.87
衡水	13.27	17.74	26.90	34.42	28.13	24.37	24.11	17.43	10.34

注：绝大多数城市2023年数据缺失。
资料来源：作者测算。

总的来说，各地政策协同综合指数存在梯度差，形成以下三大梯队：

第一梯队为北京、天津、石家庄、唐山、邯郸，这些城市政策协同综合指数普遍较低，大约在15以下。这些城市一般经济水平较高，具备自我发展的基础条件，因此可能在政策上更加侧重自身发展，对京津冀协同发展的关注较弱。

第二梯队为保定、秦皇岛、承德、邢台，这些城市政策协同综合指数居中，大约位于15—20之间。这些城市在经济上处于京津冀地区的中等水平，在政策上不仅关注自身发展，同时也关注京津冀协同发展。

第三梯队为沧州、廊坊、张家口、衡水，这些城市政策协同综合指数普遍较高，大约在20以上。这些城市一般经济水平较低，缺乏自我发展的基础条件，因而可能在政策上更加关注京津冀协同发展，以期获得周边大城市的溢出效应。

（二）京津冀政策协同分类指数的市级比较

本报告测算了各市的政策协同分类指数，市级政策协同分类指数的测算结果分别如表11-14—表11-24所示，由于表11-10—表11-11已经报告了北京、天津政策协同分类指数，这里不再重复报告。

下篇 京津冀协同发展的分指数篇

表 11-14　　　　　　　石家庄政策协同分类指数测算结果

年份	2014	2015	2016	2017	2018	2019	2020	2021	2022
生态	100.00	93.55	98.08	93.08	88.14	71.01	68.00	71.43	78.57
交通	85.19	88.17	96.15	83.85	87.29	79.71	66.00	63.10	65.71
产业	100.00	100.00	99.04	96.15	94.07	95.65	93.00	84.52	91.43
创新	100.00	100.00	96.15	95.38	91.53	89.86	82.00	83.33	91.43
市场	96.30	94.62	95.19	92.31	90.68	84.06	77.00	80.95	87.14
开放	77.78	79.57	70.19	64.62	75.42	52.17	39.00	35.71	27.14
公共服务	100.00	95.70	100.00	96.15	91.53	95.65	96.00	92.86	92.86
消费	96.30	93.55	94.23	93.08	91.53	94.20	90.00	86.90	85.71
投资	100.00	93.55	91.35	90.00	81.36	81.16	63.00	55.95	70.00

资料来源：作者绘制。

表 11-15　　　　　　　保定政策协同分类指数测算结果

年份	2014	2015	2016	2017	2018	2019	2020	2021	2022
生态	100.00	70.00	81.82	75.00	86.36	100.00	80.95	100.00	100.00
交通	86.36	60.00	81.82	75.00	77.27	100.00	80.95	75.00	37.50
产业	95.45	100.00	72.73	95.83	86.36	94.44	100.00	100.00	100.00
创新	81.82	70.00	90.91	83.33	86.36	100.00	95.24	100.00	100.00
市场	95.45	70.00	81.82	95.83	68.18	88.89	80.95	100.00	100.00
开放	54.55	30.00	27.27	37.50	50.00	66.67	61.90	75.00	100.00
公共服务	100.00	100.00	90.91	95.83	100.00	94.44	100.00	100.00	100.00
消费	81.82	60.00	87.88	95.83	86.36	94.44	100.00	100.00	100.00
投资	77.27	100.00	81.82	83.33	72.73	55.56	80.95	100.00	37.50

资料来源：作者绘制。

表 11-16　　　　　　　唐山政策协同分类指数测算结果

年份	2014	2015	2016	2017	2018	2019	2020	2021	2022
生态	92.31	92.31	96.00	81.48	66.67	82.76	90.91	78.57	86.57

续表

年份	2014	2015	2016	2017	2018	2019	2020	2021	2022
交通	50.00	92.31	96.00	92.59	63.89	86.21	79.55	82.14	91.04
产业	50.00	100.00	100.00	100.00	97.22	100.00	90.91	96.43	95.52
创新	75.00	100.00	76.00	88.89	97.22	98.28	95.45	92.86	95.52
市场	92.31	92.31	84.00	96.30	83.33	84.48	84.09	85.71	91.04
开放	50.00	46.15	76.00	51.85	47.22	53.45	54.55	50.00	58.21
公共服务	100.00	100.00	100.00	100.00	100.00	100.00	100.00	100.00	100.00
消费	100.00	100.00	84.00	85.19	94.44	94.83	95.45	100.00	100.00
投资	50.00	84.62	84.00	92.59	69.44	75.86	79.55	64.29	83.58

资料来源：作者绘制。

注：2014年生态、市场政策协同数据缺失，使用2015年数值填充。

表11-17　　　　廊坊政策协同分类指数测算结果

年份	2014	2015	2016	2017	2018	2019	2020	2021	2022
生态	97.62	95.38	96.83	94.12	100.00	95.00	33.33	96.00	60.00
交通	80.95	95.38	92.06	94.12	100.00	95.00	83.33	100.00	100.00
产业	100.00	100.00	100.00	100.00	100.00	100.00	100.00	96.00	100.00
创新	100.00	100.00	100.00	100.00	100.00	100.00	100.00	96.00	90.00
市场	88.10	93.85	96.83	100.00	100.00	100.00	100.00	84.00	100.00
开放	28.57	67.69	69.84	80.39	90.91	61.67	50.00	80.00	50.00
公共服务	97.62	98.46	98.41	100.00	100.00	100.00	100.00	100.00	100.00
消费	95.24	100.00	98.41	100.00	100.00	100.00	100.00	100.00	100.00
投资	92.86	95.38	96.83	92.16	100.00	100.00	100.00	68.00	90.00

资料来源：作者绘制。

表11-18　　　　张家口政策协同分类指数测算结果

年份	2014	2015	2016	2017	2018	2019	2020	2021	2022
生态	100.00	95.00	90.00	100.00	100.00	100.00	100.00	73.33	100.00
交通	100.00	95.00	90.00	100.00	83.33	100.00	100.00	80.00	93.75

续表

年份	2014	2015	2016	2017	2018	2019	2020	2021	2022
产业	100.00	100.00	100.00	100.00	100.00	100.00	100.00	80.00	87.50
创新	100.00	100.00	100.00	100.00	100.00	100.00	100.00	100.00	100.00
市场	100.00	95.00	90.00	96.00	100.00	100.00	100.00	73.33	93.75
开放	50.00	55.00	60.00	56.00	50.00	90.91	100.00	26.67	37.50
公共服务	100.00	100.00	100.00	100.00	100.00	100.00	100.00	100.00	93.75
消费	100.00	100.00	100.00	100.00	83.33	100.00	100.00	93.33	93.75
投资	100.00	80.00	60.00	84.00	100.00	90.91	100.00	46.67	87.50

资料来源：作者绘制。

注：2015年所有数据缺失，使用2014、2016年均值填充。

表11-19　　承德政策协同分类指数测算结果

年份	2014	2015	2016	2017	2018	2019	2020	2021	2022
生态	84.62	100.00	78.57	100.00	96.43	84.62	97.37	100.00	100.00
交通	100.00	100.00	89.29	98.04	96.43	84.62	94.74	100.00	78.57
产业	92.31	100.00	89.29	100.00	100.00	100.00	100.00	100.00	78.57
创新	92.31	100.00	89.29	100.00	100.00	100.00	97.37	100.00	100.00
市场	84.62	86.96	89.29	96.08	89.29	88.46	100.00	100.00	100.00
开放	84.62	74.45	64.29	60.78	64.29	50.00	76.32	100.00	57.14
公共服务	100.00	100.00	100.00	100.00	100.00	100.00	97.37	100.00	100.00
消费	92.31	100.00	96.43	98.04	92.86	100.00	100.00	100.00	100.00
投资	84.62	100.00	89.29	92.16	96.43	100.00	100.00	64.29	100.00

资料来源：作者绘制。

注：2015年市场政策协同数据缺失，使用2014、2016年均值填充。

表11-20　　沧州政策协同分类指数测算结果

年份	2014	2015	2016	2017	2018	2019	2020	2021	2022
生态	60.29	73.53	67.69	85.48	86.21	89.42	92.31	82.28	71.30
交通	58.09	78.43	69.74	82.26	76.55	77.88	86.81	82.28	68.70

续表

年份	2014	2015	2016	2017	2018	2019	2020	2021	2022
产业	100.00	97.06	100.00	99.46	100.00	100.00	100.00	96.20	100.00
创新	88.97	97.06	94.87	96.77	100.00	97.12	97.80	98.73	96.52
市场	69.12	90.20	85.13	94.62	91.03	88.46	94.51	86.08	83.48
开放	29.41	24.51	41.54	52.69	56.55	46.15	52.75	39.24	38.26
公共服务	96.32	98.04	98.97	98.39	100.00	99.04	100.00	100.00	99.13
消费	74.26	81.37	83.08	97.31	93.79	79.81	95.60	83.54	85.22
投资	67.65	74.51	69.23	80.11	86.90	80.77	82.42	78.48	73.91

资料来源：作者绘制。

表11-21　　秦皇岛政策协同分类指数测算结果

年份	2014	2015	2016	2017	2018	2019	2020	2021	2022
生态	88.00	94.00	100.00	84.21	100.00	72.73	76.19	59.38	100.00
交通	100.00	100.00	100.00	68.42	66.67	100.00	95.24	81.25	100.00
产业	100.00	100.00	100.00	100.00	100.00	100.00	90.48	90.63	100.00
创新	88.00	94.00	100.00	84.21	66.67	95.45	95.24	87.50	100.00
市场	76.00	88.00	100.00	84.21	100.00	100.00	90.48	50.00	100.00
开放	56.00	63.00	70.00	21.05	33.33	81.82	47.62	15.63	80.00
公共服务	100.00	100.00	100.00	100.00	100.00	100.00	95.24	100.00	100.00
消费	100.00	100.00	100.00	68.42	100.00	100.00	100.00	90.63	100.00
投资	84.00	92.00	100.00	84.21	100.00	77.27	90.48	40.63	100.00

资料来源：作者绘制。
注：2015年所有数据缺失，使用2014、2016年均值填充。

表11-22　　衡水政策协同分类指数测算结果

年份	2014	2015	2016	2017	2018	2019	2020	2021	2022
生态	82.14	93.62	98.72	95.95	100.00	89.66	100.00	89.47	100.00
交通	100.00	97.87	89.74	95.95	90.48	100.00	100.00	100.00	100.00

续表

年份	2014	2015	2016	2017	2018	2019	2020	2021	2022
产业	92.86	100.00	100.00	100.00	100.00	96.55	96.30	100.00	100.00
创新	100.00	100.00	100.00	100.00	100.00	89.66	96.30	100.00	100.00
市场	82.14	97.87	96.15	100.00	98.41	89.66	96.30	100.00	100.00
开放	60.71	55.32	79.49	74.32	74.60	44.83	77.78	68.42	88.89
公共服务	100.00	100.00	98.72	100.00	98.41	100.00	100.00	100.00	100.00
消费	92.86	95.74	98.72	100.00	100.00	100.00	96.30	100.00	100.00
投资	100.00	97.87	97.44	100.00	98.41	86.21	96.30	89.47	100.00

资料来源：作者绘制。

表11-23　　邢台政策协同分类指数测算结果

年份	2014	2015	2016	2017	2018	2019	2020	2021	2022
生态	100.00	100.00	93.94	94.83	94.55	91.67	100.00	88.89	88.00
交通	100.00	88.89	93.94	87.93	100.00	83.33	100.00	81.48	96.00
产业	100.00	100.00	100.00	96.55	100.00	95.83	100.00	92.59	100.00
创新	100.00	100.00	93.94	91.38	100.00	100.00	100.00	100.00	100.00
市场	100.00	100.00	93.94	96.55	98.18	100.00	100.00	81.48	96.00
开放	33.33	33.33	81.82	65.52	76.36	29.17	80.95	62.96	36.00
公共服务	100.00	100.00	96.97	100.00	100.00	95.83	100.00	96.30	96.00
消费	100.00	100.00	93.94	89.66	100.00	83.33	100.00	96.30	84.00
投资	100.00	100.00	100.00	96.55	94.55	91.67	85.71	81.48	96.00

资料来源：作者绘制。

注：2014年生态、开放政策协同数据缺失，使用2015年数值填充。

表11-24　　邯郸政策协同分类指数测算结果

年份	2014	2015	2016	2017	2018	2019	2020	2021	2022
生态	86.21	85.71	85.11	93.16	88.28	81.93	90.00	75.47	86.49

续表

年份	2014	2015	2016	2017	2018	2019	2020	2021	2022
交通	75.86	88.89	95.74	83.76	94.48	93.98	94.29	92.45	81.08
产业	96.55	92.06	97.87	96.58	97.24	98.80	92.86	96.23	94.59
创新	93.10	100.00	93.62	92.31	97.93	97.59	95.71	98.11	94.59
市场	89.66	96.83	90.43	92.31	94.48	96.39	94.29	92.45	91.89
开放	58.62	71.43	68.09	53.85	66.90	69.88	62.86	54.72	62.16
公共服务	93.10	98.41	98.94	97.44	97.93	100.00	100.00	88.68	100.00
消费	79.31	95.24	91.49	98.29	97.24	97.59	100.00	92.45	97.30
投资	75.86	90.48	89.36	78.63	86.21	86.75	87.14	69.81	91.89

资料来源：作者绘制。

为直观反映各城市政策协同的重要领域，本部分还对各城市各分类的政策协同指数进行排序，报告了各城市前五大重点领域，结果如表11-25所示。

表11-25　　　　　各城市政策协同的重点领域

地区	第一协同领域	第二协同领域	第三协同领域	第四协同领域	第五协同领域
北京	公共服务	消费	产业	创新	市场
天津	公共服务	产业	创新	消费	交通
保定	公共服务	产业	创新	消费	生态
唐山	公共服务	消费	产业	创新	市场
廊坊	产业	公共服务	消费	创新	市场
张家口	创新	公共服务	消费	产业	生态
承德	公共服务	消费	创新	产业	市场
沧州	产业	公共服务	创新	市场	消费
石家庄	公共服务	产业	创新	消费	市场

下篇　京津冀协同发展的分指数篇

续表

地区	第一协同领域	第二协同领域	第三协同领域	第四协同领域	第五协同领域
秦皇岛	公共服务	产业	消费	交通	创新
衡水	公共服务	创新	产业	消费	交通
邢台	公共服务	创新	产业	市场	生态
邯郸	公共服务	创新	产业	消费	市场

资料来源：作者整理。

从结果来看，各城市政策协同的重点集中在公共服务、产业、创新、消费、市场、交通、生态等领域。其中，北京、唐山、承德、石家庄、邯郸、廊坊、沧州、邢台等城市更关注公共服务、消费、产业、创新、市场领域的政策协同，天津、衡水、秦皇岛等城市更关注公共服务、产业、创新、消费、交通领域的政策协同，保定、张家口等城市更关注公共服务、产业、创新、消费、生态领域的政策协同。

六　本章小结

自 2014 年实施京津冀协同发展战略以来，十年来京津冀在政策协同方面取得了很多进展。京津冀协同发展超越了单政府、单部门的职责范围，通过加强政策协同，有助于统一政策目标，协调京津冀各方参与政策过程，提高跨界治理效能，引领京津冀协同发展迈上新台阶。通过本章的研究，可以发现，京津冀政策协同还存在诸多问题，总结相关经验，可以得到很多宝贵的经验教训，为京津冀协同发展强化政策保障。

首先，京津冀政策协同走过了迅速联动、高速增长的阶段，当前和今后一个时期进入深度合作、有效协同的关键阶段。本章构建的京津冀政策协同综合指数结果显示，京津冀政策协同在 2017 年之前增幅明显，近年来增长较为平稳。事实上，京津冀政策协同与京津冀协同发展的步伐是一致的。过去的十年，京津冀协同发展走过了谋思路、打基础、寻突破的阶段，正在进入滚石上山、爬坡过坎、攻坚克难的关键阶段。这一时期，相关政策要紧紧跟随京津冀协同发展的步伐和节奏，立足前期坚实基础，聚焦深层次矛盾和关键性障碍，在更深层次、更多领域推动政策协同。

其次，京津冀各地政策协同存在梯度差，各地亟须开展更广泛的政策协同。通过对各地政策协同综合指数的比较发现，三地政策协同存在"河北—天津—北京"的梯度差，这是因为河北作为京津冀经济发展洼地和政策洼地，与北京、天津两地之间存在一定差距，需要更加积极主动地加强与北京、天津的政策协同。通过对各地政策协同指数的分解发现，北京和河北两地之间政策协同更为紧密，这是因为非首都功能疏解作为京津冀协同发展的主阵地，北京要向河北疏解相关产业和机构，河北要承接北京相关资源。未来，各地需要开展更加广泛的合作，全方位开创协同发展新局面。

最后，京津冀要着力推动重点领域突破，实现更深层次的政策协同。过去的十年来，京津冀协同发展在产业、生态、交通三大领域率先突破，公共服务实现共建共享，区域创新取得丰硕成果，这得益于相关政策配套，京津冀政策聚焦这些领域，精准持续发力，从而为相关领域的发展保驾护航。本章构建的京津冀政策协同分类指数也表明，京津冀在产业、公共服务、创新等领域表现出较强的政策协同。未来，要着力拓展协同发展新空间，以政策协同持续推动京津冀协同发展向广度、深度拓展。

参考文献

Y. Hou and G. A. Brewer, "Substitution and Supplementation Between Co-Functional Policy Instruments: Evidence from State Budget Stabilization Practices", *International Journal of Entrepreneurial Behaviour & Research*, Vol. 70, No. 6, 2010.

陈晨、李平、王宏伟：《国家创新型政策协同效应研究》，《财经研究》2022年第5期。

赵晶、迟旭、孙泽君：《"协调统一"还是"各自为政"：政策协同对企业自主创新的影响》,《中国工业经济》2022年第8期。

周密、张心贝:《城市群引领区域协调发展的实现路径与治理机制——基于周期协调度的视角》,《财经科学》2023年第7期。

周莹、刘华:《知识产权公共政策的协同运行模式研究》,《科学学研究》2010年第3期。

附表 1
京津冀三省市政策协同词典

	总协同词典	地区对协同词典
北京	京津冀、城市群、雄安新区、天津、河北、张家口、承德、秦皇岛、唐山、沧州、衡水、廊坊、保定、石家庄、邢台、邯郸、三河、大厂、香河、北三县、滨海新区、正定新区、曹妃甸新区、渤海新区、北戴河新区、冀南新区、京津、京冀、京张、京承、京秦、京唐、京沧、京衡、京廊、京保、京石、京邢、京邯、京雄、通武廊、京唐秦、京保石、京石邯、京霸衡、京津唐、京津张、都市圈、环渤海	京津：京津冀、城市群、雄安新区、天津、滨海新区、京津、通武廊、京津唐、京津张、都市圈、环渤海
		京冀：京津冀、城市群、雄安新区、河北、张家口、承德、秦皇岛、唐山、沧州、衡水、廊坊、保定、石家庄、邢台、邯郸、三河、大厂、香河、北三县、正定新区、曹妃甸新区、渤海新区、北戴河新区、冀南新区、京冀、京张、京承、京秦、京唐、京沧、京衡、京廊、京保、京石、京邢、京邯、京雄、通武廊、京唐秦、京保石、京石邯、京霸衡、京津唐、京津张、都市圈、环渤海
天津	京津冀、城市群、雄安新区、北京、河北、张家口、承德、秦皇岛、唐山、沧州、衡水、廊坊、保定、石家庄、邢台、邯郸、通州、三河、大厂、香河、北三县、正定新区、曹妃甸新区、渤海新区、北戴河新区、冀南新区、京津、津京、津冀、津张、津承、津秦、津唐、津沧、津衡、津廊、津保、津石、津邢、津邯、通武廊、津雄保、津承沧、京津唐、京津张、都市圈、环渤海	京津：京津冀、城市群、雄安新区、北京、通州、京津、津京、通武廊、京津唐、京津张、都市圈、环渤海
		津冀：京津冀、城市群、雄安新区、河北、张家口、承德、秦皇岛、唐山、沧州、衡水、廊坊、保定、石家庄、邢台、邯郸、三河、大厂、香河、北三县、正定新区、曹妃甸新区、渤海新区、北戴河新区、冀南新区、津冀、津张、津承、津秦、津唐、津沧、津衡、津廊、津保、津石、津邢、津邯、通武廊、津雄保、津承沧、京津唐、京津张、都市圈、环渤海

续表

	总协同词典	地区对协同词典
河北	京津冀、城市群、北京、天津、雄安新区、通州、滨海新区、京冀、津冀、京张、京承、京秦、京唐、京沧、京衡、京廊、京保、京石、京邢、京邯、京雄、津张、津承、津秦、津唐、津沧、津衡、津廊、津保、津石、津邢、津邯、通武廊、京唐秦、京保石、京石邯、京霸衡、京津唐、京津张、津雄保、津承沧、都市圈、环渤海	京冀：京津冀、城市群、北京、雄安新区、通州、京冀、京张、京承、京秦、京唐、京沧、京衡、京廊、京保、京石、京邢、京邯、京雄、通武廊、京唐秦、京保石、京石邯、京霸衡、京津唐、京津张、都市圈、环首都、环京津、环渤海 津冀：京津冀、城市群、天津、雄安新区、滨海新区、津冀、津张、津承、津秦、津唐、津沧、津衡、津廊、津保、津石、津邢、津邯、通武廊、京津唐、京津张、津雄保、津承沧、都市圈、环渤海

资料来源：作者整理。

附表 2

各城市政策协同词典

	总协同词典
石家庄	京津冀、城市群、雄安新区、天津、北京、张家口、承德、秦皇岛、唐山、沧州、衡水、廊坊、保定、邢台、邯郸、通州、滨海新区、曹妃甸新区、渤海新区、北戴河新区、冀南新区、京冀、津冀、京石、津石、石张、张石、石承、承石、石秦、秦石、石唐、唐石、石沧、沧石、石衡、衡石、石廊、廊石、石保、保石、石邢、邢石、石邯、邯石、京保石、石衡沧、京石邯、都市圈、环渤海
张家口	京津冀、城市群、雄安新区、天津、北京、承德、秦皇岛、唐山、沧州、衡水、廊坊、保定、石家庄、邢台、邯郸、通州、滨海新区、正定新区、曹妃甸新区、渤海新区、北戴河新区、冀南新区、京冀、津冀、京张、津张、张承、承张、张秦、秦张、张唐、唐张、张沧、沧张、张衡、衡张、张廊、廊张、张保、保张、张石、石张、张邢、邢张、张邯、邯张、京津张、秦承张、都市圈
承德	京津冀、城市群、雄安新区、天津、北京、张家口、秦皇岛、唐山、沧州、衡水、廊坊、保定、石家庄、邢台、邯郸、通州、滨海新区、正定新区、曹妃甸新区、渤海新区、北戴河新区、冀南新区、京冀、津冀、京承、津承、张承、承张、承秦、秦承、秦唐、唐秦、沧承、承沧、衡承、承衡、承廊、廊承、保承、承保、承石、石承、承邢、邢承、承邯、邯承、承秦唐、秦承张、津承沧、都市圈
秦皇岛	京津冀、城市群、雄安新区、天津、北京、张家口、承德、唐山、沧州、衡水、廊坊、保定、石家庄、邢台、邯郸、通州、滨海新区、正定新区、曹妃甸新区、渤海新区、冀南新区、京冀、津冀、京秦、津秦、张秦、秦张、秦承、承秦、秦唐、唐秦、秦沧、沧秦、秦衡、衡秦、秦廊、廊秦、承保、保承、秦保、秦石、石秦、秦邢、邢秦、秦邯、邯秦、京唐秦、秦承张、都市圈、环渤海
唐山	京津冀、城市群、雄安新区、天津、北京、张家口、承德、秦皇岛、沧州、衡水、廊坊、保定、石家庄、邢台、邯郸、通州、滨海新区、正定新区、渤海新区、北戴河新区、冀南新区、京冀、津冀、京唐、津唐、张唐、唐张、唐承、承唐、唐秦、秦唐、唐沧、沧唐、唐衡、衡唐、唐廊、廊唐、唐保、保唐、唐石、石唐、唐邢、邢唐、唐邯、邯唐、京唐秦、京津唐、都市圈、环渤海

续表

	总协同词典
沧州	京津冀、城市群、雄安新区、天津、北京、张家口、承德、秦皇岛、唐山、衡水、廊坊、保定、石家庄、邢台、邯郸、通州、滨海新区、正定新区、曹妃甸新区、渤海新区、北戴河新区、冀南新区、京冀、津冀、京沧、津沧、张沧、沧张、沧承、承沧、沧秦、秦沧、沧唐、唐沧、沧衡、衡沧、沧廊、廊沧、沧保、保沧、沧石、石沧、沧邢、邢沧、沧邯、邯沧、石衡沧、津承沧、都市圈、环渤海
衡水	京津冀、城市群、雄安新区、天津、北京、张家口、承德、秦皇岛、唐山、沧州、廊坊、保定、石家庄、邢台、邯郸、通州、滨海新区、正定新区、曹妃甸新区、渤海新区、北戴河新区、冀南新区、京冀、津冀、京衡、津衡、张衡、衡张、衡承、承衡、衡秦、秦衡、衡唐、唐衡、衡沧、沧衡、衡廊、廊衡、衡保、保衡、衡石、石衡、衡邢、邢衡、衡邯、邯衡、石衡沧、京霸衡、都市圈
廊坊	京津冀、城市群、雄安新区、天津、北京、张家口、承德、秦皇岛、唐山、沧州、衡水、保定、石家庄、邢台、邯郸、通州、滨海新区、正定新区、曹妃甸新区、渤海新区、北戴河新区、冀南新区、京冀、津冀、京廊、津廊、张廊、廊张、承廊、廊承、秦廊、廊秦、唐廊、廊唐、廊沧、沧廊、衡廊、廊衡、保廊、廊保、石廊、廊石、邢廊、廊邢、邯廊、廊邯、通武廊、京霸衡、都市圈
保定	京津冀、城市群、雄安新区、天津、北京、张家口、承德、秦皇岛、唐山、沧州、衡水、廊坊、石家庄、邢台、邯郸、通州、滨海新区、正定新区、曹妃甸新区、渤海新区、北戴河新区、冀南新区、京冀、津冀、京保、津保、张保、保张、承保、承保、保秦、秦保、保唐、唐保、保沧、沧保、保衡、衡保、保廊、廊保、保石、石保、保邢、邢保、保邯、邯保、京保石、津雄保、都市圈、环渤海
邢台	京津冀、城市群、雄安新区、天津、北京、张家口、承德、秦皇岛、唐山、沧州、衡水、廊坊、保定、石家庄、邯郸、通州、滨海新区、正定新区、曹妃甸新区、渤海新区、北戴河新区、冀南新区、京冀、津冀、京邢、津邢、张邢、邢张、邢承、承邢、邢秦、秦邢、邢唐、唐邢、邢沧、沧邢、邢衡、衡邢、邢廊、廊邢、邢保、保邢、邢石、石邢、邢邯、邯邢、都市圈
邯郸	京津冀、城市群、雄安新区、天津、北京、张家口、承德、秦皇岛、唐山、沧州、衡水、廊坊、保定、石家庄、邢台、通州、滨海新区、正定新区、曹妃甸新区、渤海新区、北戴河新区、冀南新区、京冀、津冀、京邯、津邯、张邯、邯张、承邯、邯承、邯秦、秦邯、邯唐、唐邯、邯沧、沧邯、衡邯、邯衡、邯廊、廊邯、邯保、保邯、邯石、石邯、邯邢、邢邯、京石邯、都市圈

注：北京、天津政策协同词典详见附表1，本表不再列示。

资料来源：作者整理。

附表 3

分类协同词典

政策类别	分类协同词典
生态	生态、环保、污染、绿色、低碳、节能、资源、能源、环境、绿化、排污、三废、废水、废气、废渣、雾霾、清洁、捕捞、禁渔、纯天然、全天然、无公害、三同时、环境法、零排放、碳中和、碳达峰、碳排放、碳减排、低碳化、低能耗、可持续、环保型、绿色化、水污染、防护林、保护林、保护地、保护区、大气环境、大气污染、生态环境、生态文明、生态系统、生态环保、生态保护、生态修护、生态廊道、循环经济、循环利用、环境污染、环境保护、保护环境、环境管理、环境监测、环境规划、环境教育、绿化环境、绿色环保、绿色壁垒、绿色发展、绿色低碳、绿色转型、绿色生产、绿色能源、绿色技术、节能环保、节能减排、环保节能、安全环保、污染减排、清洁生产、低碳发展、低碳产业、低碳城市、低碳转型、清洁能源、绿水青山、变废为宝、宜居环境、联保联治、联保共治、联保联防、科学发展观、生物多样性、可再生能源、蓝天保卫战
交通	交通、道路、运输、铁路、公路、航空、民航、水运、道桥、隧道、地铁、轮渡、港口、机场、高铁、城际、高速、通车、公交、卡车、汽车、列车、干线、轨道、省道、国道、航道、航线、路段、客运、物流、通道、设施、工程、延长线、道路网、机场群、公交化、集装箱、公共交通、道路交通、轻轨高架、交通运输、城市轨道、城市交通、轨道交通、智能交通、高速公路、城际列车、城际铁路、城际高铁、干线铁路、市郊铁路、市域铁路、互联互通、建成通车、基础设施、国际机场、国内机场、国际航点、国内航点、航运枢纽、货物周转、铁路运输、公路运输、火车专列、货运航线、物流运输、运输结构、运输效率、交通建设、物流成本、物流中心、运输布局、交通一体化、交通运输部、公交化运营、国际流通关、国内大通道、区域联通网、城乡融合网、流通服务网、旅客联程联运、货物多式联运、综合客运枢纽、铁路运输专用线、交通运输体系、京津冀交通一体化、综合交通运输体系

续表

政策类别	分类协同词典
产业	企业、公司、产业、产出、产量、产值、工业、园区、服务业、制造业、产业链、供应链、价值链、商业、物流、外贸、贸易、产品、厂区、厂商、加工、制造、服务、开发区、产业带、产业区、产业园、旅游业、金融业、房地产、产业化、工业化、新业态、机器人、机械化、产学研、高精尖、小企业、大企业、第一产业、第二产业、第三产业、传统企业、新兴产业、小微企业、中小企业、上市企业、上市公司、旅游产业、房地产业、加工贸易、实体经济、国民经济、国有经济、集体经济、民营经济、产业体系、产业集群、产业集聚、产业升级、产业结构、产业组织、产业布局、转型升级、产业疏解、产业转移、产业变革、高新技术、核心技术、数字经济、人工智能、智能制造、集成电路、生命科学、生物医药、空天科技、航空航天、医药健康、产业园区、工业园区、产业分工、生产环节、制造环节、服务环节、加工制造、研发设计、销售服务、终端产品、工业革命、关键技术、关键设备、大中小企业、关键零部件、生产力布局、工业互联网、新能源汽车、先进制造业、现代服务业、智能网联汽车、规模以上工业、现代产业体系、规模以上服务业、新一代信息技术
创新	创新、科学、科研、技术、知识、发明、专利、创业、人才、课题、研究、开发、研制、科技、引进、消化、改造、工艺、智能、产权、双创、培训、教育、学术、中试、产学研、创新性、创新型、技术性、技术型、云计算、互联网、新技术、高技术、高科技、科学技术、科学研究、科研课题、科研项目、科研基地、技术基础、技术研究、技术研发、技术试验、技术攻关、科研机构、科研成果、技术引进、技术合同、技术合作、技术交流、技术改造、技术外包、技术交易、技术工艺、技术发明、技术创新、科技创新、创新成果、原始创新、技术革新、先进技术、现代技术、高新技术、尖端技术、核心技术、关键技术、重大技术、技术进步、科技革命、电子技术、信息技术、人工智能、智能制造、计算机技术、互联网技术、创新创业、创业创新、万众创新、知识产权、科技企业、创新企业、技术产业、新兴产业、金融科技、创新中心、技术园区、科技园区、创新中介、技术中介、技能人才、技术人才、科研人员、科技经费、科研经费、科研基金、科研仪器、科技支出、技术支持、技术补贴、自主创新、创新能力、创新发展、创新驱动、创新引领、创新体系、创新机制
市场	市场、价格、交易、竞争、垄断、改革、产权、品牌、生产、分配、流通、消费、保供、报价、市场化、企业家、反垄断、小企业、大企业、经销商、内循环、外循环、双循环、要素配置、市场准入、市场活力、市场经济、市场价值、市场环境、市场发育、市场主体、市场牵引、市场分割、市场整合、市场竞争、市场监管、市场监督、市场体系、市场标准、市场营销、营商环境、自由贸易、流转交易、中小企业、小微企业、上市企业、上市公司、民营经济、商业银行、公平竞争、要素市场、商品市场、产品市场、服务市场、交易市场、外汇市场、本币市场、金融市场、资本市场、信用体系、政府采购、数字经济、细分市场、中小微企业、统一大市场、市场一体化、市场集中度、经济体制改革、全国统一大市场

附表3 分类协同词典

续表

政策类别	分类协同词典
开放	开放、外资、外贸、贸易、出口、进口、出境、出入境、进出口、自贸区、外商投资、对外投资、WTO、G20、IMF、关税、海关、东盟、联合国、全球化、博览会、世博会、对外开放、改革开放、"一带一路"共建国家、离岸贸易、多边贸易、贸易开放、对外贸易、市场开放、共享开放、负面清单、经济特区、吸引外资、引进外资、引进技术、技术引进、外资引进、国际贸易、贸易体系、贸易规则、经贸体系、经贸规则、自贸协定、世界银行、发达国家、贸易顺差、贸易逆差、高水平开放、制度型开放、自贸试验区、自由贸易港、对外开放度、开放型经济、经济全球化、二十国集团、亚太经合组织、跨境电子商务、命运共同体、新兴经济体、发展中国家、自由贸易试验区、外商直接投资、对外直接投资、全球经济治理、国际贸易规则、国际经济合作、自由贸易协定、海上丝绸之路、丝绸之路经济带、高水平对外开放、国际货币基金组织
公共服务	教育、医疗、行政、就业、失业、民生、养老、学校、体育、健康、卫生、政务、科技、公共、国防、财政、职能、治理、医保、社保、市政、社区、居民、社会、福利、保险、公益、监管、监督、管理、均等化、普惠性、均衡性、一体化、城市化、城镇化、稳就业、保民生、促就业、养老金、养老保险、公共服务、公共设施、公共事业、公平普惠、公共产品、公共救助、公共资源、公共企业、公共部门、事业单位、社会保障、社会救助、社会服务、社会福利、社会事务、优抚安置、住房保障、社区治理、社区服务、财政支持、财政支出、就业压力、就业指导、就业保障、交通出行、智慧城市、城市治理、社会环境、国防工程、民生工程、安居工程、法治工程、公共教育、义务教育、公共设施工程、新型城镇化、服务型政府、基本公共服务、公共服务平台、公共服务设施、公共服务供给、公共服务体系、公共服务领域、城乡公共设施、基本公共服务均等化
消费	消费、商品、产品、服务、需求、零售、批发、承销、供销、内需、营销、商业、商贸、品牌、商圈、国货、国潮、电商、食品、衣着、居住、住房、交通、家电、服装、服饰、汽车、教育、医疗、旅游、通信、电影、订单、折扣、消费者、消费品、新消费、消费量、消费券、消费观、高消费、消费侧、零售额、零售商、批发额、批发商、总需求、个性化、多样化、定制化、性价比、八大类、内循环、外循环、双循环、家庭设备、维修服务、文娱教育、医疗保健、消费升级、消费降级、个人消费、居民消费、家庭消费、城乡消费、城市消费、农村消费、政府消费、企业消费、消费行为、消费心理、消费结构、消费支出、消费维权、消费需求、消费能力、消费水平、消费潜力、消费空间、消费场景、消费市场、消费条件、消费载体、消费趋势、消费特点、野性消费、理性消费、品质消费、生活资料、细分品类、细分市场、下沉市场、扩大内需、日常开支、电子商务、垂直电商、社区团购、商业特色、商业街区、商业综合体、消费者权益、生活必需品、耐用消费品、社会消费品零售总额

续表

政策类别	分类协同词典
投资	投资、融资、金融、招商、财政、资本、资金、存款、贷款、PPP、FDI、基金、股票、债券、汇票、保险、股市、筹资、投融资、稳投资、投资者、投资人、推介会、招商局、收益率、总投资、东道国、子公司、分公司、对外投资、异地投资、本地投资、投资项目、民间投资、民间资本、社会投资、社会资本、政府投资、政府资本、国有投资、国有资本、外商投资、国际投资、风险投资、负面清单、贸易洽谈、投资基金、投贷联动、产业目录、外资项目、投资机构、投资组合、联合投资、投资补助、投资结构、投资规模、投资效益、投资建设、投资决策、固定资产、股权投资、项目投资、工程投资、招商引资、招商项目、利用外资、外部资金、机构投资者、投资促进局、重点投资产业、固定资产投资、基础设施投资、对外直接投资、外商直接投资、实际利用外资、外商投资企业、招商引资项目、招商引资力度、全社会固定资产投资

资料来源：作者整理。

附表 4
政策剔除关键词

类别	关键词
废除文件类	废除、废止、暂停、撤销
考试比赛活动类	考试、笔试、面试、体检、比赛、举办、竞赛、研讨会、讲座
人事任免类	任职、任免、职务、免职、聘任、同志、工作调动、候选人退休、调整 & 组成人员/成员/小组
荣誉表彰类	表彰、表扬、荣誉称号、获奖、推荐、先进 & 集体/单位/个人称号、授予、颁发 & 证书
机构成立类	同意/准予/批准 & 成立、同意 & 建立、筹建 & 公司、加挂 & 牌子
公布名单类	结果、名单、成绩、公示、入选
事故调查批复类	事故 & 通报/批复/函
命名变更批复类	命名、变更、更名、延期、延长 & 批复/函
许可批复类	许可 & 批复/函、准予/申报/发放 & 许可证、同意 & 批复/函、准予 & 批复、批准 & 批复/函、批准 & 律师/设立/教育/卫生/建立/组建/专家/许可、资质 & 批复、立项 & 批复、审查 & 批复、单元 & 批复、许可证 & 公告
其他批复类	可行性 & 批复、教委 & 批复、运输/终点 & 批复、卫生 & 批复、银监 & 批复、大学 & 批复、保险 & 批复、司法 & 批复
其他	征集、放假、假日、报到、交通管制、"两会"期间、元旦、春节、清明节、"五一"、劳动节、儿童节、端午节、教师节、国庆、中秋节、"十一"、委托司法鉴定机构/拍卖机构

注："/"表示"或",上述关键词有其一即可;"&"表示"和",上述关键词须同时包含。
资料来源:作者整理。

结论与展望

先行区示范区建设与京津冀协同发展方向

周　密　付应铎[*]

京津冀区域努力建设成为中国式现代化的先行区示范区意义重大，它将为其他区域提供可复制、可推广的模式，推动中国式现代化建设不断向前发展。过去十年京津冀协同发展已经取得了显著的成效，未来京津冀的协同发展离不开时代赋予的机会与挑战，更离不开顶层设计的引领与指导，唯有把握时代脉搏、明确战略方向、推动任务落实，才能更好地推动三地高质量协同发展。

一　面向新时期，把握协同发展方向

"凡益之道，与时偕行。"未来京津冀协同发展应把握新时代助推新发展，需要重点把握"十四五"规划等前瞻性文件、贯彻党的二十大精神等中央精神、落实新发展理念。

（一）遵循"十四五"规划，明晰前进道路

在"十四五"规划中，共有四个章节谈到了京津冀地区的未来发展

---

[*] 周密，南开大学经济与社会发展研究院教授、博导，南开大学中国城市与区域经济研究中心主任，入选南开大学百名青年学科带头人计划，研究方向：区域经济理论与政策；付应铎，南开大学经济学院硕士生。

规划，分别是：第二十八章强调优化提升京津冀城市群的建设；第三十章提出开拓高质量发展的重要动力源，以京津冀为重点核心，提升创新策源能力和全球资源配置能力；第三十章一重点分析了深入实施区域重大战略的意义，要求加快推动京津冀协同发展；以及第三十八章指出应持续改善京津冀及周边地区的空气质量。

其中，加快推动京津冀协同发展所占篇幅最长，蕴含意义最为重大，是京津冀地区新时期发展建设的核心战略方向。京津冀协同发展战略意味着三地在拥有各自的基础定位和核心任务的同时，也是紧密联系、共同发展、互利共赢的整体。其中，北京的核心任务在于疏解非首都功能，制定科学合理的政策，推动一批标志性项目落地，此外，要进一步提高自身基础研究和原始创新能力，发挥中关村的先行先试作用，以北京为科技创新中心推动京津冀产业链与创新链的深度融合；天津的关键任务在于推动滨海新区的高质量发展，发挥港口城市的对外开放优势，提升京津冀地区的国际化程度；河北承担的重点任务在于高标准、高质量建设雄安新区，切实推进启动区和起步区的建设进程，不断完善雄安新区的管理体制机制。除各自核心任务外，协同发展也意味着联结彼此、共同进步，追求整个区域的持续健康发展，要共同建设北京城市副中心，加强同河北省三河、香河、大厂三县市的一体化，要积极推进张家口作为首都水源涵养功能区和生态环境支撑区的建设，要继续建设轨道上的京津冀，不断提高机场群、港口群的协同发展水平，要持续改善京津冀地区空气质量，加强联防联控。

（二）贯彻党的二十大精神，推动高质量发展

党的二十大报告指出要"推进京津冀协同发展"，要"高标准、高质量建设雄安新区"。[①] 京津冀协同发展作为区域重大战略之一，具有深刻长远的战略意义，而雄安新区的建设既是实现北京非首都功能疏解的

[①] 习近平：《高举中国特色社会主义伟大旗帜 为全面建设社会主义现代化国家而团结奋斗——在中国共产党第二十次全国代表大会上的报告》，人民出版社2022年版，第32页。

关键，也是激发京津冀整体活力的重要一环。此外，党的二十大报告着重强调要"加快构建新发展格局，着力推动高质量发展"。① 京津冀的协同发展对于打造新发展格局具有重要意义，其高质量发展能够带动华北地区乃至整个北方的经济增长，同时提振信心。其中，北京在京津冀协同发展中发挥核心引擎作用，天津和河北则立足各自优势，释放发展活力。

贯彻落实党的二十大精神，要把握京津冀协同发展的基本要求，也即牢牢抓住疏解非首都功能这个"牛鼻子"，以减量倒逼集约高效发展，推动北京城市副中心和河北雄安新区共同发展，增强与天津、河北的联动；要明确阶段性的发展目标，即到2025年，实现协同发展水平的明显提升，空间结构、交通设施、创新效率、产业发展更加优化，世界级城市群的主干构架基本形成，到2035年，基本形成京津冀城市群构架，北京的辐射带动作用显著增强，城市副中心初步建成国际一流水平的和谐宜居现代化城区。

（三）落实中国式现代化要求，准确把握三个关系

努力建设成为中国式现代化先行区、示范区是对京津冀协同发展的最新要求，必须深刻认识这一目标的重大意义，加快贯彻落实。

把握中国式现代化要求的同时，在具体的实践中，面对错综复杂的问题和挑战，京津冀三地更要有定力、有魄力、有合力，处理好以下三个关系：(1) "慢"与"快"的关系。"慢"指的是保持历史耐心，不急功近利，不贪图短期利益，放眼长远，以科学理性的精神推进京津冀的协同发展；"快"指的是对已决定的事项要时不我待，狠抓落实，勤勉奋进，以"十四五"规划和党的二十大精神为遵循，力争更好更快地完成相应的基本要求和阶段性目标。(2) "合"与"分"的关系。"合"指的是要加强协同配合，"分"指的是压实责任分工，在实际工作中，

---

① 习近平：《高举中国特色社会主义伟大旗帜 为全面建设社会主义现代化国家而团结奋斗——在中国共产党第二十次全国代表大会上的报告》，人民出版社2022年版，第29页。

要以大局为先，加强区域内部的合作，解决跨部门、跨地区、跨领域协同中存在的问题，同时要敦促各级各单位敢于担当，发挥自身的价值，不断以新方法应对新挑战。（3）"行"与"知"的关系。"行"指的是要立即行动，不可懈怠，落实追责问责；"知"指的是对重大问题要及时研究，不可懒政、照搬其他地方的成功案例，要深入探究、仔细研判，提出科学的解决方案。

二 感悟新时代，领会战略变化趋势

京津冀协同发展的关键是分工优化、联系增强、市场拓展等。随着实践的不断推进，京津冀协同发展呈现出不同的趋势特点。

（一）从供给侧协同转向供需双侧协同

随着供给侧结构性改革的顺利进行，需求侧的管理与优化引发了更多关注。供给侧的协同路径集中于疏解和转移，对于迁出方和迁入方而言是一场零和博弈，而需求侧协同则有所不同，通过构建统一、开放的大市场，能够实现区域整体的正和博弈，因此，将供需双侧结合将更好地助推京津冀协同发展。对于京津冀地区而言，要巩固供给侧的协同发展优势，同时加大对需求侧的关注和引导，不断挖掘、扩大内需，释放京津冀地区的活力和潜力。要在已有的协同发展基础上，继续巩固滨海新区和石家庄作为北京对津冀投资首选地的优势，吸引北京的大型、龙头、高新科技企业来到天津和石家庄，进一步推进河北其他城市与京津在高端装备制造业、物流业、康养业、金融服务业等行业和领域的协同，从而形成京津冀的产业链、供给链和价值链，提高产业链面对外部冲击时的抵抗能力和恢复能力，提升全域产业链的韧性和弹性。同时，要加快促进消费市场的一体化，京津冀人口众多、发展潜力巨大，拥有丰富的历史文化资源和优美的自然风光，具备深入开发统一消费市场的基本条件，要切实减少在交通、交易、政策、制度等方面的壁垒和阻碍，通过文化创意产品、文化旅游项目、生态环境修复和保护、舒适的消费环境等方面构建区域消费市场,加强城经济、夜经济、海经济、网经济等多元特色发展方向的联动。① 此外,要利用多元优化的政策工具,积极应用市场型政策工具和自愿型政策工具,不断提升政策工具的协同程度,实现旨在保障供给的政策工具可以提供有效供给支持,旨在刺激需求的政策工具能够提供强劲动力引领。

(二) 从单一区域转向服务全国区域协调发展战略

自2017年10月党的十九大报告首次将区域协调发展上升为国家战略,各区域的发展进步便不再仅仅关注于本区域的提升,而是要求各区域融入全国协调发展战略中去,在把握自身区位优势、保质保量完成当地发展目标的同时,服务全国整体的区域发展战略。

其中,中国区域发展的主要战略可以分为两个方面:一是区域协调发展,关注跨省份的区域整体发展;二是大中小城市协调发展,侧重于不同规模城市协调发展格局的构建。

区域协调发展战略以探索更加有效的区域协调发展机制为开端,不断深化拓展,不断完善对于区域协调的认知和理解,在党的二十大报告中最终呈现了区域协调发展、区域重大、主体功能区和新型城镇化等多方面的综合设计,体现了中国区域协调发展的科学路径探索日益深化,不断打破区域之间的边界和壁垒,推进全国一盘棋进步。

城市群与大中小城市的协调发展关注不同规模城市的发展方向和城市与乡村之间的平衡关系。随着京津冀协同发展的推进,城市群逐渐网络化,打造多层级、多中心、多节点的城市群成为共识,从而将每一个大中小城市联结起来,形成城市层面的协调发展格局,并且联结的覆盖面逐渐拓展,从中心城市到中小城市,再到党的二十大报告提出将县城作为重要载体,体现了中国推进全国区域整体协调发展的决心和力度。

(三) 从点状单节点发展转向黄金三角区域支撑

雄安新区的设立标志着京津冀地区的经济增长空间结构发生变化,

---

① 周密:《在京津冀协同发展中更好地发挥市场作用》,《理论与现代化》2020年第3期。

空间战略的发展方向从最初侧重点状单节点的发展转向了积极发挥黄金三角区域的支撑作用。黄金三角区域是以北京、天津和雄安新区为主要节点组成的京津冀核心地带，并构建了京安、京津、津安三条主要廊道，要加快京津雄黄金三角区域的联动，继续推进京津雄三地间的廊道建设和连绵带的拓展，将周边其他城市纳入进来。针对空间结构中的各个节点，要加强移民型城市、舒适型城市和特色节点城市的建设，加大京津冀在新基建上的投资，覆盖重点产业、交通设施、城市基建、能源项目、生态修复、保障性住房和棚户区改造等六个领域。移民型城市应选择1—2个重点开发区域，作为移民新城、街道和社区的示范项目和试点区域，针对基础设施、公共服务、人文环境、生活品质等方面进行国际化新城的建设试点；舒适型城市要在便利宜居的生活环境、优美绿色的生存环境、更具素质的社会文明程度、更加发达的经济富裕程度等方面下功夫，建设全球性宜居城市，广泛吸引人口流入，打造城市品牌；而特色节点城市的建设重点在于加大京津双城联动，释放京津的辐射带动能力，推进大中小城市协同发展，打造平衡协调的城市群发展格局，加强20万—40万人口的微城市、微中心、微社区、微街道建设的协同，完善城市建设中协同发展的各个环节。最终要达到的目标是，不断优化京津冀城市群的空间品质，形成由"京津大都市区—都市区—中心城市—县市单元"四层次构成的世界级城市群空间体系。①

（四）从分散探索转向政府与市场关系深化改革

长期以来，中国的经济发展中政府的作用较为明显，在财政分权制度和官员晋升竞标赛的推动下，各地均出现了按照行政单元进行区域竞争的现象，而由行政区划利益向经济区划利益的改革便亟须从各地分散探索转向政府与市场关系的深入改革。具体的政府与市场关系探索包括以下三个主要方向：（1）明确责任主体，即财产权，在京津冀协同发展的过程中，涉及多地协同的权责利应明确承担主体且具有一致性，避免

---

① 周密：《在京津冀协同发展中更好地发挥市场作用》，《理论与现代化》2020年第3期。

各地各部门之间出现推诿等低效问题以及增加政策执行成本的问题，保持三地政策的一贯性，提升区域内居民共建共享的归属感、凝聚力。（2）独立财源，即收益权，在协同发展的过程中，不可避免地会出现区域内城市的获益程度不同的现象，这时就需要三地统筹利用财政拨款，共享协同收益，保证所有城市的收益权。（3）构建竞争激励机制，即动力形成，要将京津冀三地协同的成效纳入绩效考核中，以本报告中的各项协同指数作为参考评价指标，构建完善的晋升动力形成机制。

三 落实新任务，努力实现总体目标

（一）贯彻创新强国战略，锻造区域核心动能

作为新发展理念之一的创新具有无法替代的突出意义与价值，京津冀协同创新指数的提出和构建回应了对这一核心动力的关注。要实现京津冀三地的协同创新，需要政策的引导和支撑，也需要推进创新由点到面的拓展与深化。政策上的引领需要继续整合重点实验室等科研机构的政策，在重大创新领域、基础研究领域组建一批国家级实验室，可以仿效世界创新型国家的创新中心设计建立京津冀国家级科研中心；要加快推出有助于企业高校成果联合转化的政策，加快重点领域协同创新联合体的建设，实施工业领域的强基工程，提升关键的基础材料、零部件等的核心竞争力；要制定推进多样化协同活动的系列政策，如高新企业的交流联动、创新研发与中试的沟通协同、科技服务业的跨行业跨地区协同。创新科技带的建设需要推动京津科技新干线快速形成，即"中关村—亦庄—廊坊—武清—北辰—东丽—滨海新区"的创新科技带，将京津冀三地的创新点相联系；加快以北京为中心的"由北向南"高新技术带的建设，统筹支持高新技术产业和现代化制造业在北京南部集聚发展；推动天津建设完善"由东向北"的智慧产业带，进而与北京相联系，构建京津冀创新面，打造区域发展的核心动力。

（二）持续推动产业升级，实现区域经济转型

产业的优化与升级是现代化建设的重中之重，京津冀产业协同指数将成为衡量区域内产业发展和协同程度的重要指标。为实现京津冀三地产业的优化升级，要在做好传统行业转型发展和绿色化的基础上，出台相应政策挖掘发展新产业新业态的潜力与机会，实现京津冀地区经济的转型与升级。一是以实体经济为核心，推动制造业产业转移，强化核心项目的支撑作用，并不断推进传统行业的绿色低碳转型。要把各种生产要素、人力、财力、物力和数据资源更多投入到实体经济上，通过结合自身实际的品牌创新、企业管理创新、技术创新和产品创新推动实体经济的升级；要抓住补齐延伸产业链这一关键点，积极打造具备独特优势的产业集群，构建相应机制引导支持企业主动谋划完善产业链；要对重大核心项目给予高度重视，在政策上为区域承接重大引领辐射作用的项目提供各项保障；要以生态环境保护统筹产业的优化升级，大力发展生态型制造业。二是加快完善针对新兴产业的规划设计，实现新产业新业态的政策协同。当前网络零售超过实体零售的趋势愈发显著，为O2O（Online To Offline）提供服务的供应链将成为核心，要科学提出相应的O2O政策工具，加快配套措施的提出和落地；要完善与大数据挖掘与应用协同相关的政策，加快大数据挖掘中关于价值、竞争、布局等方面的政策安排，加快对线上社区和线下最后一公里社区的政策引导；要加快对消费者驱动、个性定制、渠道去中介化等方面的政策引导，加快对体验型消费的政策支持。

（三）促进公共服务均等化，实现交通互联互通

公共服务均等化与交通建设是区域协同发展的重要表征，京津冀公共服务协同指数和交通基础设施协同指数分别反映了相关特征。要重视公共服务协同指数的评价与衡量，从多方面推进京津冀的公共服务均等化，实现公共服务的共建共享。加快改革城乡和区域间的非统一标准和差异化政策，构建能够覆盖城乡地区、区域间高效互认的公共服务体系；

形成合理的教育资源配置机制，加强与京津知名学校的对接与合作，在结合当地经济社会的基础上，为区域内适龄儿童提供高质量的受教育机会，努力实现教育的相对公平；加快建立京津冀统一的药品供应系统和安全保障机制，打破京津冀医药领域和行业的壁垒，更加合理地分配医疗药品资源；推进医联体的建设，布局医疗康养相结合的养老服务业，为三地居民体系化的养老服务；完善社会保险跨省区转移续接机制，提高服务效率，减少居民在流动过程中的政策阻力。

对于京津冀而言，交通的互联互通是进一步推进协同发展的基础，京津冀交通基础设施协同指数对三地的交通发展情况、协调程度加以系统的评价。具体而言，未来将从海陆空三个方面综合构建京津冀交通一体化发展体系，推进港口转型与资源整合，以天津为标杆，打造唐山、黄骅、秦皇岛三个港口，使其承担起运输枢纽、综合贸易、文化旅游等重任；织密织好高铁、高速等陆上交通网络，进一步提高各市的通达效率，保质保量完成高铁、高速建设任务；加强三地机场的合作，增强各机场的航空枢纽功能，提升机场综合保障能力。

（四）注重生态环境保护，加强土地协同管理

在指数构建的部分，本报告提出了生态协同和土地协同两个指数，旨在关注京津冀地区的可持续健康发展程度，体现生态环境的保护情况和土地利用的科学程度。2010—2018年京津冀地区的经济高质量发展水平有所提升，但生态环境保护水平提升相对较慢；北京进入经济和生态的初级协调发展阶段，但河北和天津整体停留在轻度失调阶段。[①] 因此，在新的发展阶段，要以生态指数为参考标准，深入贯彻落实绿色的发展理念，推进制造业的绿色化转型，构建"1+2+3+多"的生态保护格局："1"指一区，即西北生态安全屏障；"2"指两带，即恢复坝上生态防护带和保护海岸生态缓冲带；"3"指三心，即恢复水系湿地，建设三大区

---

① 徐军委：《"双碳"目标下经济高质量发展与生态环境保护协同发展研究——以京津冀地区为例》，《经济体制改革》2023年第1期。

域绿心组团；"多"则指建设多级区域绿廊。

以土地协同指数为信标，要重视对于土地资源的利用方式，保护人类生存发展的重要物质基础；要完善京津冀土地利用总体规划，基于目前京津冀城市群"核心—外围"与"东北高、西南低"的土地利用效率格局，[①] 实施土地用途管制，按照土地不同级别、不同类别规定不同的利用方式，严格保护和合理利用土地；要不断完善土地市场，建立健全市场机制，促进土地资源优化配置；要强化三地政府的主体责任，严格执法监管，建立健全严格的耕地保护制度和节约用地制度。

（五）加强发展联动，推进消费与市场一体化

随着中国社会主义市场经济的不断深入发展，市场的重要性日益凸显，成为经济活力与潜力的关键体现，京津冀市场协同指数为评价三地市场的一体化水平提供重要路径。而在扩大内需的时代背景下，消费已经成为拉动经济的核心力量，京津冀消费协同指数的构建有利于科学刻画京津冀深入扩大内需、挖掘潜力的水平与能力，为进一步构建统一大市场提供理论支撑与客观评价。京津冀三地应加强发展的联动，推动消费与市场的一体化进程：（1）加强对居民消费行为、消费心理、消费结构的把握与认知，针对京津冀三地居民的消费加以调查与研究，定期开展居民消费调查活动，积极获取居民消费前的预期、消费中的体验、消费后的评价与问题，深入了解居民的消费过程，从而因地制宜地制定相应促进消费的政策。（2）鼓励京津冀三地的企业加强品牌建设，提高产品质量和服务水平，通过品牌塑造和营销推广，将三地的优秀企业和产品介绍至统一大市场中，提升消费者对本地品牌的认可度和忠诚度。（3）建立健全信息共享平台，促进三地之间的信息互通。通过共享市场调研、消费者需求、产品信息等数据，帮助企业更好地了解市场动态和消费趋势，提高市场适应能力。（4）针对不同产业，提出合理对策，如

---

① 张璋、仲济香、赵制斌等：《京津冀区域城市土地利用效率及影响因素研究》，《中国软科学》2022年第S1期。

利用京津冀丰富的文化和旅游资源，打造特色旅游线路和产品，科学规划不同种类文化产品的投放布局，错位发展①，鼓励京津冀制造业企业的合作与联盟，实现产业链的延伸和优化，加大对高新技术企业的支持力度，培育高端产业集群。

（六）培育新兴增长动力，构建世界级城市群

现阶段，京津冀城市群面临的挑战主要是城市群中的大城市辐射范围稀疏、枢纽引领能力亟待提升等问题，说明相较于较为成功的世界级城市群，京津冀地区存在的主要问题在于：第一，区域中的大城市（北京、天津）辐射能力有限，大城市与其他城市之间的联动性不强，未能给周边中小城市带来足够的发展机会和接收产业转移的空间；第二，中小城市的发展实力与大城市之间存在较大差距，使得城市群内部的层级不够平衡，城市群的协调性存在问题，亟须出现中等发展水平的城市作为新的增长节点和沟通中介点，从而推进区域的总体发展。这意味着推进京津冀城市群建设既要发挥大城市的作用，也要继续推进中型新兴增长点的培育，构建平衡协调的城市群格局。

因此，要依托大国经济优势、首都优势和科技教育资源优势，推进经济增长和辐射中心、国家文化中心、全球科技创新中心的建设。② 而对于京津冀地区来说，雄安新区、北京城市副中心和天津滨海新区成为未来可期的新增长极，有望为整个区域的发展提供长期动力。其中，雄安新区要建设高新技术研发与产业化中心，推动河北缩小与北京、天津二地的发展差距，并以率先建成优美生态新城为目标，出台政策鼓励支持绿色建筑，大力发展绿色、低碳产业；北京城市副中心要加快商务往来、文化旅游、市民消费三个中心的建设，形成颇具规模的商业中心、购物广场、文创商店等消费场所；天津滨海新区要向成熟的产业新城转

---

① 刘园园、丛帅、楚进科：《京津冀文化消费市场一体化研究——基于大数据视角下消费心理影响因素》，《产业与科技论坛》2019 年第 17 期。
② 孙铮、孙久文：《"十四五"期间京津冀协同发展的重点任务初探》，《河北经贸大学学报》2020 年第 6 期。

型，建设生态宜居、绿色低碳的人居环境，持续转型优化发展方式和动力。

（七）以需求为导向，加快政府治理现代化改革

京津冀的协同发展，源于政策的引领与支持，同样离不开政策的持续深化与科学治理，京津冀政策协调指数将反映三地政策的协调性，推进政府治理的现代化变革。政府治理的现代化变革应是有意识的、系统性的、不断创新的、有代价的、没有止境的过程，[①] 这就要求京津冀三地政府积极主动求变、持续创新、整体性体系化改革、肯付出能坚持，实现政府治理的现代化。政府治理的现代化变革应以企业和居民的需求为主要方向，深入建设服务型政府。一是优化行政管理体制，提高三地政府间协同合作效率，整合相关部门和机构，加强政策制定和执行的沟通与协调，建立领导干部定期与企业沟通交流机制。二是推进政务数字化、智能化，充分发挥大数据、云计算、区块链等先进信息技术在行政事务中的作用，建设智慧城市，构筑现代化政务管理机制。三是推进法治政府建设，建立科学决策、依法行政、公正执法、廉洁治理的体制机制，确保政府行为合法、公正、公开。四是加强内部监督机制，建立健全权力清单制度，实现权力运行的公开、透明，同时在政策制定和执行过程中注重民意，拓展公众参与渠道，广泛听取各方利益相关者的意见和建议，形成多元共治的局面。

四 展望新征程，共铸三地宏伟蓝图

（一）京津冀协同发展的未来方向：北京

北京作为中国的首都，近年来的主要战略任务在于如何使得城市的经济、产业、空间、社会、文化结构与首都的定位更加匹配，因此，北京市未来发展的主要方向是：（1）持续提升首都功能。严格落实"三区

---

① 张成福：《论政府治理现代化》，《公共管理与政策评论》2023年第1期。

三线"划定成果，高质量完成分区规划的统筹协调、征集意见、修改维护的工作，加快编制重点关注街区的管控规则，为街区的科学管理提供依据；降低核心区"四个密度"，推进核心区文物腾退保护利用；提升国际教育、国际医疗服务品质，提高国际政务服务水平。（2）深化非首都功能疏解。大力整治全市违法建设；全力推进通州副中心高质量发展；深入实施北京南部地区行动计划，加快推进国际文化科技园等重点项目的建设；大力支持雄安新区建设。（3）强化教育、科技、人才支撑。抓好怀柔综合性国家科学中心建设；推动中关村示范区 24 条先行先试改革政策扩大到示范区全域。

（二）京津冀协同发展的未来方向：天津

推进京津冀协同发展走深走实是天津未来的重要方向。天津是京津冀三地中重要的开放窗口，也是全国先进制造研发基地、金融创新运营示范区，承担着中流砥柱、承上启下的关键作用。面对北京非首都功能的转移，天津市最有实力进行相应的承接，也就意味着要提升自身的吸收能力，增加吸引力，为天津的经济注入新的动力。因此，天津要加强载体建设，抓住北京非首都功能疏解的历史机遇，深化部市、院市、校市和企市的协同合作，加强握手通道建设，逐步发展成为承接北京产业转移的最优选择；要深度推进基础设施互联互通，加快京滨城际（南段）、津潍高铁建设；要进一步加强公共服务共建共享，支持服务雄安新区和北京城市副中心的建设；要推进武清产业新城建设，按照"一核、多点、全域"思路，整合"一区五园"资源，全面启动核心区科创CBD建设等。

（三）京津冀协同发展的未来方向：河北

河北作为京津冀三地中唯一的省级区域，人口数、管辖城市数均为最多的，展望未来，河北应不断弥合自身与京津两座大城市之间的差距，通过多种方式将京津冀三地统筹联系起来，提高自身的竞争力，利用好京津两座城市带来的红利。具体而言，要进一步提升交通互联互通水平，加快完成高铁、高速等项目的建设，进一步提升石家庄机场的区域航空枢纽功能；要深入推进产业链的协同融合，推动北京养老资源向环京地区布局转移，借助北京科创资源支持河北制造业转型升级，强化"总部+生产基地"；要强化生态环境联建联防联治，探索建立官厅水库上下游生态保护补偿机制，开展联动执法和重污染天气协同应对；要扎实推进"三区一基地"的建设，培养物流、产业转型和新型城镇化等的领先优势。

展望京津冀的新征程，三地需要加强互利共赢，共同实现好京津冀协同发展这一宏伟目标，将设计中的蓝图转化为可预见的现实，将每一个要求和目标落到实处，相信京津冀的协同发展将取得更加优异的成果！

参考文献

刘园园、丛帅、楚进科：《京津冀文化消费市场一体化研究——基于大数据视角下消费心理影响因素》，《产业与科技论坛》2019年第17期。

孙铮、孙久文：《"十四五"期间京津冀协同发展的重点任务初探》，《河北经贸大学学报》2020年第6期。

习近平：《高举中国特色社会主义伟大旗帜 为全面建设社会主义现代化国家而团结奋斗——在中国共产党第二十次全国代表大会上的报告》，人民出版社2022年版。

徐军委：《"双碳"目标下经济高质量发展与生态环境保护协同发展研究——以京津冀地区为例》，《经济体制改革》2023年第1期。

张成福：《论政府治理现代化》，《公共管理与政策评论》2023年第1期。

张璋、仲济香、赵制斌等：《京津冀区域城市土地利用效率及影响因素研究》，《中国软科学》2022年第S1期。

周密：《在京津冀协同发展中更好地发挥市场作用》，《理论与现代化》2020年第3期。